편향된 기술문화는 어떻게 작동해 왔는가

편향된 기술문화는 어떻게 작동해 왔는가

한국 포르노그래피 규제 담론의 궤적

홍남희 지음

컬처룩 미디어 총서 032

컬처룩 미디어 총서 032
편향된 기술문화는 어떻게 작동해 왔는가
한국 포르노그래피 규제 담론의 궤적

지은이 홍남희
펴낸이 이리라

책임편집 이여진
편집 하이픈
표지 디자인 엄혜리

2023년 5월 20일 1판 1쇄 펴냄

펴낸곳 컬처룩
등록 번호 제2011－000149
주소 03993 서울시 마포구 동교로 27길 12 씨티빌딩 302호
전화 02.322.7019 ｜ 팩스 070.8257.7019 ｜ culturelook@daum.net
www.culturelook.net

ISBN 979－11－92090－18－4 94300
ISBN 979－11－85521－06－0 (세트)

* 이 책은 2017년 정부(교육부)의 재원으로 한국연구재단의 지원을 받아 수행된 연구입니다. (NRF-2017S1A6A4A01020039)

culturelook

차례

머리말

포키메인Pokimane이라는 이름으로 활동하는 여성 게임 스트리머 이메인 애니스Imane Anys는 트위치에서 900만 명 이상, 다른 소셜 미디어 플랫폼들을 합쳐서 2,300만 명 이상의 팔로워를 보유하고 있다. 이렇게 큰 인기를 끌고 있지만 그녀는 자주 여성 혐오적 댓글의 표적이 되거나 가십의 주인공이 된다. 심지어 한 남성 인기 게이머가 자신의 개인 방송에서 애니스와 다른 여성 게이머들이 합성된 딥페이크 포르노그래피를 감상하는 장면이 송출된 적도 있었다. 애니스는 스트리밍 업계가 여성 혐오와 딥페이크의 문제를 별것 아닌 것으로 여긴다고 분노하는 한편, 자신의 경험과 감정을 공유할 수 있는 동료 여성 스트리머의 존재를 소중하게 생각한다고 밝힌다.

이러한 일은 왜 발생하는가. 새로운 미디어 공간은 누구나 참여할 수 있는 가능성의 공간이라고 하지만 자신을 공개하고 표현하는 일은 누군가에게는 큰 결심이 된다. 여성이라는 이유로 일상적으로 성적인 모욕을 당할 수 있고, 각종 여성 혐오적 댓글에 시달릴 수 있다는 사실은 여성이 온라인 공간에 공개적으로 활동하는 것을 주저하게 만든다.

미국 유타주는 아동·청소년이 틱톡이나 인스타그램 같은 앱에 자유롭게 접근하는 것을 금지하는 법안을 가결했다. 유타주는 테크 기업 집단과 시민 자유 활동가들의 반대에도 불구하고 이 법안을 통과시켰다. 해당 법안은 18세 이하 이용자들이 부모나 지도자의 명시적 동의 없이는 계정을 갖지 못하게 하는 것을 주요 내용으로 하는 미국 최초의 주 단위 법안이다. 또한 소셜 네트워크 기업은 유타주 부모들에게 자녀 계정에 대한 정보를 주어야 하고, 저녁 10시 30분부터 6시 30분까지 미성년자의 계정 접근을 막도록 해야 한다. 이 법안은 소셜 미디어를 매개로 아동과 청소년에게 발생하는 따돌림이나 성적 착취 문제로부터 그들을 보호하기 위함이며 동시에 그들의 '정신 건강 위기'를 방지하기 위한 것이다. 페이스북의 내부 고발자인 프랜시스 하우젠Francis Hausen이 밝혔듯이, 소셜 미디어 기업들은 자신들의 서비스가 아동·청소년의 정신 건강에 지대한 악영향을 끼친다는 사실을 인식하고 있음에도 수익을 이유로 해결을 미루고 있다.

이러한 사례들은 오늘의 기술문화가 중립적이거나 객관적인 것이 아님을 보여 준다. 이 책은 '편향된 기술문화'와 그 형성 과정을 다룬다. 오늘날 기술을 매개로 형성되는 문화는 다양한 인간-비인간 행위자들의 실천과 결부되어 왔다. 여기서 편향bias이란 해럴드 이니스Harold Innis가 말한 미디어 특유의 시간적, 공간적 편향을 의미하는 동시에, 역사적, 구조적 차별 맥락에서 새로운 기술이 특정 계층에게만 유리하거나 불리한 특유의 문화를 형성해 왔다는 의미다.

챗GPT, 챗봇 등 AI 기술 개발은 새로운 기술에 대한 기대감과 함께 기술이 만들어지고 이용되는 관점에서 기존의 성차별과 인종 차별을 재현하고 있다. 실제로 인터넷을 포함해 새로운 기술이 출현하는 맥락마다 여성을 성애화하는 다양한 방식이 실험되어 왔다. '편향된 기술문화'는 지금 일시적으로 나타난 것이 아니라 역사적이고 구조적인 맥락을 가진 것이다. 즉 이는 인터넷을 포함한 네트워크화 기술의 발전 과정에서 기술 개발, 실행 및 작동 과정, 미디어 특성과 규제 담론의 형성 과정, 사회가 보호하고자 했던 가치, 이용자들의 기술 활용 문화, 규제의 실천 등이 결합하여 나타난다.

이 책은 이러한 문제의식을 바탕으로 다음과 같이 구성되어 있다. 우선 1장은 포르노그래피가 만들어져 온 방식을 살펴본다. 서구 근대성의 산물로서 포르노그래피의 역할과 1960~1970년대 서구 페미니즘 맥락에서 포르노그래피에 대한 이론화 과정 및 안티포르노그래피 운동, 한국 사회에서 1990년대 초반 '음란'에 대한 다양한 논쟁, 1990년대 컴퓨터 등장과 결부된 포르노그래피의 문제 등을 다루며, 인터넷이 본격화되기 전까지 포르노그래피를 둘러싼 역사적 맥락을 살핀다.

2장은 인터넷 이후 아동과 청소년의 섹슈얼리티와 관련해 제기된 문제를 다룬다. 근대적 산물로서 아동 및 유년기의 발견과 전자 미디어 발전 이후 유년기 소멸론을 토대로 아동과 청소년 대상의 섹슈얼리티 규제가 갖는 모순을 살펴본다. 1990년대 인터넷 이후 아동과 청소년은 음란물에 쉽게 노출되고 중독되고 급기야는 음란물 유통과 생산을 주도하는 행위자로 부상했다. 2000년대에는 피해자로서 아동을 전제한 아동 포르노그래피가 심각한 사회 문제로 떠올랐다.

3장은 기술 발전에 따른 성 표현물의 변화 과정을 살펴본다. 온라인에서 여성은 성적 대상 혹은 페미니스트라는 양분된 틀 안에서 평가되었다. 2000년대 P2P, 웹하드, 소라넷 등에서 포르노그래피는 물론 일반 대중의 여성 이미지 공유, 품평 문화가 지속되었고, 제작, 유통, 소비가 얽힌 디지털 생태계가 구축되었다.

4장은 디지털화와 여성 일상의 포르노화를 다룬다. 스마트폰 등장으로 도시 공간의 여성이 성애화되는 방식, 주목 경제를 바탕으로 운용되는 소셜 미디어 플랫폼의 작동 방식, 그것을 기반으로 한 사교 문화에서 여성의 몸이 유통되고 평가·보상의 기제로 작동하는 방식을 알아본다. 또한 청년 여성들이 행한 '디지털 성폭력'에 대한 불법화 과정 및 혜화역 시위를 살펴본다.

5장은 디지털 생태계에서 젠더 문화를 다룬다. 새로운 기술은 다양한 실감형 기술과 상호작용성을 부가하면서 젠더 폭력의 새로운 양상을 발전시킨다. 인터넷 개인 방송, 카카오톡, 텔레그램 등 주요 플랫폼의 작동 방식을 살펴보면서 플랫폼 자본주의 시대 상업적 논리가 어떻게 편향적 젠더 문화로 나타나는지 알아본다. 또 기술 매개 성폭력과 친밀성의 구조 변화, 디지털 저널리즘 환경에서 젠더 뉴스의 유통 방식 등을 살펴본다.

6장은 아직 '끝나지 않은 전쟁'으로 심화되는 독성의 기술문화를 다룬다. 데이터 감시 사회의 젠더화된 프라이버시 침해 양상에 주목하고, 한국의 인터넷 내용 규제에서 자동화 거버넌스가 도입되는 방식을 살펴본다.

그동안 '편향된 기술문화'에 대한 다양한 분야의 관심과 연구가 축적되어 왔다. 또한 현실 세계의 다양한 개입으로 기술문화의 문제에 대한 사회적 관심도 증가했다. 그러나 문제는 여전히 해결되지 않았다. 이 책은 포르노그래피라는 특정한 여성 재현의 방식을 시작으로 기술문화의 편향성이 오늘날까지 어떻게 구성되고 있는지 구체적인 역사와 맥락을 살펴본다. 이 과정을 통해 현재의 문제를 새로운 기술로 인한 문제로 바라보는 것을 멈추고 역사적이고 구조적인 맥락에서 바라보려 한다. 또 기술문화의 편향성을 극복하기 위해 구체적인 노력과 부단한 '교육'의 필요성을 제안한다. 또한 우리의 환경으로 자리 잡은 테크 기업들이 배치하고 실행하고 있는 기술과 거버넌스의 과정에 구체적으로 개입할 필요성을 제안하고자 한다. 누구나 새로운 기술문화에 주저하지 않고 참여할 수 있기를, 참여로 인해 힘들어지는 일이 없기를 간절히 바란다.

마지막으로 이 책이 나오기까지 도움을 주신 모든 분께 감사드린다. 이 책의 추천사를 흔쾌히 써 주신 윤태진 교수님, 이동후 교수님, 김수아 교수님께 이 자리를 빌어 다시 한번 감사드린다. 이 책이 세상의 빛을 보게 도와주신 컬처룩의 이여진 편집장님께도 감사를 표한다. 또한 학문의 여정을 함께하는 동료 연구자들과 따뜻한 위안이 되는 친구들, 늘 든든한 둥지의 역할을 자처하며 지난한 과정을 기다려주는 가족들에게도 감사의 인사를 전한다.

일러두기

- 한글 전용을 원칙으로 하되, 필요한 경우 원어나 한자를 병기하였다.
- 한글 맞춤법은 '한글 맞춤법' 및 '표준어 규정'(1988), '표준어 모음'(1990)을 적용하였다.
- 외국의 인명, 지명 등은 국립국어원의 외래어 표기법을 따랐으며, 관례로 굳어진 경우는 예외를 두었다.
- 사용된 기호는 다음과 같다.

  신문 및 잡지 등 정기 간행물, 영화, TV 프로그램 제목 등: 〈 〉

  책(단행본): 《 》

서론

넷플릭스 오리지널 다큐멘터리 〈머니 샷: 폰허브를 말하다*Money Shot: The Pornhub Story*〉(2023)는 세계 최대의 인터넷 포르노그래피 유통 사이트 폰허브PornHub와 그 모회사 마인드긱MindGeek의 운영 방식을 그려 낸다. 캐나다에 자리 잡은 마인드긱에서 일했던 한 직원은 마인드긱에서 일하는 것이 "테크 기업과 비슷"하다고 말한다. "산업을 선도하는 기술로 비교할 수 없는 성과를 이끌어 낸다Industry-leading exclusive technologies driving unparalleled performance"는 슬로건대로 레드튜브, 엑스튜브 등의 스트리밍 사이트를 포함해 폰허브까지 운영하는 거대 기업인 마인드긱은 최신 기술을 통해 포르노그래피 산업을 선도하는 플랫폼으로 성장해 왔다. 다른 기술 기업들의 창립 신화와 유사하게 폰허브 또한 콩코디아대학교에 재학 중이던 "나체 여성을 좋아하는 평범한" 대학생 3명이 시작한 인터넷 서비스다. 이후 독일 출신의 인터넷 포르노 기업 맨윈ManWin의 설립자 파비안 틸만Fabian Thylmann이 2010년 인수했다. 폰허브는 뉴욕 타임스스퀘어에 광고판을 구입하고, 보스턴 거리의 청소를 위해 제설기를 제공했으며, 인권 운동 단체에 기부하기도 하는 등 "건전한 폰허브" 이미지를 만들어 왔다. 폰허브는 넷플릭스나 아마존보다 많은 월 35억 명가량의 방문자를 끌어들였고, 하루 30억 건 정도의 광고 노출로 돈을 벌고 있다(*The New York Times*, 2020. 12. 4).

〈뉴욕 타임스*The New York Times*〉는 2020년 12월 4일 "폰허브의 아이들: 왜 캐나다는 이 회사가 착취와 폭력 비디오로 이윤 내는 것을 허용하는가?The Children of Pornhub: Why does Canada allow this company to profit off videos of exploitation and assault?"라는 제목의 기사를 통해 폰허브가 아동 강간, 불법 촬영 및 비동의 유포, 인종차별 및 여성 혐오 콘텐츠 등으로 가득 차 있다고 보도했다. 〈뉴욕 타임스〉는 충격적인 여러 소녀의 사례들을 통해 "포르노그래피가 아닌 강간"의 사례들이 폰허브를 통해 유통되며, 특히 아동의 이미지가 제약 없이 유통된다고 했다. 폰허브는 유튜브처럼 회원들이 영상을 올릴 수 있으며, 스트리밍뿐 아니라 직접 저장할 수도 있다. 따라서 "강간 영상을 당국의 요구로 지운다 해도 이미 너무 늦은 게 된다"(*The New York Times*, 2020. 12. 4).

〈뉴욕 타임스〉가 보도한 폰허브에서 이루어진 사건들은 2016년 폐쇄된 한국의 '소라넷'에서 일어난 일들과 유사하다. 주로 '포르노그래피'가 유통되던 플랫폼을 통해 성 착취 및 강간 영상이 유통되는 상황은 초국가적 미디어 전경mediascape의 일부가 되었다. 대중의 반응으로 돈과 관심을 얻는 소셜 플랫폼의 수익화 조건, 특정한 반응을 유도하는 기술의 디자인, 시각적 보기와 여성의 몸이 유통되는 관습화된 방식, 여성에 대한 사회 통념, 그것을 반영한 언론의 보도와 규제 방식 등은 서로 상호 작용하면서 편향적인 기술문화를 구성해 왔다. 즉 이러한 방식의 영상이 만들어지고 유통되는 것, 그것이 삭제되거나 차단되지 않은 것, 피해가 구제되거나 인정되지 않고 가해가 '그럴 수 있는 일'로 치부됐던 것, 그것을 독려하는 '보이지 않는 기술,' 폰허브 등의 사례는 이러한 편향적 기술 생태계를 잘 보여 준다.

'포르노그래피'라는 재현 방식이 유통되는 웹의 특정 공간에서 아동과 여성을 대상으로 한 성 착취 영상, 불법 촬영, 합의되지 않은 영상 유포 등이 만연해지고 있다. 이러한 영상들은 오랫동안 P2P, 웹하드 등을 통해 이 컴퓨터에서 저 컴퓨터, 한국과 일본, 미국 세계 곳곳을 오가며 제작, 유통, 소비되어 왔다. 1990년대 후반부터 캠코더 등을 이용한 개인 간 성행위 동영상의 비동의 유포, 2000년대 불법 촬영물의 유포, 공유, 변형이 일어나며 성 표현물의 생산/유통/소비 간 경계와 놀이/폭력 간 구분이 흐려져 왔다(김소라, 2018). 또 디지털 환경으로 진화해 오면서 스마트폰과 소셜 미디어를 통해 이루어진 "여성 일상의 포르노화"(이윤종, 2016; 김소라, 2018; 이지은, 2020)는 디지털 성폭력에 참여하는 남성 문화와 연대 범위를 더욱 확장했다.

또한, 법적 규제에서 활용되는 '음란성'의 개념은 불법 촬영물의 촬영 부위가 성적 욕망 혹은 수치심 유발에 해당하는 부위인지를 근거로 판단하면서 사회의 성 풍속을 보호 법익으로 설정해 왔다. '서버가 해외에 있어서,' '영상을 찍는 데 동의했기 때문에,' '어차피 가해자를 찾기 어렵기 때문에,' '법적 음란 개념에 해당하지 않기 때문에,' '초범이고 반성의 여지가 있어서' 등 갖가지 이유로 사회의 보호 법익은 피의자 보호를 우선시했다. 여성은 어디에 있든 카메라에 찍혀 인터넷 공간에 유통되는, 성적 흥분을 야기하는 목적의 '포르노그래피'의 대상이 되어 왔다. 인터넷상에서 이러한 일은 그저 장난이자 놀이'문화'일 뿐이다.

그러나 피해 여성은 유포 불안으로 일상을 잠식당하고, 직장과 학교를 그만두고, 우울증과 공황 장애에 시달리거나 심지어 자살에 이르기도 한다. 여성의 사생활과 인권 침해 사례를 두고 '음란물'이나 '포르노그래피'로 명명하는 것은 적절하지 않다. '불법 촬영,' '비동의 유포'라는 명명과 이를 포괄하는 '디지털 성폭력,' '디지털 성범죄' 개념이 구성되어 왔다. 또한 중립적 용어로서 "성 표현물"(김영환 · 이경재, 1992: 78; 김소라, 2018), "성적 영상물"(김유리, 2014) 등의 용어를 사용하기도 한다. 이러한 용어들은 성적 욕망을 위해 기획·제작된 포르노그래피나 성도덕을 위반한 법적인 관점에서의 음란물이라는 용어에 비해 중립적이고 포괄적이다. 따라서 여성 이미지를 성적 대상으로 소비하는 문화 일반을 다루기에 적절할 수 있다. 용어와 담론의 전환은 특정한 사건에 대한 관점을 명확히 하기 위해 필요한 작업이다. 다만 이 책에서는 맥락에 따라 포르노그래피나 음란물이라는 용어를 사용하기도 한다. 이는 여성을 성적으로 대상화하는 다양한 재현물이 매우 연속적인 특성을 띤다는 인식에서다. 실제로 최근 '빈곤 포르노,' '푸드 포르노' 등에서 확인할 수 있듯이, 포르노라는 용어는 '재현 대상의 도구화'라는 의미와 함께 침샘과 같은 '본능적 욕망의 자극을 위한 시각적 재현' 등까지 확장되고 있다. 포르노라는 용어의 대중화는 특정한 방식의 여성 재현을 의미하면서 대중문화의 여성 재현 방식에 영향을 미쳐 왔으며, 인터넷 이후 다양한 공식, 비공식 재현물을 통해 현실의 여성을 대상으로 한 불법 촬영, 성 착취, 비동의 유포 등으로 이어졌다.

이 책은 이러한 인터넷 문화를 포르노그래피의 "보기의 방식way of seeing"(Berger, 1972/2019)을 전제한 문화적 산물로 본다. 포르노그래피는 주로 여성을 재현하는 관습화된 방식과 관계되며, 국가와 사회가 보호하려는 가치가 무엇이냐에 따라 찬성과 반대로 나뉘어 왔다. 인터넷 이후 여성을 이미지화하는 클리셰를 바탕으로 여성 셀러브리티부터 평범한 보통의 여성까지 성적인 대상으로 소비해 온 "여성 혐오적 제도"(홍남희, 2020)는 새로운 기술이 지닌 특유의 편향성bias과, 기술을 작동시키고 소비하는 집단의 편향성을 주요한 축으로 삼는다. 이러한 점을 염두에 두면서 여기서는 맥락에 따라 성 표현물, 포르노그래피, 음란물 등의 용어를 사용한다. 역사적 맥락과 여성을 소비하는 문화의 연속성 차원에서 포르노그래피라는 용어를 사용할 필요성이 있으며, 성도덕과 규제 용어로서 음란이라는 용어가 필요하다고 보았다.

또한 지금은 '디지털 성폭력'이나 '기술 매개 성폭력'으로 명명되는 다양한 사례를 유형화하고 개념화하는 것을 넘어, 보다 넓은 디지털 '생태계'에서 다양한 인간-비인간 행위자에 의해 구성되는 편향된 독성 기술문화로서 현재의 디지털 기술 생태계를 분석하고자 한다. 아드리네 마사나리Adrienne Massanari(2017)에 따르면, "독성 기술문화toxic technoculture"는 "플랫폼의 알고리즘, 거버넌스, 문화가 어떻게 여성 혐오적 행동주의를 지지하는지"를 드러낸다. 독성 기술문화는 공동체가 표적으로 삼는 타자, 주로 사회적 소수자나 약자에 대한 공적, 사적 내용을 축적하여 공개하는 식의 신상 털기doxxing로 나타나거나, 괴롭힘의 대상이 보호받지 못하도록 대중을 규합해 플랫폼 정책을 악용하는 방식으로 작동한다(Massanari, 2017: 333). 따라서 여성을 성적 대상화하는 이미지의 차원을 넘어 다양한 기술이 매개된 신종의 젠더 폭력, 여성을 더욱 취약하게 만드는 기술문화와 규제의 편향성, 새로운 기술에서 재현하는 여성성 등을 포괄적으로 살펴야 한다. 폰허브나 소라넷을 넘어 인공 지능, 메타버스, 딥페이크, 사물 인터넷, 클라우드 등 기술의 진화와 작동 방식, 디지털 생태계에서 상품화되는 젠더 뉴스의 유통 방식과 규제 과정에 AI를 도입하는 '자동화 거버넌스'의 과정도 점검한다.

미디어학자 마크 안드레예비치Mark Andrejevic(2020/2021: 22)는 "디지털 주체"가 실제 주체가 사실상 도달할 수 없을 만큼의 이상화된 주체 이미지에 더 일치할 수도 있다고 말한다. 즉 AI 모델, 챗봇, 딥페이크 이미지가 사회가 '여성'에게 기대하는 것, 실제 '여성'보다 더 '여성적'인 여성성을 재현한다는 것이다. 즉 젊고 어린 여성, 그것을 나타내는 피부나 몸매, 목소리, 말투…… 버추얼 인플루언서로 활동하는 로지[1]나 챗봇 이루다는 20대 젊은 여성으로 상정되어 있다. 세계적으로 유통되는 딥페이크를 이용한 포르노 합성물에서 25% 가량이 한국 여성 연예인으로 나타났다. 일반인들의 SNS 사진으로 합성물을 만드는 사례는 70%에 달했다.

1 '로지'는 '싸이더스 스튜디오 X'가 자체 기획한 마케팅 프로젝트로 패션, 여행에 관심 있는 20대 여성으로 설정된 가상 인플루언서다. 제작진은 로지를 "아이돌과 배우의 매력 포인트와 뉘앙스를 참고"해 만들었다고 말한다(허영은, 2021. 1. 27).

2021년 1월 전 세계 10만 4,852명의 여성이 이른바 '딥페이크봇'에 의해 나체 사진에 자신의 얼굴이 합성되는 피해를 겪었다(백지수, 2021. 1. 25). 기술이 그려 내는 새로운 '디지털 주체'는 이렇게 전형적인 여성성과 외양을 가진 '데이터－비인간data-nonhuman'이며 현실의 여성을 기반으로 한 모욕의 형태로 나아간다.

기술 진화가 갖는 이러한 편향성의 원인에 관해서는 많은 연구가 이루어지고 있다. 《브로토피아*Brotopia*》를 쓴 에밀리 창Emily Chang(2018)은 실리콘밸리의 이미지 관련 인공 지능 개발 과정에서 〈플레이보이*Playboy*〉지 모델 '레나Lena'의 이미지가 활용된 점을 예로 든다. 기술 관련 컨퍼런스에서 인공 지능 개발 모델로 제시된 레나의 (누드) 이미지는 컴퓨터 과학 분야에서는 더 말할 필요도 없이 유명한 사례지만, 이것을 누군가 문제라고 지적한 경우는 한 번도 없었다. 남성이 압도적인 수를 차지하는 기술 분야의 문화적 조건을 단적으로 보여 주는 사례다.

사피야 노블Safiya Noble(2018)은 《구글은 어떻게 여성을 차별하는가*Algorithms of Oppression*》에서 '흑인 여성'에 대한 검색 결과가 포르노그래피와 연관되어 나타난다는 점을 지적하면서 검색 결과가 중립적이지 않을 뿐 아니라 인종 차별적이고 성차별적이라고 비판한다. 검색 엔진을 통한 검색 결과는 "역사적으로 편향된 사회적 권력 양상을 기정사실로 해 기성의 관점을 영속시키는 하나의 수단"(Noble, 2018: 115)이 된다. 노블은 흑인 여성에 관한 검색 결과가 인종 차별과 성차별의 오랜 역사와 교차를 보여 주는 편향된 정보라고 주장한다. 포르노그래피는 상업과 기술 영역에서의 혁신과 관련한 강력한 정치경제학이 숨어 있는 지점으로(Dines,

2010), “특정 기술적 조건하에서 인위적 차별과 이익 추구가 맞물린 특정 사회의 한 단면”(Nash, 2008: 53)일 수 있다.

기술과 젠더 문제를 연구해 온 사회학자 주디 와이즈먼Judy Wajcman(2004: 4~5)은 인터넷 기술이 여성에게 양가적 도구라고 말한다. 인터넷은 여성의 기회와 참여 확대라는 희망과 여성의 취약성을 더욱 악화시킨다는 공포를 함께 가져왔다는 것이다. 인터넷은 그 기원에서부터 미국 국방성의 군사 네트워크에서 출발한 남성적 프로젝트로, 백인 남성 해커의 세계에서 출발했다. 질리언 요크Gillian York(2021/2022: 252)는 실리콘밸리의 가치관sillicon values이 전 세계 수십억 사용자에게 수출되고 있는데, 이것은 “미국적 가치관 그 자체가 아니라 아주 특정되고 한정된 인구 집단의 가치관”이라고 말한다. 그 집단은 “페이스북의 초기 사용자 집단과 동일한 집단”이라는 것이다. 영화 〈소셜 네트워크*The Social Network*〉에서 확인할 수 있듯이, 하버드대학교 기숙사에서 탄생한 페이스북은 원래 교내 여학생들을 대상으로 한 ‘얼평(외모 품평)’ 프로그램 ‘페이스매시facemash’에서 시작되었으며 기숙사 내에 한정되어 공유되었다. 이 서비스는 점차 보스턴 지역, 아이비리그 대학으로 확장되면서 보통 사람들까지 확장되었다. 요크는 자본, 기술, 백인 엘리트 남성 중심의 실리콘밸리 가치의 편향성이 소셜 미디어 기업의 정책팀과 콘텐츠 관리 방식에는 물론이고 “자동화 콘텐츠 감지 기술”과 같은 기술적 해결책을 통해서도 나타난다고 주장한다. “사회적, 정치적, 성적으로” 취약해 본 적 없는 특정한 인구 집단의 가치관, 이윤의 무한 확장이 유일한 목표인 플랫폼 자본주의는 온라인에서 더욱 취약해질 수 있는 다른 인구 집단을 상상해 내는 데 실패하고 있다.

이와 같이 인터넷 공간의 '독성'은 기술의 설계와 작동 방식에서의 무심함, 그리고 오랜 기간 성찰 없이 누적되어 온 문화가 결합되어 심화된다. 또한 노골적인 혐오 표현hate speech이나 온라인 괴롭힘 외에도 관심과 수익을 얻기 위한 특정 대상의 비하, 미묘한 차별을 전제한 창작물, 유머 목적의 밈meme 등으로 나타난다. 다시 말해 마사나리가 말한 '독성 기술문화'는 오늘날 디지털 생태계에서 기술을 매개로 이윤을 추구하는 산업, 개인, 문화, 언론, 규제가 결합해 나타난 것이다. 이와 같이 디지털 생태계의 다양한 행위자를 고려하는 사유 방식은 셀 수 없이 반복되어 온 비슷한 사건들을 '기술문화의 편향성'으로 응집시키고, 이를 개선하기 위한 구체적인 노력에 더 집중하게 한다. 언론과 정치, 국가와 디지털 기업의 책임, 기술의 윤리적인 이용 등 디지털 '생태계'를 구성하는 다양한 인간-비인간 행위자의 연합체를 상상할 필요가 있다. 오늘날 기술은 사회와 고립되어 존재하는 것이 아니라 사회의 많은 편견과 고정관념을 끊임없이 학습하면서 배치되고 있기 때문이다. 거기다 인터넷 이용자들의 수많은 행위가 알고리즘을 구성하는 실천에 직간접적 영향을 미친다.

이러한 문제의식 아래 이 책은 한국 사회에 인터넷이 대중화된 1990년대 이후 포르노그래피와 관련한 규제 담론을 재구성한다. 새로운 기술문화가 형성되는 과정에서 어떠한 담론이 지배적이었는지, 그것은 어떤 가치를 '보호'하고자 한 것이었는지를 살핀다. 미디어 분야의 재현 연구와 미디어 생태학의 전통에서 시각성의 역사, 기술적 진화가 어떻게 서로 엮여 왔는지 살펴

볼 것이다. 미디어 기술은 점점 우리가 일상을 살아가고 문화를 형성하며 사람들과 소통하는 "인간의 조건"(이동후, 2021)이 되는 동시에 우리가 어떠한 생각과 행위를 하도록 유도하는 '행위 유도성,' 즉 '어포던스affordance'를 갖고 있다. 여기서 우리의 행위와 생각, 나아가 삶을 '조건 짓는' 미디어 환경에 관한 관심은 미디어 기술에 내재한 기술 조건에 의해 우리 삶이 결정된다는 의미라기보다, 기술과 대중, 문화, 규제 등이 어떻게 구체적으로 편향성을 갖는지를 살피고 이러한 조건을 개선하고자 하는 노력으로 나아가고자 함이다.

요약하자면, 포르노그래피라는 특정한 여성 재현 문화와 여성을 성적 대상화하여 소비하는 방식이, 인터넷 이후 어떻게 지속되어 오면서 신종의 젠더 기반 폭력으로 이어져 왔는지를 살펴본다. 1990년대 이후 포르노그래피 규제 담론을 따라가며 기술–인간–문화의 관계를 살피고, 알고리즘–거버넌스–문화의 편향성을 역사적으로 재구성하고자 한다. 이를 통해 기술 시대의 정의justice의 문제를 어떻게 실현할 수 있을지 함께 고민해 보고자 한다.

1장

포르노그래피는 어떻게 만들어져 왔는가

1. 서구 근대성의 산물로서 포르노그래피

포르노그래피란 무엇인가?[2] 1964년 미국의 자코벨리스 대 오하이오(Jacobellis v. Ohio 378 US 186) 판결[3]에서 포터 스튜어트Potter Stewart 판사는 "나는 포르노그래피를 정의할 수 없지만 그것을 보면 알 수 있다I can't define pornography, but I know it when I see it"라는 유명한 말을 남겼다. 이 말은 포르노그래피가 정확히 무엇인지 정의하기는 매우 어렵지만, 누구나 그것을 봤을 때 포르노그래피라고 인식할 수 있을 정도로 관습화된 재현 방식이 있다는 점을 드러낸다. 포르노그래피는 "명확한 개념적 정의를 거쳐 세심하게 유추해야 할 관념이 아니라 단순한 직관을 통해 또렷하게 떠올릴 수 있는 일상적 이미지"인 것이다(최진석, 2016: 173).

그렇다면 직관을 통해 떠올릴 수 있는 일상적 이미지로서 포르노그래피는 어떻게 형성되어 왔는가? 포르노그래피라는 단어의 어원은 '매춘부pornoi'에 관해 '쓰여진 것graphy'이라는 의미를 가진 그리스어 '포르노그라포스pornographos'에서 유래했다

2 이 책에서는 주로 '포르노그래피'라는 용어를 사용하지만 언론 기사나 다른 자료의 표현이 '포르노(물)'일 경우 그대로 사용한다. 포르노는 포르노그래피의 줄임말로, 특정한 '콘텐츠'를 나타낼 때 포르노 혹은 포르노'물'로 사용된다.

3 1964년 미국 오하이오주에서 프랑스 영화 〈연인들*The Lovers*〉(루이 말, 1958)을 상영한 극장 매니저 니코 자코벨리스Nico Jacobellis를 음란법으로 기소한 사건에 대한 판결이다. 오하이오주 법원은 이 영화가 음란물이라고 규정했으나, 대법원 판결에서 영화는 음란물이 아니라고 판단했다. 스튜어트 판사는 "하드코어 포르노"만이 음란물로 인정되어야 한다고 보았다.

(Britannica, 2023). 이 단어는 점차 성행위를 노골적으로 재현하는 이미지나 글로 그 의미가 확장되었으며(Oxford Classical Dictionary, 2016), "인간의 육체 혹은 성행위를 노골적으로 묘사·서술한 것으로서 성적인 자극과 만족을 위해 이용되는 성 표현물"로 인식된다(김영환·이경재, 1992: 11).

역사학자 린 헌트Lynn Hunt(1993/1996: 27)는 포르노그래피가 서구 근대성의 산물이라고 말한다. 물론 성에 대한 묘사는 고대 로마 폼페이 벽화 등을 비롯해 오래전부터 볼 수 있었다. 하지만 예술 범주이자 현대적 개념의 포르노그래피는 19세기 무렵부터 발견할 수 있는 근대적 관념으로 "발명invention"되었다는 것이다. 성적 흥분을 불러일으키기 위해 성기나 성행위를 노골적으로 묘사한 것을 포르노그래피라고 한다면, 그것은 18세기 중후반까지 다른 무엇의 부속물이었으며 근대 초기 정치와 종교의 권위에 대한 비판과 풍자의 수단이었다고 헌트는 주장한다.

포르노그래피는 18세기 말과 19세기 초 "문학적이고 시각적인 관습 그리고 이해의 한 범주로서 오랜 시간에 걸친 서구 근대성의 출현과 함께 발생"한 장르로(Hunt, 1993/1996: 27), 르네상스, 과학 혁명, 계몽사상, 프랑스 혁명 등과 인쇄술의 전파에 힘입어 서서히 별도의 범주로 출현하기 시작했다. 즉 포르노그래피는 자연과 경험, 감각의 가치를 중시하는 새로운 과학의 출현과 연관되는 하나의 근대적 현상이었다. 17세기에는 상층 계급 남성을 중심으로 하는 자유사상이 인습적 도덕과 전통적 종교에 반기를 들며 부상했고, 18세기 들어 서구 여러 나라의 여러 계층으로 확산하였다(32~45). 부르주아 결혼 제도의 정착과 개인주의, 계몽주의와 함께 그 이면에는 매춘 제도화 등을 포함한 성적 방종과 자유, 관습 타파 등이 드러났다. 포르노그래피는 그러한 양면성의 산물이었다. 포르노그래피를 통해 성은 누구나 즐기는 '콘텐츠'가 되어 온 한편, (주로) 여성을 재현하는 특정한 방식을 통해 사회 관습을 반영하고 형성해 왔기 때문이다.

인쇄술의 발명 또한 포르노그래피를 변모시키고 대중화한 중요한 계기가 되었다. 이 구텐베르크 혁명은 소설의 발달과 함께 부상한 독서 공중과 불가분의 관계에 있으며(Marcus, 2017), 지식 확산과 권위 해체를 포함해 포르노그래피를 대중화 및 상업화하였다. 한편 프랑스 혁명은 포르노그래피가 정치적 목적보다는 성적 도발에만 전념하는 상업적이고 대중적인 것으로 이행하는 계기가 되었다. 포르노그래피의 수용층이 일반 대중으로 확대되면서 포르노그래피는 정치적 위험이기보다 "도덕적, 사회적" 위험으로 인식되기 시작했다(Hunt, 1993/1996: 51).

이와 더불어 섹슈얼리티는 근대 이후 인구 관리와 지식 축적의 대상으로 부상했다. 미셸 푸코Michel Foucault(1976/2004)는 16세기 이래 성에 대한 '앎의 의지'가 섹스의 담론화를 증대시키면서 '성의 과학'을 구성하는 데 몰두해 왔다고 보았다. 개인의 내밀한 성적 욕망과 실천까지 성은 종교적 고백을 통해 드러내야 하는 대상이었으며 점차 치료와 의학, 상담 권력의 대상이 되어 갔다. 18세기 들어 인구가 경제적이고 정치적 문제로 등장하면서 성은 공적 쟁점이 되었다. 성은 "담론, 앎, 분석, 명령의 온전한 조직망으로 에워싸였다"(46~47). 결혼 제도를 바탕으로 한 생식 위주의 성과 결혼 바깥의 쾌락 중심의 성, 매매춘과 포르노그래피, 사춘기의 성까지 섹슈얼리티는 복합적으로 관리 대상으로 부상했다.

이러한 차원에서 포르노그래피는 18~19세기 부르주아 가정에 대한 새로운 이상과 양립할 수 없는 것이었다(Hunt, 1990/1996: 64). 가정의 여성은 생식, 결혼, 신성함과 관련한 '성녀'로, 거리의 여성은 성적 자유, 방종, 관음증의 대상이 되는 '창녀'로 여성에 대한 평가가 이분화되었으며, 포르노그래피에 묘사된 여성에 대한 인식은 후자와 연결되었다. 포르노그래피는 16~18세기에 걸쳐 "여성의 육체를 남성 유대의 구심점"으로 제시하면서 관음증, 여성의 대상화·물건화를 복합적으로 교차시키며 "남자들을 위한 평등화"를 이룬 수단이 되었다(66). 이는 수용 방식에서뿐만 아니라 재현 방식에서 여성 혐오적 묘사를 전제한다는 점과 연관된다.

사회학자 제프리 윅스Jeffrey Weeks(1986/1999: 43)는 성에 부여되는 의미가 조직되는 과정이 "장기적이고 복잡한 역사의 산물"이라고 보면서 결혼 제도와 종교, 성의 관계를 정리한다. 그 시작의 첫 번째는, 서구에서 기독교가 자리 잡기 전인 AD 1세기경부터 순전히 쾌락만을 탐닉하는 성을 부인하는 '절제법'에서 출발한다. 이는 교회가 생식과 결혼 이외의 성을 '악'으로 간주하는 과정으로 나아갔다. 두 번째는 종교적 투쟁이 끝난 12~13세기경 기독교 전통이 굳건히 자리 잡은 시기로, 종교와 세속의 요구에 따른 새로운 규범이 수립되면서 부부의 성을 중심으로 한 규범이 자리 잡았다. 세 번째는 18~19세기에 접어들면서 이성 간 관계에 바탕을 둔 성이 정상으로 자리 잡고 다른 형태의 관계들이 '성적 일탈'로 범주화되는 과정이다. 종교의 영향력이 점차 줄어들면서 의학, 심리학, 교육학 등의 분야를 중심으로 세속적 규제가 구성되었다.

이처럼 포르노그래피는 남성 부르주아 사회의 성에 대한 이중성을 보여 주는 근대적 산물이다. 가족과 결혼 제도, 생식을 중심으로 한 정상적인 성과 그 외의 섹슈얼리티를 나누는 방식이 제도화되는 과정에서 양지와 음지, 성녀와 창녀, 공식과 비공식, 공과 사의 이분법적 구분이 이루어져 왔다. 또한 포르노그래피는 "문화 민주화로 인해 발생할 수 있는 해악에 대응해 규제 대상 범주로서" 구성되어 왔다(Hunt, 1990/1996: 29). 이처럼 포르노그래피는 부르주아 가부장제, 자본주의, 서구 자유주의 통치성의 역사가 결합하여 온 과정과 밀접한 근대의 산물이다. 포르노그래피는 남성성의 결속과 여성 혐오적 시선을 자연화시키며, 성 역할과 섹슈얼리티에 대한 인식을 구성해 온 역사적 재현물이기도 하다.

2. 여성 재현 방식과 포르노그래피

기술과 미디어의 발달에 따라 성적인 표현물은 '사실성'과 '직접성'을 갖게 되었다. 음악적, 구술적 표현물에서부터 그림과 문학을 통한 표현물까지 직접적, 간접적인 성적 표현이 역사적으로 존재해 왔다. 하지만 사진술 발명 이후부터 성적 표현은 사실의 증거이자 지표index로 여겨졌으며, 인간의 감각과 신경에 직접적으로 호소하는 자극적인 것으로 빠르게 대중화와 상업화되어 갔다.

미디어학자 브라이언 맥네어Brian McNair(1996)는 19세기 말 포르노그래피가 노동자 계급에 퍼져나가면서 이들의 도덕적 타락과 퇴폐를 우려한 부르주아적 시선이 포르노그래피를 문화적 범주로 부상시켰다고 진단한다. 이러한 시각은 포르노그래피가 어떻게 인간의 신경에 영향을 미치는지, 포르노 중독은 어떻게 일어나는지 등에 관한 연구를 비롯해 사회 계층에 따라 포르노그래피가 어떻게 다르게 받아들여지는지 등에 대한 사회 조사로 나타났다. 이는 포르노그래피의 규제 필요성을 주장하는 중요한 근거로 작용하기도 했다. 이러한 조사 결과를 토대로, 나보다 다른 사람이, 엘리트보다 노동 계급이, 어른보다 청소년이 포르노그래피의 영향을 더 많이 받을 것이라는 '제삼자 효과'가 작동하면서 포르노그래피에 대한 사회 규제를 정당화하는 유사 과학적 근거가 되었다(윤태진, 2000). 이어서 포르노그래피 중독이 어떤 계층에 더 영향을 미치는지, 포르노그래피가 성범죄의 감소에 영향을 주는지 등에 대한 논쟁이 이어져 왔다.

1960년대 이래 서구 자유주의 정치학에서 포르노그래피 규제 담론은 중요한 쟁점이었다. 특히 페미니즘 정치학의 부상과 더불어 포르노그래피는 복잡한 논의 지형을 갖게 되었다. 또한 대중문화 산업의 발전과 더불어 포르노그래피는 대중문화의 여성 재현과 상호 침투하면서 대중문화의 '포르노화'와 깊숙하게 연관되어 우리 사회의 여성 재현 방식에 큰 영향을 미쳐 왔다.

대중문화의 여성 재현과 포르노그래피

여성학자 우에노 지즈코上野 千鶴子(2010/2012: 14~16)는 여성에 대한 성적 대상화가 여성 혐오(혹은 여성 멸시)의 대표 사례라고 설명한다. 지즈코가 말하는 성적 대상화란 여성을 성적인 도구이자 수단으로 바라보는 시선으로 대표되며, “어떤 여자든 상관하지 않고 알몸이나 미니스커트와 같은 ‘여성을 나타내는 기호’만으로 즉각적인 반응을 나타”내도록 하는 문화 산물이다. 성적 대상화의 극단적인 사례가 바로 포르노그래피다. 포르노그래피는 대체로 여성이 유혹하는 자로서 등장하고 마지막에는 여성의 쾌락으로 끝나는 시나리오로 대표된다. 여성의 성기는 마치 “어떠한 고통이나 폭력도 쾌락으로 변환시킬 수 있는 블랙홀”처럼 묘사되면서 남성의 욕망을 면책시켜 주는 장치로 기능한다(우에노 지즈코, 2010/2012).

이러한 여성 재현의 맥락은 성차별주의sexism와 관련된다. 케이트 만Kate Manne(2018: 79~80)에 따르면, 성차별은 성별 차이를 자연화naturalizing하는 이데올로기로서 가부장제 질서를 합리화하고 정당화하는 역할을 한다. 성차별 이데올로기는 여성과 남성을 다르게 재현하는 가정, 신념, 이론, 스테레오타입 등을 포함해 광범위한 문화적 내러티브를 통해 구성되며, 때로는 과학적 증거를 제시함으로써 성별 차이를 정당화하고 보통 사람들이 가부장제를 지지하고 참여하게 만든다. 한편 여성 혐오로 번역되는 ‘미소지니misogyny’는 좋은 여성과 나쁜 여성 사이에 차이를 두면서 후자를 징벌하는 것으로 대표되는데, 이는 여성 개인에게 자기혐오로 작동하기도 한다. 만은 성차별주의는 “나쁜 과학”이고 미소지니는 “도덕주의이자 마녀사냥”이라고 말한다(80~81).

매스 미디어는 이러한 방식의 성차별 이데올로기와 여성 혐오를 시각적으로 전형화해 보여 주면서 문화를 구성해 왔다. 공적 영역은 남성의 영역, 사적 영역은 여성의 영역이라는 설정을 반복해 재현하고, 성적 행위에서 여성의 적절한 태도 및 처신 방법을 제시함으로써 미디어는 사회 구성원의 사회화에 매우 중요한 역할을 해 왔다. 미디어의 여성 재현 방식이 문제가 있다는 인식은 페미니즘 운동이 투쟁 전략을 '재현의 세계'로 이동시키는 계기가 되었다(조은 외, 2002).

미국 대중문화 산업의 여성 재현 방식 또한 젠더 불평등을 만들어 내고 유지하는 시각적 제도로 주목받기 시작했다(Bronstein, 2011). 1950년대 전후戰後 미국 사회에서 소비주의의 확산과 백인 중산층의 교외 이주는 가족을 사회의 기본 단위이자 제도로 정착시켜 왔다. 광고나 드라마를 통해 재현된 가족 이미지는 가정 내 성별 역할 분업이나 스테레오타입을 사회적으로 확산시켰고 성별에 따른 정상성을 구성해 왔다. 1963년 베티 프리던Betty Friedan은 《여성의 신비*The Feminine Mystique*》에서 여성 잡지나 광고와 같은 매스 미디어의 이미지가 자본주의와 가부장제 내 여성 종속을 강화하는 역할을 한다고 주장했다(Friedan, 1963). 주로 교외에 거주하는 행복한 주부 이미지로 대변되었던 백인 중산층 여성은 최신 상품을 소비함으로써 여성성이 성취될 수 있다고 주장하는 광고를 통해 어머니이자 남성의 장난감, 성적 대상으로 묘사되었다. 여성은 수동적, 유아적, 취약한 존재로 묘사되는 한편, 남성은 공격적, 잔인한, 충동적인 본성을 가진 존재로 설명되었다(Bronstein, 2011). 이러한 묘사 방식은 남성과 여성의 활동 영역이 '분리된 영역separate sphere'이라는 점을 사회적으로 공고히 해왔으며, 여성의 역할을 사적 영역에 한정시키는 효과로 나타났다(김진희, 2018). 또한 이러한 제한적 여성 묘사는 가부장제 질서에 복무하는 여성과 그렇지 않은 여성, 성녀/창녀의 구분, 여성의 성생활에 대한 이중 기준과 평가를 통해 여성을 "분단 지배"(우에노 지즈코, 2010/2012: 53~55)하는 사회 규범을 구성해 왔다.

이러한 문화 영역에서의 여성 재현이 여성에 대한 사회 차별과 가부장제의 존속을 영구화한다는 점에서 페미니스트들은 문제의식을 느꼈다. 따라서 페미니즘 운동의 방향은 미디어, 문화 분야의 여성 재현을 개선하는 운동으로 나아갔다. 페미니즘 운동은 생물학적, 자연적 영역으로서의 '섹스'와 사회 구성적 '젠더' 개념을 구분함으로써 문화와 젠더 관계에 대해 질문하기 시작했다. 가부장제 질서가 절대적이거나 자연적인 것이 아니라 사회적으로 구성된 역사적 산물이기에 변화 또한 가능하다는 인식이 생겨난 것이다(배은경, 2004).

1980년대 후반부터 섹스와 젠더의 구분 또한 의문시되기 시작했다(배은경, 2004). 젠더의 개념이 페미니즘 운동에서 매우 유용한 것으로 작동해 왔지만 섹스 또한 성과 의학적 지식, 담론 등을 통해 구성된 것이라는 점을 그간 간과해 왔다는 성찰이 시작된 것이다. 예를 들어, 주디스 버틀러Judith Butler(1990)는 젠더와 섹스 모두 섹슈얼리티의 특정한 형태, 즉 강제적 이성애compulsory heterosexuality의 제도화를 위해 만들어진 것으로 보았다. 남녀 양성으로 이분화하여 그 자연적 차이를 극단화하는 섹스는 강제적 이성애의 필수적 요소이며, 젠더는 이에 기반을 둔 문화적 각본에 따라 수행되는 일종의 가장무도회일 뿐이라는 것이다(Butler, 1990; 배은경, 2004; 이현재, 2013).

특히 이러한 논의는 섹스의 재현을 다루는 포르노그래피 논의에 시사점을 준다. 섹스 자체는 매우 생물학적이고 본능적인 영역으로 여겨져 왔지만 사실상 대다수 포르노그래피의 재현이 양성의 차이와 성별 분업, 성 역할에 대한 고정관념을 이미지로 명확하게 제시해 왔기 때문이다(MacKinnon, 1989a). 이는 성을 생물학적인 것, 본능적인 것으로 자연화하는 데 이바지하는 문화 산물로 자리 잡아 왔다(홍남희, 2020).

남성 사회화 수단으로서 포르노그래피: 〈플레이보이〉

미국 사회에서 전후 경제 부흥과 함께 잡지, 텔레비전 등 시각적 이미지 중심의 대중문화 산업이 번창하였다. 특히 잡지 산업에서 〈플레이보이〉 창간은 미국 포르노 산업의 글로벌화와 미국 대중문화의 포르노화를 확장한 계기가 되었다. 〈플레이보이〉는 전쟁 후 구성되어 가던 가족 중심pro-family의 이데올로기를 중심으로 산업의 발전과 대기업 문화가 정착되던 '기업 국가 미국'에 순응해야 하는 남성성을 여성 혐오와 여성에 대한 성적 대상화를 통해 위로하는 역할을 했다. 미국 교외의 백인 가정을 중심으로 한 다양한 영화, 드라마 등을 통해 당시의 분위기를 짐작할 수 있다. 예를 들어, 1970년대 미국 뉴욕의 광고 업계를 배경으로 한 드라마 〈매드맨*Mad Men*〉(2007~2015, 7시즌)은 남성이 지배적인 광고 업계에서 비서로 일하게 된 젊은 여성들에 대한 남성 중심적 시선을 잘 보여 준다. 여성의 성적 매력과 평소의 행실은 동료 남성들의 입방아에 연일 오르내리고, 여성에 대한 성적 괴롭힘과 성폭행은 일상적이었지만 여성은 견뎌 내거나 사라진다. 교외의 백인 가정에서 꽃과 같은 역할을 수행하는 젊은 주부는 수많은 광고에서 제시하는 백인 남성 가장과 전업주부 여성으로 대표되는 전형적인 핵가족 모델을 기초로 한다. 남성은 끝없이 상승해야 하지만 기업적 미국에서 사실상 개성과 자유, 자율성을 상실한 "몸과 마음이 노예 상태"다(Ehrenreich, 1983: 30). 여성은 어떤 상태든 여성 혐오적 시각에서 벗어날 수 없었다. 전업주부는 남편이 벌어다 주는 돈만 쓰는 한심한 존재로, 일하는 여성은 남성의 자리를 탐내는 악녀로, 혹은 남성의 성적 욕구를 충족시켜 주는 존재로 그려졌다(Dines, 1998; Bronstein, 2011).

〈플레이보이〉는 회색빛 회사 인간으로 개성과 자율성을 잃어 가는 미국의 남성에게 '자기 자신을 위해 살라'는 메시지를 던진다. 가정이나 회사, 아내가 아니라 자신을 위해 살아가야 하고, 그 일환으로 젊고 아름다운 여성과 감정적으로는 엮이지 않되 성적 쾌락만을 즐기는 '플레이보이'로 살아가는 것을 미국 남성의 이상으로 제시했다. 〈플레이보이〉 잡지 중간의 컬러판 '센터폴드centerfold'에 실린 여성 누드는 여성의 몸을 성적 대상으로 평가하는 남성성을 구성했다(Dines, 1998: 45). 그뿐만 아니라 〈플레이보이〉는 〈뉴요커*The New Yorker*〉의 전 에디터와 진보 논객을 영입해 백인 중상류층의 고급 라이프스타일 잡지이자 진보, 자유의 레토릭과 연결되는 문예 잡지로 자리매김했다(Bronstein, 2011).

〈플레이보이〉는 1950년대 창간 이후부터 1960년대까지 매달 독자 100만 명을 달성하고 1972년에는 판매 부수가 700만 부를 넘기도 했다. 또 〈플레이보이〉는 잡지만 발행한 것이 아니라 다양한 분야로 사업을 확장해 갔다. 1960년 시카고에서 문을 연 플레이보이 클럽Playboy Club은 플레이보이 엔터프라이즈Playboy

Enterprise가 운영하던 나이트클럽 및 리조트 체인이다. 이 클럽은 〈플레이보이〉의 트레이드마크인 '버니Bunny' 차림의 여성 종업원이 음식과 음료를 서빙하며 각종 공연과 행사를 진행하여 사교계의 중심으로 부상했다. 플레이보이 엔터프라이즈는 전 세계 40여 곳에 있는 클럽을 비롯해 영국, 바하마 및 미국 전역에서 카지노 및 호텔 사업, 라이프스타일, 성 건강, 게임, 뷰티 등 분야의 자회사를 운영하고, 1980년에는 제한 상영가(R등급) 영화를 주로 상영하는 성인 케이블 채널 '플레이보이 TVPlayboy TV'를 런칭하는 등 글로벌 종합 엔터테인먼트 기업으로 확장했다. 이러한 〈플레이보이〉의 성장은 창업자 휴 헤프너Hugh Hefner의 신화로 여겨지며 아메리칸드림의 대표 사례가 되었다.[4]

〈플레이보이〉의 대성공 이후 유사한 잡지들이 창간되었다. 〈펜트하우스*Penthouse*〉, 〈허슬러*Hustler*〉까지 등장하면서 미국의 3대 포르노 잡지 시대가 본격화됐다(Dines, 2010; Bronstein, 2011; 2016; Fraterrigo, 2016). "(〈플레이보이〉의 아이콘인) 토끼를 따라잡으러rabbit hunting" 등장한 〈펜트하우스〉와 노동자 계급 남성을 타깃으로 한 〈허슬러〉는 〈플레이보이〉와 경쟁 관계를 형성하면서 "포르노 산업의 인프라"(조은 외, 2002: 138)를 구성했다. 이는 지식인 남성부터

4 그러나 2017년 휴 헤프너의 사망 이후 다양한 폭로가 있었다. 특히 2022년 〈플레이보이의 비밀*Secrets of Playboy*〉이라는 10회짜리 다큐멘터리에서는 휴 헤프너와 친구들이 수십 년간 강제 마약 복용, 강간, 불법 촬영, 미성년자 강간 및 의제 강간 등의 다양한 성범죄를 저질렀다고 밝혔다. 또 미성년자임을 알면서도 누드 화보를 찍게 한 사실도 드러났다(Culliford, 2023. 1. 18).

노동 계급 남성까지를 아우르면서 "여성 비하를 라이프스타일로 장착시킨 미국 가부장제의 한 제도"(138)로 떠올랐다.

글로벌 대기업화와 문화예술 분야 및 라이프스타일 분야를 아우르는 포르노 산업의 확장은 여성의 몸을 성적으로 바라보고 상상하며 소비하는 행위를 문화로 정착시켰다. 특히 포르노그래피의 소비는 남성의 사회화 과정에서 필수적이고 자연스러운 일이 되었다. 게일 다인스Gail Dines(2010)에 따르면, 소년은 평균 11세에 포르노를 소비하기 시작한다. 남성의 성장 과정과 또래 문화에서 포르노는 중요한 역할을 담당하며 청년의 섹슈얼리티를 구성하는 데 중요한 역할을 한다. 거기에만 국한되는 것이 아니라, 문예 잡지와 고급 예술의 외피를 갖춘 포르노그래피 잡지에서부터 호텔, 금융, 케이블 산업 등과 연계된 사회의 지배적 산업으로 성장해 오는 과정은 수많은 여성의 몸을 실질적, 문화적으로 지배하는 동력으로 작동하면서 사회 전반에 영향을 미친다(Dines, 2010). 다인스는 하드코어 포르노그래피가 대중문화 속 '소프트코어' 이미지와 연합하여 여성의 이미지를 '초성애화hypersexualize'한다고 주장한다. 이는 대중문화의 여성 재현과 관련한 대규모 산업과 연관되며, 점차 인종주의적 스테레오타입 관련한 틈새시장의 개발, 아동의 성애화 등을 통해 다양한 성욕을 개발하고 묘사한다. 다인스는 이것이 권력관계에 기반을 둔 성 착취이자 학대의 문제와 연관된다고 비판한다.

이러한 논의는 대중문화 및 포르노그래피의 여성 재현이 사회 전반에 걸친 거대 산업의 영역으로 부상해 왔으며, 주로 이성애자 남성 중심의 결속과 연대를 강화해 왔음을 보여 준다. 또한 포르노그래피에 대한 노출은 소년기부터 남성의 사회화에 중요한 역할을 하는 것으로 나타난다. 다인스(2010)는 인터넷의 발달로 남성의 사회화 과정에 폭력적인 포르노그래피 영향이 더욱 심화되었다고 우려한다. 기술은 포르노그래피에 대한 접촉을 더욱 쉽게 하면서 성 역할과 섹슈얼리티에 대한 규범을 재생산한다는 것이다(홍남희, 2020).

포르노 산업의 경쟁과 문화의 '포르노화'

미국 여성 운동에서 포르노그래피의 문제는 점점 지배적 문제로 자리 잡기 시작했다. 포르노 잡지 산업의 경쟁 심화는 유관 산업의 확장과 일상의 포르노화를 확산시켰기 때문이다. 1970년대 점차 노골적인 섹슈얼리티가 확산되었는데(Weeks, 1986/1999), 〈플레이보이〉를 의식하고 등장한 〈펜트하우스〉는 여성 성기에 대한 더 노골적인 묘사, 성폭력, 그룹 섹스 등 보다 폭력적이고 하드코어한 재현을 지향했다. 〈플레이보이〉가 중산층 이상의 남성 집단을 목표로 했다면 〈허슬러〉는 '보통의 미국인'을 겨냥했다. 하드코어 포르노 잡지 〈허슬러〉는 1974년 시작하여, 첫 호를 발간한 지 1년 반 만에 300만 부 이상이 판매되었고, 4년이 지난 후에는 1,300만 달러(약 170억 원)의 수익을 냈다(Dines, 1998: 53). 〈허슬러〉는 노골적인 성적 묘사와 여성에 대한 극단적 대상화로 상업 광고 유치가 어려웠으므로 구독 기반으로 자리를 잡아 갔다(54). 포르노그래피 영화 〈딥 스로트*Deep Throat*〉의 대중적 성공 또한 포르노그래피를 산업적으로 대중화하는 데 기여했다.

이러한 사례들은 대중문화의 재현에도 영향을 미쳤다. 당시

대중문화의 두드러진 현상을 "포르노화pornofication"로 설명하는데, 이는 "포르노의 미학과 결부된 주류 문화 상품"의 부상과 확산이라는 특징을 갖는다(Krijnen & Van Bauwel, 2021). 포르노화의 주요 특징은 대중문화에서 성적 노골성이 강해지고 포르노그래피의 장르적 관습을 재현하는 사례가 증가하는 것, 포르노그래피 관련 문화 상품이 주류 산업에서 빈번히 등장하는 것 등이다. 〈플레이보이〉 버니 캐릭터 혹은 포르노그래피 관련 슬로건이 새겨진 옷이나 상품, 누드 등이 뮤직비디오나 광고에 빈번하게 등장하기 시작했다.

도심 지역에서도 '성적으로 노골적인sexually explicit' 재현물을 쉽게 볼 수 있었다. 1960년대 무렵부터 도심과 지역에 있는 스트립 클럽, 약국에서 쉽게 볼 수 있는 잡지나 광고판의 나체 사진, 성인 책 서점, 핍 쇼, 고고바, XXX 등급 영화관, 성인용품점, 성매매 거리 등 성인 산업이 미국 제도 내에서 확산되었으며, "미국 대도시들의 도시 전경에서 성 혁명을 뚜렷이 볼 수 있다"라고 조시 사이즈Josh Sides(2011)는 말한다. 휴 헤프너의 플레이보이 클럽처럼, 〈허슬러〉의 발행인 래리 플린트Larry Flynt는 비키니 입은 여성들이 우리 안에서 춤을 추는 '허슬러 클럽'을 도심에서 운영하기도 했다.

노골적인 성적 콘텐츠는 가정으로도 침투했다. 비디오 산업의 확장, 성인 방송 전용 케이블 TV 등이 등장하면서 각 가정의 거실에서도 볼 수 있는 성적 콘텐츠가 폭발적으로 증가하기 시작했다(Levine, 2007). 이러한 문화의 포르노화는 당시 느슨해지던 음란법 관련 판결에도 원인이 있다(Strub, 2010). 미국에서 1950년대 후반 로스 대 미국(Roth v. United States, 354 U.S. 476, 1957) 판결[5] 이래로 음란의 법적 개념은 지속해서 개정됐다. 그 과정에서 더 많은 성적으로 노골적인 표현이 법적 보호를 받게 되었고, 어떤 자료를 음란물로 볼 것인지 기준이 점점 불명확해졌다(Bronstein & Strub, 2016). 1966년 일명 패니힐 사건(Memoirs v. Massachusetts, 383 U.S. 413, 1966)에서 판사 윌리엄 브레넌William Brennan은 음란을 판단하는 기준이 (1) 지배적 주제가 성에 대한 호색적 관심에 호소하는지, (2) 동시대 공동체 기준을 위반해 명백하게 불쾌한지, (3) 전적으로 사회적 가치를 지니지 않았는지 등으로 정의하였다. "이 세 기준 모두가 독립적으로 충족되어야 하므로" 매우 적은 자료들이 법의 범위 내에 남게 되었다(Bronstein, 2011: 73). 한편 1968~1970년 린든 B. 존슨Lyndon B. Johnson 대통령 직속으로 포르노그래피를 연구한 존슨위원회Johnson Commission는 포르노그래피가 성인의 억압을 해소시키고 성에 대해 학습하는 교육적 도구로 긍정적인 기능을 하며, 따라서 포르노그래피의 판매·전시·배포를 금지하는 지역, 국가, 연방 단위의 규제를 폐지할 것을 제안하기도 했다(69~71). 제안은 받아들여지지 않았으나 이에 대

5 1957년 출판업자 새뮤얼 로스가 우편을 통해 음란물을 보낸다는 이유로 기소된 사건으로 법원은 '음란성obscenity'을 재정의했는데, "공동체 기준community standards"으로 볼 때 작품의 주된 주제가 전반적으로 "보통의 성인average person"에게 "호색적 흥미prurient interest"를 일으키고 "사회적으로 중요하다고 판단할 부분이 전혀 없어야만" 음란물이라고 판결했다. 이 사건 이전에는 법원은 영국 사건인 레지나 대 히클린Regina v. Hicklin(1868)의 선례를 적용해 자료 일부가 음란하다고 간주되면 출판물 전체가 음란한 것으로 간주해 왔다.

한 논쟁이 이어졌다.[6]

이러한 흐름에서 포르노그래피 산업은 팽창해 간 한편, 포르노그래피에 대한 기소와 재판 등의 과정은 국가 검열과 표현 자유의 대결 구도로 묘사되었다. 예를 들어, 1977년 검찰은 〈허슬러〉에 여성의 몸을 고기처럼 묘사한 사진 등을 게재한 혐의로 래리 플린트를 고소했다. 당시 언론에서는 래리 플린트를 마치 억압받는 소련 반체제 인사처럼 묘사하기도 했다. 또 〈허슬러〉는 제리 폴웰Jerry Falwell[7] 목사가 자신의 어머니와 첫 성관계를 갖는다는 내용의 패러디 인터뷰 광고를 실어 폴웰 목사에게 고소당하기도 한다. 이 사건에서 법원은 공인에 대한 자유로운 비판도 수정헌법 제1조의 핵심이라고 보아 〈허슬러〉의 손을 들어주었다(Hustler Magazine, Inc. v. Falwell, 485 U.S. 46, 1988). 이 과정에서 표현의 자유를 옹호하는 언론이 〈허슬러〉의 편을 들었다. 래리 플린트는

6 이 보고서는 즉각 반대에 부딪혔다. 위원회 내 반대 의견을 가진 두 위원이 〈힐링크 모니터 보고서Hill-Link Minority Report〉를 통해 위원회 구성의 자유주의적 편향성과 연구 방법론 및 결과를 문제시했다. 존슨 대통령의 후임인 리처드 닉슨Richard Nixon 대통령 또한 보고서에 격분하면서 "내가 백악관에 있는 한 외설물을 통제, 제거하려는 전국적인 노력을 완화하는 일은 없을 것"이라고 말했다. 페미니스트들도 이 보고서가 남성의 성적 관심만을 보호하고 포르노그래피 제작에 강제되는 여성, 아동, 이러한 자료를 보고 배우는 남성 등 현실 세계의 해악을 무시한다고 비판했다(Bronstein, 2011: 72~77).

7 미국의 우파 기독교 단체 '도덕적 다수Moral Majority'의 공동 설립자 중 한 명인 제리 폴웰 목사는 1980년대 보수 기독교의 정치 세력화를 주도한 인물로 로널드 레이건 등 공화당 정치인들을 지원하고, 남아프리카공화국 인종 차별 옹호 발언, 낙태 및 동성애 반대 캠페인 등으로 논란의 중심에 있었다.

본의 아니게 미국에서 표현의 자유와 검열이라는 논쟁 구도의 핵심 인물이 되었다.

이와 같은 대중문화의 포르노화와 포르노 잡지의 대중적 성공은 미국 사회 전반에서 노골적인 성적 표현을 증가시켰다. 또 이에 대한 국가의 음란법 기소는 국가 검열 대 표현의 자유라는 구도를 형성시켜 왔다. 이러한 구도에서 여성의 몸을 재현하는 시각적 재현 방식에 대한 문제 제기는 반영될 여지가 없었다. 이러한 상황은 1970년대 페미니즘 운동이 재현의 문제에 관심을 두는 계기가 되었다.

안티포르노그래피 운동의 전사前史

미디어가 재현하는 여성의 제한된 역할이 젠더 불평등에 기여한다는 비판은 점차 여성 섹슈얼리티의 재현 방식에 대한 문제 제기로 확장되었다. 당시 페미니스트들은 주류 미디어의 여성 재현 방식에 문제를 제기하면서 해당 기업에 대한 보이콧, 대중 교육, 시위 등의 방식으로 미디어 재현 방식의 문제를 대중에게 알리고자 했다. 그러다 이들은 미국 사회 전반의 포르노화로 노골적인 성적 표현이 증가하는 사회 변화에 주목했으며 포르노그래피의 문제에 관심을 갖게 되었다. 그러나 이 문제는 페미니즘 내부에서도 의견이 갈렸다. 한쪽은 포르노그래피 전체가 아니라 에로티카[8]와 상호적이고 존중하는 관계를 묘사한 건강한 포르노그

8 페미니즘 내부에서도 포르노그래피와 에로티카를 구분해야 한다는 주장이 있었다. 글로리아 스타이넘에 따르면 '에로티카erotica'는 사랑을 하는 사람들의 이미지로

래피 자료는 보호받을 필요가 있다고 보았지만, 다른 한쪽은 포르노그래피가 여성에 대한 "악의적인 프로파간다"이며 "남성 지배의 주요 요소"로서 여성에 대한 "학대적인 통제의 표현"이라고 주장했다(Leo, 1986. 7. 21).

이와 같은 다양한 갈래에 대해 미디어 역사학자 캐럴린 브론스타인Carolyn Bronstein(2011: 3)은 이른바 '안티포르노그래피 운동'과 입법이 검열과 성적 보수주의를 확장했다는 비판에 앞서 페미니즘의 미디어 캠페인과 관련한 다양한 갈래들과 여성 단체들의 미디어 운동을 의미화해야 한다고 주장한다. 그는 이러한 운동을 주도한 인상적인 페미니스트 미디어 개혁 단체로, 로스앤젤레스 중심의 WAVAW(Women Against Violence Against Women, 1976), 샌프란시스코 중심의 WAVPM(Women Against Violence in Pornography and Media, 1976), 뉴욕 중심의 WAP(Women Against Pornography, 1979) 등의 활동에 주목한다. 이들 활동은 광고 및 매스 미디어를 대상으로 했지만, 성적으로 노골적인 포르노그래피의 문제는 여전히 '미해결 상태'에 있었다. 또한 포르노그래피에 관한 세 단체의 인식과 접근법에는 차이가 있었다(Bronstein, 2011).

당시 미국 사회는 대학가를 포함해 전반적으로 반전 시위, 자유, 성 혁명sexual revolution 등의 이데올로기가 확산하던 시기였

포르노그래피와 구분된다. 포르노그래피는 그 어원에서부터 모든 남성 시민이 접근 가능한 하층 계급인 "창녀의 자세한 묘사"를 의미하는 것으로 여성 혐오적 의미가 있지만, 에로티카의 어원인 에로스Eros는 아름다움을 동반한 열정적 사랑을 의미한다는 점에서 구분해야 한다는 것이다(Bronstein, 2011: 174).

다. 성 혁명은 자유롭고 개방적이며 구속받지 않는 성적 관계를 특징으로 하며 사회 전반적으로 성에 관한 관심과 묘사를 심화시켰다. 그러나 페미니즘 운동은 여성 해방 운동의 유산과 성 혁명의 이데올로기가 남성의 자유로운 성적 접근을 허용하고 성적 폭력을 확산시켰다는 점을 인식하기 시작했다. 또 풀뿌리 운동의 목적으로 진행한 의식 고양(Conciousness Raising: CR) 그룹 활동에서 많은 여성이 가족과 친족, 지인 남성에 의해 성적 폭력을 당했다는 사례들이 공유되었다. 이렇게 여성의 일상에 성적 폭력의 문제가 만연해 있음이 드러나면서 이것이 여성 종속을 유지하는 수단이라는 점을 인식하게 되었다. 페미니스트들은 여성 종속을 강화하고 유지하도록 하는 권력 체계의 일부로서 성적 억압과 강제를 인식하게 되었고, 특히 성 혁명 과정에서 여성이 경험하는 취약성을 분석했다(Bronstein, 2011). 성 혁명은 남성의 여성에 대한 자유로운 접근과 책임지지 않는 관계로 나타났지만, 여성은 임신과 낙태, 위신의 하락 등에서 여전히 자유롭지 못했기 때문이다.

이러한 과정은 '이성애 중심주의heterosexuality'와 그것을 지탱하는 '가부장제'가 문제라는 인식으로 나아갔다. 1970년대 이른바 급진적 페미니스트라 불리던 이들 사이에서 이러한 인식을 이론화하고 대중적으로 확산하려는 작업이 시작되었다. 여성이 원치 않는 섹스에 굴복하게 하는 사회적 압력, 피임 및 낙태의 이슈 및 성적 건강의 이슈, 원치 않는 임신의 공포 등에 대한 문제가 제기되었다. 또한 이성애 중심주의와 가부장제를 확산시키는 제도로서 미디어와 포르노그래피에 초점이 향하게 되었다. 문화의 포르노화가 심화되고 매스 미디어에서도 포르노그래피적 재현이 침투하면서 페미니스트들은 여성에 대한 폭력적 재현을 섹슈얼리티와 엮어 묘사하는 재현 방식에 문제를 제기했다.

WAVAW는 주류 미디어에서 여성 재현의 방식으로서 폭력에 주목했다. 이 단체는 성적 노골성이나 안티포르노그래피에 초점을 둔 것이 아니라 여성에 대한 잔인한 취급, 여성에 대한 폭력과 성적 이미지의 결합 등 폭력에 초점을 두었다. WAVAW는 여성 살인, 강간, 내장 적출 등 끔찍한 폭력을 사실적으로 보여주는 영화 〈스너프*Snuff*〉의 개봉과 배급을 막고자 했다. 이후 록밴드 롤링 스톤스The Rolling Stones의 〈블랙 앤 블루*Black and Blue*〉 앨범 재킷이 폭력적 포르노그래피의 재현 방식을 따른다는 점을 문제시하면서 제작사 워너에 대한 보이콧 운동을 본격화했다. 이 앨범 재킷에서는 (온몸에 멍 자국이 있는) 한 여성이 손이 묶인 채로 성적 흥분을 표현하는 듯한 표정으로 다리를 벌리고 의자에 앉아 있는, 폭력적인 포르노그래피 재현 방식을 따랐다. WAVAW는 이러한 이미지가 구타와 폭력을 섹슈얼리티와 연결 지었다고 비판하면서 대중 교육과 기업에 대한 압박 전략을 통해 워너에 3년간 보이콧을 진행했고, 여성 이미지 재현과 관련한 기업 책임을 강조했다(Bronstein, 2011: 19~20).

한편, 1978년 6월 〈허슬러〉는 여성의 몸이 그라인더에서 갈려 고기로 나오는 장면을 표지로 실었다. 아직 갈리지 않은 여성의 벗은 하체가 그라인더에 거꾸로 꽂혀 있는 강렬한 표지와 창업자 래리 플린트의 "우리는 더이상 여성을 고기 조각처럼 매달지 않을 것이다We will no longer hang women up like pieces of meat"라는 말은 여성 운동이 포르노그래피의 여성 재현을 향하게 하는 직접적 계기가 되었다. 샌프란시스코를 중심으로 결성된 WAVPM은 이 표지를 실은 〈허슬러〉에 강력하게 항의했다. 인신매매 근절 등에 주력한 법학자 로라 레더러Laura Lederer를 비롯해 린 캠벨Lynn Campbell, 다이애나 러셀Diana Russell, 케슬린 배리Kathleen Barry, 수잔 그리핀Susan Griffin 등이 WAVPM의 초기 회원들이다.[9] 샌프란시스코의 성인 구역red-light districts에 있는 포르노그래피 상점과 핍 쇼 관련 교육 투어, 안티포르노그래피 슬라이드 등을 지원하면서 대중 교육과 항의 시위를 조직했다. 여기서 포르노그래피는 운동의 중요한 의제로 부상하기 시작했다. 이후 안티포르노그래피 입법에 이바지한 안드레아 드워킨Andrea Dworkin은 포르노그래피가 "여성을 경멸하고 이용하고 상처입히도록 남성을 조건화하고 교육시키고 독려한다"라고 주장했다. 포르노그래피는 여성 몸에 대한 성적 접근이 남성의 권리라는 생각을 강화하는 제도다. 페미니스트 운동가이자 작가인 로빈 모건Robin Morgan은 "포르노그래피는 이론이고 강간은 실천이다Pornography is the theory, and rape is the practice"라고 말했다.

1979년 설립된 WAP는 뉴욕의 유명한 페미니스트인 수잔

9 이들의 초기 활동은 샌프란시스코의 스트립 클럽, 핍 쇼 등에 대한 항의 시위가 중심이었다. 특히 스트립 클럽과 라이브 섹스 영업을 하는 미첼 브라더스의 오패럴극장O'Farrell Theatre과 이 극장의 울트라룸Ultra Room이 이들의 주요 표적이었다. 울트라룸은 여성들이 남성 관객을 위해 서로 사도마조히즘적 행위를 하는 것으로 알려졌다. 1978년 11월 샌프란시스코에서 열린 WAVPM의 전국 단위 총회 마지막에는 약 3,000여 명의 여성들이 '밤을 되찾자Take Back the Night'는 행진을 벌이며 여성 폭력과 포르노그래피에 반대하는 시위를 벌였다.

브라운밀러Susan Brownmiller, 글로리아 스타이넘Gloria Steinem, 로빈 모건 등이 설립한 단체다. 이 단체는 대중문화에서 이루어지는 모욕적인 여성 재현에 대해 다양한 항의 방식을 조직했으며, 포르노그래피의 이슈에 대한 이론화와 사례 수집 등의 작업을 진행했다. 이들의 활동은 뉴욕 시장과 미디어의 관심을 받았다. 1983년 WAP 리더들은 포르노그래피의 억압적 성적 재현 문제에 국가가 개입할 것을 강조했다. 포르노그래피에 대한 매키넌-드워킨 조례MacKinnon-Dworkin Ordinance를 지지하면서 미즈위원회(Meese's 1985 Commission on Pornography)에서 포르노그래피의 악영향에 대해 증언할 증인을 모집하기도 했다(Bronstein, 2011).

후대의 비평들은 대체로 안티포르노그래피 운동이 포르노그래피를 성도덕 측면에서 규제하길 원했던 기독교 보수주의와 보수 정당과의 결탁으로 이어졌다고 비판했다. 오히려 여성의 성적 자율성과 다양성이 억압되었고 가족 가치로의 회귀, 여성의 한정된 역할로의 제한, 정치, 사회문화적 보수화 등으로 진전되었다는 것이다.

그러나 포르노그래피에 대한 반대 운동이 단일한 결과로 묘사되면서 의미 없는 것으로 치부되거나, 페미니즘 운동 전략을 단일한 것으로 평가하기에는 아쉬움이 있다. 무엇보다 제2 물결[10] 시

10 제1 물결이 여성의 참정권 확대 운동으로 특징지어진다면 제2 물결the Second Wave은 1960~1970년대 미국 중심의 급진 페미니즘 운동을 주로 지칭하며 '개인적인 것은 정치적인 것'으로 대표되는 사적 영역 전반에 대한 급진적 비판으로 확장되었다. 제3 물결은 제2 물결의 백인 여성 중심 서사라는 인종적 편향과 성적 경직성을

기 페미니즘 운동에서 포르노그래피는 다양한 방식으로 여성에게 부정적인 영향을 미치는 제도이자 문제로 이론화됐다. 1975년 수잔 브라운밀러는 《우리의 의지에 반하여*Against Our Will*》에서 성차별을 공공연히 정당화하는 미국의 두 가지 대표적인 제도로 "매춘과 포르노그래피"를 들었다. 이 두 가지는 남성이 원할 때마다 구매할 수 있는 것이며, 여성에 대한 성적 접근이 항상 남성의 권리라는 생각을 강화하는 대표적 제도라는 것이다. 특히 포르노그래피는 원치 않는 여성을 강제한다는 점에서 강간과 유사한 것이며, 여성을 모욕하기 위한 "남성의 발명품"으로 여성을 "이용하고 학대하고 부수고 폐기하기 위해 익명의, 심장이 뛰는 장난감, 성인용 장난감, 탈인간화된 대상들"로 환원시킨다. 이러한 이론화와 분석을 통해 그녀는 여성을 대상으로 한 (성적) 폭력, 강간 등과 광고 및 매스 미디어 이미지 사이의 유관성을 주장하였다 (Brownmiller, 1975: 616~617).

〈딥 스로트〉와 같은 하드코어 포르노의 대중적 성공으로 스타덤에 오른 배우 린다 러브레이스Linda Lovelace의 개인사 또한 포르노그래피 산업과 여성의 관계에 관한 질문을 던졌다. 이 영화에서 주인공인 린다 러브레이스는 미국 여성이 모방하고자 하는, 진정으로 해방된 여성으로 이상화되었으며, 포르노를 통한 성 해방과 성 혁명의 아이콘으로 묘사되었다. 그러나 억압적인

넘어 다양성과 성 정치학의 확장으로 나타난다(김보명, 2016). 한편 김은주(2019)는 기술과 결합한 온라인 페미니즘을 제4 물결로 개념화하면서 동시대성과 역사성을 강조한다.

어린 시절과 구타, 감금, 협박으로 점철된 결혼 생활에 대한 폭로는 포르노 제작 과정에서 발생하는 여성에 대한 협박과 (성)폭력, 강제 촬영 등의 문제 등 다양한 논쟁을 불러일으켰다. 성 혁명과 포르노 산업의 확장은 사실상 이성애 남성 중심의 포르노그래피가 산업적으로 확장되면서 그것에 수반되는 인신매매, 성 착취, 폭력, 지배와 강제 등을 감추는 역할을 해 왔다는 것이다(Huges, 2002). 이는 포르노그래피가 성인 당사자와의 계약으로 제작한 것이라 할지라도 그것이 남성적 지배 질서에 복무하는 역할을 하게 된다는 것을 보여 주며, 현실의 여성 대상 폭력의 문제와 매우 밀접하게 연관되어 있음을 드러냈다.

포르노그래피 규제 논의와 성적 보수화

당시 미국 사회에서 포르노그래피 논쟁은 포르노와 (성)폭력적(실제) 행위와의 연관성을 입증하려는 시도나 불가침의 자유로서 '표현의 자유' 혹은 검열 반대라는 주장에서 되풀이되었다. 포르노그래피가 사회 문제로 부상하면서 국가 차원의 위원회가 꾸준히 열렸다. 대표적으로 1970년대 음란물과 포르노위원회의 조사, 1985년 캐나다의 '포르노와 매춘에 관한 특별위원회,' 1986년 미국의 '포르노에 관한 법무장관위원회Attorney General's Commission on Pornography'(일명 미즈위원회) 등이 있었다. 하지만 이러한 위원회들에서는 포르노그래피와 성폭력 발생 간의 직접적인 연관 관계를 입증하지 못하거나 모순된 결과를 내놓으면서, 포르노그래피의 유해함을 실제 성폭력 발생과의 연관성이라는 차원에서만 한정해 논의하였다.

역사학자 휘트니 스트럽Whitney Strub(2010: 199~200)에 따르면, 초기의 미즈위원회는 아동 포르노의 암시장과 폭력적 포르노그래피에 대한 사회과학적 결론을 무차별적으로 이용하면서 이러한 범주와 성인 포르노그래피 사이의 경계를 흐렸다. 이 위원회는 페미니즘의 레토릭만을 차용하였고, 위원 대다수를 레이건 정부 탄생에 기여한 기독교 조직 구성원으로 앉혔다. 후기 미즈위원회는 공청회를 열어 미디어의 주목을 받았다. 이 공청회에 나온 증인들은 '포르노에 반대'한다는 공통점을 가졌으나 모순된 위치에 있었다. 페미니스트 인류학자 캐럴 밴스Carole Vance(1997)는 당시 미즈위원회 공청회에 참석한 증인 208명 중 68명이 풍기단속반과 법강화조직 등 법 집행 분야 출신이며, 77%가 안티포르노그래피 입장을 취했다고 밝혔다. 법 집행 기구 출신에 더해 포르노그래피와 관련한 다양한 피해자들이 증인으로 동원되었다. 열두 살에 포르노그래피 카드팩을 접하게 된 남성이 결국 문란한 성생활을 하게 되었다는 이야기로 포르노그래피 중독의 위험을 강조하는 증언, 〈플레이보이〉 버니 출신 여성의 마약 중독 및 성폭력 경험, 플레이보이 맨션에서의 살인 사건 관련 폭로 증언, 포르노그래피 모델로서 긍정적인 인식을 지닌 〈펜트하우스〉 모델 출신 여성의 증언까지 포르노그래피의 영향에 대한 모순적이고 비일관적인 경험들이 증언대에 섰다(Strub, 2010: 199~200).

1986년 7월 21일 〈타임*Time*〉에 실린 기사는 포르노그래피에 대한 국가 차원의 위원회와 법원 판결 등을 비롯해 여성 운동 진영의 복잡한 역학을 드러낸다(Leo, 1986. 7. 21). 미니애폴리스 공청회와 입법 시도가 미즈위원회를 계기로 전국 단위로 확장되자 법학자 캐서린 매키넌Catherine MacKinnon은 뉴욕의 타임스스퀘어 성산업 지구 근처의 WAP 사무실 앞에서 기자회견을 한다. 이때 매키넌은 이러한 국가적 관심이 "여성 권리에서 전환점"이 될 것이며 "여성들이 오랫동안 알고 있었던 사실을 국가 정부 기관에 확신시키는 데 성공했다"라고 밝혔다. 특히 매키넌은 포르노그래피가 "여성과 어린이에 해악을 끼친다"라고 보았다. 표현의 자유 수호를 우선시하는 미국시민자유연합American Civil Liberties Union의 변호사 낸 헌터Nan Hunter는 포르노그래피 규제론이 "후견주의자들의 태도"이며 여성은 국가의 "특별한 보호"가 아닌 "자유"를 찾아야 한다고 했다. 한편 NOW(National Organization for Women)의 설립자인 베티 프리던은 포르노그래피에 반대하는 전쟁이 경제적, 법적 영역에서 필요한 에너지를 낭비하는 것이며 포르노그래피에 대한 집착이 "여성 운동의 위험한 전환diversion"이라고 보았다. NOW는 포르노그래피 중에서도 "폭력적" 포르노그래피의 영향을 문제시하면서도 "유해하지 않은 모든 '성적으로 노골적인' 자료"에 대한 반대는 아니라고 밝혔다(Leo, 1986. 7. 21).

또 다른 〈타임〉 기사는 안티포르노그래피에 대한 입장을 표명하는 미즈위원회와 동성애를 금지한 대법원 판결을 두고 "새로운 도덕적 전투 부대new moral militancy," "섹스 버스터Sex Buster"라는 표현으로 사회 전반의 성적 보수주의로의 회귀를 지적했다(Stengel, 1986. 7. 21). 실제 기독교 단체 및 법 집행 조직의 일원이 주요 구성원인 미즈위원회를 포함해 음란법에 대한 법원 판결 등은 동성애, 여성의 성적 자유 등 가족과 성적 스테레오타입에서 벗어난 성을 규제하는 방향으로 나타났다.

여성의 시민권과 해악의 문제로

브론스타인은 안티포르노그래피 운동으로 이어지는 여성 운동의 과정과 1983년의 매키넌-드워킨의 안티포르노그래피 조례를 성적 보수화로 귀결되었다고 단정하기보다는 포르노그래피에 대한 이론화 작업과 미디어 운동에 남긴 유산을 중심으로 재평가할 필요성을 제시한다. 포르노그래피에 대한 음란법 적용이 사회의 성도덕에 대한 평가로 작동해 왔지만, 포르노그래피 문제는 "도덕이 아니라 정치"라고 매키넌은 주장한다. 포르노그래피는 인구 절반에 대한 대우treatment와 지위를 정의하는 차별, 폭력에 대한 태도 및 행위와 관련된다는 것이다.

매키넌은 포르노그래피와 음란법 모두에서 여성이 "섹스로서만" 보여 왔다고 지적한다. 포르노그래피에 대한 논의가 국가가 개인 표현의 자유를 침해할 자격이 있느냐 여부로 '남성만의 자유'로 협소하게 논의됐다는 것이다. 포르노그래피는 포르노를 규제하는 음란법과 함께 조사되어야 하며 그렇게 되어야만 포르노그래피가 "여성들의 지위에 대한 것"임이 분명해진다. 포르노그래피와 음란법을 수호하고자 하는 움직임은 "자유주의의 법적 기반인 남성우월주의에 대한 것임이 명백"하다(MacKinnon, 1989a: 196).

매키넌은 재현 방식의 문제를 제기했는데, 포르노그래피가 인구 절반에 해당하는 여성을 성폭력의 희생자victim로 묘사함으로써 여성에 대한 잘못된 고정관념을 형성하고 비인격적 대우를 정당화하는 부정적 효과를 초래한다고 주장했다. 성폭력과 포르노그래피의 인과 관계를 직접 검증하기 어렵다고 하더라도 포르노그래피의 여성과 인종 재현 방식이 해당 성이나 인종에 대한 부정적 인식을 구성한다는 것이다.

그러나 이러한 재현 방식의 문제를 넘어 매키넌이 보기에 포르노그래피의 직접적 문제는 실제 포르노그래피에 출연한 여성과 아동의 피해harm와 관련한 것이었다.[11] 이는 포르노그래피가 현실에서 성폭력이 발생하는 원인이냐 아니냐의 논의로 제한됐던 당시 논의의 방향을 바꾸는 계기가 되었다. 포르노그래피에 대한 수요가 포르노그래피 제작을 낳는다. 거기에는 단순히 이미지가 아니라 실제 존재하는 여성이 있다. 포르노그래피는 출연 여성의 명성을 파괴하는 명예를 훼손하는 속성이 있으며 자기 통제 밖에 있는 포르노그래피의 존재는 그 여성에겐 일종의 트라우마다. 특히 아동의 피해는 그 자체로 영속적이다. 게다가 아동과 성인을 구분하는 경계가 모호하다. 포르노그래피 산업에 종사하는 성인 대다수가 이미 아동일 때 해당 산업에 진입했다고 한다. 아동 시기에 찍은 포르노그래피는 성인이 되어서도 사라지지 않고 이들을 괴롭힌다. 심지어 포르노그래피에서 아동은 여성으로 취급되고 여성은 아이처럼 유아화되는 방식으로 재현된다. 또 이미 열악한 경제적 조건에 놓인 아동은 18세 성인에 도

11 실제 미니애폴리스 공청회에서 린다 보어먼(린다 러브레이스)은 "누군가 그 영화[〈딥스로트〉]를 볼 때마다 그들은 내가 강간당하는 것을 보는 것이다"라고 증언했다. 매키넌은 보어먼이 "나의 이미지" 혹은 "나의 재현"이 아닌 "내"가 강간당하는 것을 대중이 보는 것이라고 표현했다는 점에 주목한다.

달한다 해도 자신을 보호할 수단이 별로 없는 무력한 상태다. 하지만 법은 성인 여성과 아동을 자기결정권의 유무에 따라 구분하여 취급한다는 것이다(MacKinnon, 2005: 993).

이처럼 매키넌은 포르노그래피가 표현의 자유냐 검열이냐는 자장 안에서만 논의됐던 그간의 관행을 뒤엎는다. 포르노가 '표현'인가? 즉 포르노가 보호받아야 할 표현인지, 아니면 사회에 주는 불쾌감 때문에 규제돼야 하는지라는 양분화된 논의에서는 포르노그래피 소비에 의한 피해와 포르노그래피 제작 과정에서 인권을 침해당한 사례를 제대로 볼 수 없게 된다. 매키넌은 포르노그래피를 '성도덕'의 관점이 아니라 여성의 시민권을 위반하는 정치적 문제로 본다. 또 포르노그래피를 여성과 아동을 전 지구적으로 '착취'하는 거대한 '산업'의 측면에서 바라본다. 이 과정에서 포르노그래피 제작과 유통, 소비에 관여하며 이득을 보는 행위자와 여성 및 아동 피해자를 대립하여 부각했다. 매키넌과 드워킨이 참여하여 제정된 미니애폴리스 조례에서는 포르노그래피 제작 및 소비의 결과로 피해당한 여성들이 증명 가능한 피해에 대해 포르노그래피 제작업자에게 손해배상을 청구할 수 있도록 민사상의 구제책을 마련하였다. 하지만 이 조례는 미니애폴리스에서 최종적으로 통과되지는 못했다. 이때 포르노그래피 자체가 여성 종속에서 얼마나 핵심적 역할을 하는지, 여성 해방을 위해서 법적 수단을 요구해야 하는지 등에 관해 페미니즘 내에서 다양한 이견이 있었다. 그렇지만 이 조례안은 포르노그래피를 음란성, 공중의 불쾌함, 저속함이 아니라 여성의 '시민권'과 '평등'이라는 차원에서 문제를 제기했다는 점에서 의미를 갖는다(West, 2004).

를 지탱하며 동등한 시민 구성원으로서 여성의 평등이라는 기본권을 침해하는 것이라고 보았다는 데 있다. 즉 여성의 기본권 침해에 대해 국가 권력이 개입해야 한다고 본 것이다.

결과적으로 이러한 '국가의 호출'이 사회 전반적으로 '정상성'을 지나치게 강조하며 규범적 성과 그렇지 않은 성을 구분하는 성적 보수화로 나아갔으며, 예술 표현 및 성적 표현의 다양성을 억압하는 사례로 나타나기도 하였다(Adler, 1996). 또 매키넌의 논의가 성적 보수주의와 이성애 중심주의를 강화하며 여성을 피해자로만 그려 냄으로써 여성의 성적 자유와 다양한 성애를 부정하는 방향으로 나아갔다는 비판으로 이어졌다.[13] 하지만 2등 시민으로서의 여성의 위치를 확인하게 하는 미디어 재현물로 포르노그래피의 문제를 제기하고, 이것이 단순히 재현이 아니라 다양한 행위자에 의해 구성되는 이윤 추구 산업이며, 이 과정에서 여성과 아동에 대한 인신매매, 성 착취 등이 이루어지고 있음을 강조하였다는 데서 매키넌의 논의는 실질적인 의미가 있다. 또한 당시에 포르노그래피와 성폭력의 상관관계, 포르노그래피의 직접적 효과 및 제삼자 효과, 음란법의 적용과 표현의 자유 및 검열 등에 한정되어 있던 논의를 확장하여 여성 인권을 침해하는 여성 혐오적이고 성차별적인 '제도'로서 포르노그래피의 문제를 다

13 예를 들어, 웬디 브라운Wendy Brown(1995)은 매키넌의 논의가 남성과 여성을 지배와 종속이라는 이분화된 관계로 환원하고 계급, 연령, 섹슈얼리티, 인종, 문화 등의 사회적 위치에 따라 다른 지배/종속의 다양한 관계들을 단일화하고 젠더를 그러한 위치의 한 기능으로 만들어 버린다고 비판한다.

루었다는 점에서 의미를 갖는다(홍남희, 2020).

3. 한국의 '음란' 논쟁

음란 규제의 계보와 성 표현물

'음란obscenity'은 성 표현물의 가치 판단을 위해 사용되는 법적 용어이며 규제의 대상은 주로 음란한 성 표현물인 음란물이다. 음란물이란 주로 사회의 건전한 성도덕을 해치는 등 "사회에의 해악을 이유로"(이재진 · 이희영, 2008: 80) 여러 나라에서 규제가 되는 성 표현물을 일컫는다. 한국 사회에서 음란에 관한 판단은 법원과 헌법재판소가 담당해 왔다. 헌법재판소는 1998년 4월 30일 화보집 〈세미-걸〉에 대한 결정에서 음란이 "인간 존엄 내지 인간성을 왜곡하는 노골적이고 적나라한 성 표현으로서 오로지 성적 흥미에만 호소할 뿐 전체적으로 보아 하등의 문학적, 예술적, 과학적 또는 정치적 가치를 지니지 않은 것"이라고 정의하였다(김주환, 2019: 212). 대법원 또한 "음란한 문서라 함은 일반 보통인의 성욕을 자극하여 성적 흥분을 유발하고 정상적인 성적 수치심을 해하여 성적 도의관념에 반하는 것을 가리킨다"(대법원 2006.4.28 선고 2003도4128)라고 정의했다(김소라, 2018: 169~170). 2018년 대법원은 "존중 · 보호되어야 할 인격을 갖춘 존재인 사람의 존엄성과 가치를 심각하게 훼손 · 왜곡하였다고 평가할 수 있을 정도로 노골적인 방법에 따라 성적 부위나 행위를 적나라하게 표현 또는 묘사한 것"으로서, "성적 흥미에만 호소하고 하등의 문학적 · 예술적·사상적·과학적·의학적·교육적 가치를 지니지 아니하는 것"으로 음란물을 정의한 바 있다(대법원 2008.3.13 선고 2006도3558)(170).

음란의 개념은 시대와 사회적 맥락에 따라 변화해 왔으며, 음란물의 범위 또한 미디어 변화에 따라 확장됐다. 법원과 헌법재판소가 내린 음란의 정의는 대체로 인간 존엄성과 사회의 성도덕을 해치는 적나라한(노골적인) 성 표현을 의미한다. 박혜진(2011)은 표현물의 음란성이 인정되려면 (1) 기타 미디어를 통하여 성욕의 흥분 및 자극이 가해질 것, (2) 그로 인해 일반인의 성적 수치심을 해하고, (3) 결과적으로 성적 도의관념에 반하게 된다는 세 가지 요소가 필요하다고 보았다. 구체적으로는 성적 의미가 부여되는 표현이면 족하고 반드시 성행위가 내재할 필요는 없지만, 한국 사회에서 음란물은 포르노그래피 및 성 표현물과 구분되지 않은 채 사용되는 경향이 있다. 이러한 음란물은 성적 표현이 사회적 용인의 한도를 넘어 표현의 자유로 보호할 만한 가치가 없고 선량한 성 풍속 및 성도덕을 유지할 수 없게 하는 표현물로 반드시 규제되어야 할 것으로 여겨진다(박혜진, 2011: 228).

음란의 개념은 인터넷 이후에도 성 표현물을 규제하는 주요한 근거로서 작동해 왔기 때문에 음란성의 판단, 정의, 내용 등에 대한 역사적 분석이 필요하다. 여기서는 1990년대 한국 사회에서 음란에 대한 사회적, 법적 사건과 논쟁을 살펴보기 위해 '음란' 혹은 '음란물'이라는 용어를 사용한다. 이러한 1990년대의 음란 논쟁은 표현의 자유와 검열과의 관계 속에서 음란이 구성됐음을 보여 주며, 동시에 한국 사회의 성 표현물 관련 담론에서 여성주의적 시각이 매우 주변화되어 있음을 보여 준다. 미국 사회에서 포르노그래피를 규제하는 음란법의 모순에 대해 지적한 매키넌은 음란법이 "선과 악, 미덕과 악덕을 의미하는 도덕성"과 관련되며, 포르노그래피는 "권력과 권력 없음"과 관련한 "정치적 실천"이라고 보았다. 음란이 '유해함'과 관련되는 것이라면 포르노그래피는 "인구 절반에 대한 취급과 상태"를 정의하는 "차별과 폭력의 행위와 태도"에 일상적으로 기여하는 것이다(MacKinnon, 1989b: 196). 따라서 포르노그래피에 대한 규제 법으로서 음란법은 페미니즘 관점에서 여성의 차별과 폭력을 종식시키기 위한 규제가 아닌, 사회의 '성도덕의 유지'를 위해 존재하는 것이다.

음란의 개념은 포르노그래피의 개념과 마찬가지로 시대적, 사회적 맥락에 따라 매우 다르게 규정된다. 김소라(2018: 171)는 '성 표현물'이라는 표현이 그 외연이 계속 변동하는 음란성의 의미 및 국가의 규제 대상을 포착할 수 있다는 장점이 있다고 보았다. 김유리(2014: 1)는 '성적 영상물'이라는 용어가 내용적, 가치중립적, 미디어적 고려를 담은 용어라고 보았다. '성적 영상물'은 성적 소재, 특정한 성적 표상icon의 등장을 특징으로 하지만, 그러한 특징을 이유로 검열이 특정 영상물을 성적인 것으로 호명하는 작용을 통해 구성되는 것으로 이해될 수 있다(김유리, 2014: 1). 성 표현물, 성적 영상물을 일정 가치 판단을 배제하고 성을 묘사한 표현으로 보는 한편, 포르노그래피, 음란물은 음란성 여부에 관한 판단이 부과된 성 표현물로 한정해 보기도 한다(이건호, 2001; 김소라, 2018).

1990년대는 출판, 영화, 연극 등의 문화예술 분야를 중심으로 음란과 검열 논쟁이 불거졌다. 1987년 이후 민주화와 문화의 자유화가 혼란스럽게 결부되면서 성 표현의 영역은 매우 치열한 논쟁의 장이 되었다. 해외여행 자유화 등을 통해 이국성과 다양성, 문화적 자유에 대한 담론이 증가하고, 소비주의, 대중문화가 확산하면서, 표현의 한계에 대한 실험, 국가의 검열, 이에 대한 반발 등이 갈등했다. 주은우(2010)는 1990년대를 '자유'와 '소비'를 키워드로 분석한다. 1990년대는 1987년 6월 민주항쟁에서 시작되어 1997년 말 외환 위기 및 IMF 관리 체제 출범까지로 나뉘고, 정치적 민주화, 검열 완화, 표현의 자유 확대, 성 담론의 폭발적 증가 등의 특징을 보였다. 특히 실질적 검열의 완화가 이 시기의 주요한 특징으로 꼽힌다. 대표적으로 영화, 비디오 등의 심의를 아우르던 공연윤리위원회의 사전심의제도가 1996년 위헌으로 결정되었고, 공연법 및 영화진흥법에 따라 한국공연예술진흥협회가 설치되어 등급 분류 업무만을 담당하게 되었다. 내용물의 사전 심의와 같은 직접적 검열은 폐지된 반면, 영화의 상영, 유통 등을 전반적으로 관리하는 간접적 방식이 정착되었다(김유리, 2014: 29).

성적인 표현은 정치, 사상 표현에 대한 노골적 검열에 대비해 매우 임의로 작동해 왔다(김유리, 2014: 16). 성적 요소는 생산자들이 검열에 대응하기 위한 전략의 하나로서 중심적 서사에서 관심을 돌리는 방식으로도 활용되었다(이정배, 2010; 김유리, 2014: 16 재인용). 성적인 표현 강도, 수위 등에 적용됐던 음란 개념은 법 제도상의 용어로 일제 강점기부터 구성되어 온 역사적인 맥락을 가진 국가 통제의 방식으로 이해할 수 있다.

일제는 조선 점령을 원활하게 하려고 '치안 방해'와 '풍속 괴란'이라는 기준으로 사상 및 행동을 통제하였다(권명아, 2013; 김소라, 2017). 치안 방해가 독립사상 고취, 반일 사상 선동 행위 등을 규제하는 폭력적이고 노골적인 경찰력의 작동 방식이었다면, 풍속 괴란 규제는 일상과 풍속에 대한 통제로서 미시적이고 문화적 차원에서 이루어졌다고 볼 수 있다. 권명아(2013: 95)는《음란과 혁명》에서 일제 강점기 때 풍속 통제의 기본 이념에서 가장 중요한 사항이 "선량한 풍속을 해하는 행위와 선량한 풍속을 해하는 행위의 동기가 되는 행위"라는 두 가지 기준이라고 설명한다. 즉 "퇴폐 · 불량 · 음란의 기준은 명확하게 구별하기 어렵지만, 구별 기준을 만들어 나가는 과정 자체가 선량함과 그렇지 않음의 선을 생산하고, 이의 담지자의 주체성을 구별해 나가는 것"이라고 말한다. 이를 통해 경찰력이 일반 시민의 일상을 점검할 권력을 갖게 되고 일상을 통제해 가는 과정이 마련되었다.

이처럼 성 표현물은 일상과 행위, 문화에 대한 통제이며, 그 시기 성도덕, 생활 습속 등에 대한 관리 차원으로, 국가가 국민의 미시적인 사적 생활 차원에 영향을 미치는 구체적인 대상이었다. 그러나 성 표현물이 무조건 국가 검열에 종속되었거나 순응했다기보다 앞서 지적했듯이 정치, 사상 표현에 대한 노골적 검열을 피하기 위한 대체 서사로서 권력의 관심을 돌리기 위한 도구로 활용되었다. 또한 정권 차원에서도 성 표현물은 정치적, 사상적 비판을 피하려고 정책적 차원에서 장려되거나 불규칙하고 임의적으로 통제, 관리됐다. 또한, 당시 지식인 중심의 검열 반대 담론은 생산자에게 '표현의 자유'를, 관객에게는 '선택의 자유'를 확대해야 한다는 주장으로 당시 권위주의 국가의 문화 정책에 반대하는 담론으로 정리된다(김유리, 2014: 1).

전등급제 구현은 요원해질 뿐이라는 것이 대다수 영화 종사자들의 생각"이라고 비난받았다(손정인, 1999. 7. 30). 장선우 감독의 유럽 국제 영화제 진출은 국가 검열에 억압받는 예술가의 이미지를 생산할 뿐 아니라 국내 검열 논란에서 벗어날 수 있는 "일종의 사면 권력"[15]으로 대두했다(김유리, 2014: 50).

한편, 이른바 에로 영화들은 이른바 불륜녀 처단, 강간 신화의 정당화, 성녀/창녀의 구분 등의 가부장제의 여성관을 제시했다. 또, 여성 주인공의 성적 욕망이 더 적극적인 것으로 묘사하는데, 이는 "주요 관객인 남성에게 면죄부를 부여하는 기능"을 하며 "남성 관객을 위해 자극적인 볼거리를 제공할 뿐 여성 관객의 시선은 배제"하고 있다고 평가된다(임영호 외, 2018: 32). 이윤종(2016)은 〈젖소부인 바람났네〉 등으로 대표되는 에로 비디오가 비디오 대여점을 통해 검열에서 자유롭게 만들어져 왔으며, 성적 행위의 반복성을 통해 여주인공이 다양한 남성과 성관계를 갖는 장면을 연기하며 성적 모험의 여주인공으로 활약하는 서사를 갖추게 되

15 장선우 감독은 1999년 〈동아일보〉(7. 26)와의 인터뷰에서 등급 보류 판정이 "명백한 검열"이며 이전 〈나쁜 영화〉 때처럼 자진 삭제를 하지 않겠다고 밝혔다. 또 국제 영화제 프로그래머에게 〈거짓말〉이 "내 영화 중 최고"라는 평가를 받았으며 영화 시사회, 공청회 등 평가 과정을 거쳐 그래도 '해롭다'라는 결과가 나오면 개봉을 포기하겠다고 밝혔다. 한편 당시 영상물등급위원회 위원장이던 김수용 감독은 1984년 〈허튼소리〉로 검열 피해를 직접 겪고 항의 뜻으로 8년간 영화 연출을 중단했던 인물로 "등급 보류는 검열이 아니"며 "표현의 자유는 보장돼야 하지만 영화등급분류 위원들의 말로는 '핵폭탄 같은 위험한 영화'라는데 그런 걸 그냥 던지면 되겠느냐"고 반문했다(김희경, 1999. 7. 26).

었다고 본다. 이러한 특성은 "남성적 시각적 쾌락의 도구"(문학산, 2004: 215)이기도 하지만 전형적인 성애 묘사와 밋밋한 서사 구조로 인해 지속되지는 못했다. 1970년대와 1980년대 민주화 길목에 들어선 한국 사회에서 성 산업에 종사하는 호스티스들을 소재로 한 호스티스 영화와 1990년대 장선우 감독의 영화들은 포르노그래피의 대중화와 21세기 일상의 포르노화를 예비했다(이윤종, 2016). 이윤종(2016)은 1990년대 에로 영화와 장선우 영화로 대표되는 허구적 포르노의 대중화를 "전환기 영화의 포르노적 조짐"(146)으로 보고 이것을 이후 다양한 비동의 유포 사례들의 연속선으로 이해한다. 이는 "VCR과 VTR의 대중화와 보급화"와 같은 미디어 환경 변화에 따라 발생한 "포르노적 사건"으로 보았다(146).

1990년대 장선우 감독의 영화 〈너에게 나를 보낸다〉에서 여성 섹슈얼리티가 재현되는 방식을 분석한 김예니(2021)는 이 영화가 1980년대 지식인 사회에 대한 비판적 시각과 1990년대 성 해방 담론의 영향으로 섹슈얼리티를 가볍게 묘사하는 방식을 드러낸다고 본다. 또한 그 과정에서 여성이 남성 섹슈얼리티를 실현하는 타자이자 대상으로만 존재하면서 여성의 존재가 사라지고 물화되는 과정을 보여 준다고 했다. 이는 극단적으로 "에로티시즘이 페티시즘"으로 변화되어 여성 육체에 대한 "물화를 통해 여성 존재를 지우고 '성'만 남겨 섹슈얼리티에 어떤 의미도 목적도 부여하지 않음으로써 쾌락만을 위한 성을 옹호"하는 결과로 나타났다(25). 이 과정에서 1990년대 성애 표현은 높은 수위로 검열에 저항하면서 예술의 경계를 탐색했지만 여성의 관점이 부재한 남성 중심적 담론에 머무르게 되었으며, 음악과 화려한 표현이 부재한 '날 것'의 정사 표현으로 2000년대 이후 디지털화된 동영상을 예고하고 있다고 보았다(25).

한편 1999년 국회 대정부 질의장에서 문화관광부는 "섹스 영화를 범람케 한 장본인"으로 "전 국민을 섹광화하려느냐"라는 비난받았다. 영화 업계는 "계속되는 불황으로 부도업체가 속출함에 따라 불가피"한 위험을 피하는 제작 방식의 목적으로 에로 영화가 범람하게 되었다고 보았다. 거기에 연예인이 찍힌 "포르노 비디오"와 인터넷 등장으로 인한 "섹스물"이 "안방과 청소년들"에게까지 여과 없이 파고들면서 "건전한 사회와 자라나는 청소년"을 위한 대책 마련이 요구되기도 했다(《전북일보》, 1999. 6. 24).

이처럼 1990년대 음란을 둘러싼 사회적 논란은 음란성을 사회의 성도덕이 수용 가능한 성적 표현인지 여부로 판단하게 하는 한편, 음란성과 예술성, 검열과 자유의 대립적 서사 속에서 양자택일적인 주장을 요구하는 방식으로 나타났다.

음란 검열과 이중적 성 문화

1990년대 음란에 대한 논쟁은 해외 선진국보다 후진적이고 이중적인 한국의 성 문화를 반영한다고 여겨졌다. 민주화와 함께 노골적인 국가 검열은 폐지, 축소, 완화되기 시작했다. 1987년 9월 공연윤리위원회의 영화 시나리오 사전 심의 제도 폐지, 10월 19일 서적 413종에 대한 해금 조치 등 언론 및 출판 자율화 조치가 취해졌다(김소라, 2017). 1988년 5월 공연윤리위원회는 음란, 퇴폐 영화와 반국가적, 반사회적 작품을 제외하고는 필름이나 대본을 삭제하지 않는 무수정 통과를 원칙으로 하겠다면서 영화 및 공연물 심의 완화를 발표했고, 성인 영화에서 성기 노출 및 노골적인 성관계 묘사를 제외한 표현이 허용되기 시작했다.

1992년에는 고 마광수 교수의 《즐거운 사라》에 이어 여배우가 전라 상태로 공연을 펼친 연극 〈미란다〉 등이 음란으로 기소되어 사회적, 법적 논란의 대상이 되었다. 장선우 감독의 영화를 포함해 다양한 미디어에서 여성의 누드, 성 표현 등이 음란 논쟁을 빚었다. 검열로 비판받아 온 국가 주도의 기관들이 등급제 기관으로 변모한 데 반해, 형법의 음란성을 적용한 예술 작품에 대한 검찰의 개입은 검열의 공포를 떠올리게 했다. 성 표현에 대한 국가적 개입이 "진정한 의미의 예술적 에로티시즘마저 덤으로 엎혀 단속"되는 데 이르게 될까 우려하는 목소리가 커지면서 음란은 누드의 등장이나 특정한 성 표현과 같은 단편적 묘사 방식이 아닌 "전체적인 맥락"에서 규정되어야 한다고 보기도 했다(《중앙일보》, 1994. 7. 27). 강준만(1994)은 《즐거운 사라》에 대한 검찰의 기소와 관련한 논쟁에서 공안정국의 권위주의적 행태와 침묵하는 문인 및 지식인을 비판하면서 마광수를 "피상적으로 비판하지 말고 그가 제기한 근본적인 문제를 놓고 진지하게 토론을 하자"고 제안했다. 한국 사회의 섹스 문화는 "겉과 속이 전혀 다른 기막힌 이중 구조"를 갖고 있으므로 그가 제기한 사회의 위선적 성의식을 두고 논의의 장을 펼치자는 것이다.

> '표현의 자유'가 만능이라는 게 아니다. 마광수가 여러 차례 걸쳐 지적했듯이, 우리 사회의 섹스 문화는 겉과 속이 전혀 다른 기막힌 이중 구조를 갖고 있다. 어느 나라든 섹스 문화의 겉과 속

> 은 어느 정도 다르게 마련이지만, 한국처럼 심한 데는 없을 것이다. 한국처럼 매춘의 자유와 기회가 잘 보장되어 있는 나라는 이 지구상에서 매우 드물다. 어디 국도만 뚫렸다 하면 '러브호텔'이 줄줄이 들어서고 대학 주변의 여관들마저 시간 영업으로 재미를 보는 나라를 어디에서 찾을 수 있을까. (강준만, 1994: 329)

표현의 자유가 만능은 아니지만 한국 사회의 성도덕은 위선적인 이중 구조를 지녔으며, 성 표현으로 인해 작가의 인신을 구속하는 것은 다른 지식인들의 침묵 혹은 성 정치에 대한 담론 억압으로 이어지는 검열이라는 비판이 제기되었다.[16] 한편, 서구나 일본 등 해외 선진국보다 한국의 성은 억압적이고 이중적이라고 묘사되었다. 일본, 미국 등 성에 대해 개방적인 국가들에서는 한국처럼 단편적인 몇몇 장면에 대한 기계적 적용이 아니라 맥락적인 고려가 이루어지며, 음란 규제 또한 "기본적인 원칙"을 바탕으로 "사회적 자정"이 이루어지고 있다는 것이다(김정남, 1994. 8. 4). 해외 국가들은 "나름대로 균형 잡힌 성의식"을 보여 주는 선진국으로, 미국의 경우 "법조문의 기계적인 적용"이 아니라 "예술인들과 일반 시민들의 상식과 합리적인 판단을 존중"하고 있으며, "어

16 마광수의 《즐거운 사라》와 연극 〈미란다〉가 법정에서 음란으로 결정 난 데 대해 한 언론은 한국 사회에서 성이 얼마나 은폐 및 억압되어 있는가를 확인할 수 있으며, 연극의 창작 의도와 주제를 무시한 채 성을 다루거나 '옷을 벗었다'라고 해서 단순히 '외설'로 치부하는 것은 '창작 활동에 큰 장애'가 될 수 있다고 비판한다(이현도, 1999. 7. 19).

떤 예술 작품이든 전체적인 맥락 속에서 외설이냐 예술이냐를 가리고 있다"라는 특징을 갖는다. 1960년대 말 〈헤어*Hair*〉, 〈오, 캘커타*Oh! Calcutta!*〉 등의 연극은 전라의 배우들이 성행위를 묘사하는 장면이 있지만 극 전체의 흐름을 보고 판단하여 전혀 문제 삼지 않았다는 것이다. 일본의 경우 〈펜트하우스〉, 〈플레이보이〉 일본판이 서점에서 버젓이 판매되었으며, 1970년 할복한 작가 미시마 유키오의 누드집 또한 스테디셀러였다. 일본은 "포르노 영화가 야간 시간대에 TV서 방영되더라도 눈 하나 깜짝하지 않"는 등 "과도하게 흥분되거나 함몰되는 차원"을 넘어 "균형 잡힌 성의식"을 보여 주는 나라로 평가되었다(김정남, 1994. 8. 4).

이렇게 서구 및 일본 사례와 비교할 때 한국의 성 표현은 폐쇄적, 후진적, 이중적인 성격을 띤다고 여겨진다. 선진국에서 성 표현은 전체적 맥락을 고려하여 평가되고 공개적으로 담론화된 데 비해 한국에서 일련의 섹스 소동은 한국 사회의 이중적이고 모순적인 성에 대한 기준과 인식을 드러낸다는 것이다. 정식 한국판 출판이 무산되고 화보집으로 편법 출간된 〈펜트하우스〉의 경우 "매장에 깔리기 무섭게 동이 남"으로써 대중의 높은 관심을 보여 주었다. 일반적으로 연극의 주요 관객층이 여성임에 비해, 연극 〈미란다〉에는 40, 50대 중년 남성이 몰렸다.

글로벌 도색물의 상륙과 음란 논쟁

미국의 대표적인 포르노그래피 잡지 〈플레이보이〉, 〈펜트하우스〉 등은 1990년대 초반부터 이미 다른 '에로 잡지'에 일부가 실려 발간되는 등 한국 성인 잡지 시장에 낯선 것이 아니었다.

기간행물 등록이 성사되지 않자 "월간지로의 전환을 전제로 한 여론 떠보기식 출판"으로 화보집을 출간했다는 점에서 비판받았다(정명진, 1994. 7. 24).

당시 보도에 따르면 이 화보집은 미국판보다는 수위가 낮지만 "우리 정서의 기준으로 보면 선정적 장면"이 많았다(정명진, 1994. 7. 24). 기독교윤리실천운동 등 기독교계 단체는 이 화보집 출간으로 "분별력 없는 청소년"들의 윤리의식이 붕괴하고, "성적 욕구를 자제하지 못하고 성범죄를 저지를 가능성"이 높아질 수 있으므로 반드시 규제해야 한다고 주장했다(《국민일보》, 1994. 6. 18). 기독교 단체, 목사 등을 중심으로 〈국민일보〉가 이러한 주장을 일관되게 보도하였다. 당시 음란물 판정 기준은 유두(가슴)의 노출 여부였다.

〈펜트하우스〉의 출간은 뒤이어 다른 "미국 성인 잡지 〈플레이보이〉, 〈허슬러〉, 〈플레이걸〉 등의 한국판 출간"이 봇물을 이룰 것으로 예상하게 했다(함태경, 1994. 7. 26). 실제로 〈플레이보이〉의 한국판 출간도 고려되는 것으로 알려졌는데, 〈플레이보이〉 측이 원작에 수정을 가하지 말아야 한다는 '까다로운' 원칙을 내세워서 성사되지 않고 있다고 보도되기도 했다(정명진, 1994. 7. 24).

기독교 단체 중심의 성도덕 수호 혹은 청소년 보호 담론과 검찰·경찰 측의 음란성 여부에 관한 판단 및 단속, 출판업자들의 성 문화 개방에 대한 논리 등이 대립하면서 해당 화보집은 간행물윤리위원회에서 음란성 여부를 판단 받게 되었다. 서울YMCA, 서울YWCA, 기독교윤리실천운동본부 등 31개 단체로 구성된 음란폭력조장 공동대책위원회는 〈The Girls of

리가 마냥 뒷짐을 지고 점잔을 빼기만 한다면 제2, 제3의 '펜트하우스 상륙작전'은 계속될 것이고, 더욱 나쁜 형태로 성공할 것이다. (이인우, 1994. 8. 19)

음란, 외설에 대한 법적 처벌이 옳은 것인가, 그리고 그 기준은 적절한가에 대한 사회적 논쟁은 확산되었다. 특히 〈펜트하우스〉, 〈미란다〉 등에 대한 법적 고발 조치가 취해지면서 사법 당국에서도 관련 사안들을 처리하는 기준에 대한 논란이 일었다. 검찰은 1995년 사상 첫 공개 세미나를 통해 두 작품에 대한 음란 기준이 적절한 것인지 논의했다. 성기의 노출, 성적 부위의 과도한 노출이나 강조로 성적 수치심을 자극하는 경우를 음란물의 기준으로 삼는 기존의 판례가 도식적이고 보수적이라는 비판에 대해 당시 담당 검사는 음란물 관련 판례 및 연구 논문을 비교 분석을 하여 〈외설 연극 미란다 및 한국판 펜트하우스 잡지 수사 결과〉 보고서를 작성했다. 결과적으로 검찰은 연극 〈미란다〉 연출자 기소, 극장 주인과 여배우에 대한 사법 처리 유보를 포함해 한국판 〈펜트하우스〉 경우 음란성은 인정했지만 관련자들을 기소유예하였다(《부산일보》, 1995. 2. 5). 이후 서울지방법원 남부지원 2단독 이성동 판사는 〈펜트하우스〉 2권을 포함한 음란서적 6권을 판매하기 위해 서점에 진열한 혐의로 약식 기소된 서점을 경영하는 김모 씨에 대해 음화판매죄를 적용해 벌금 30만 원의 약식명령을 내렸다. 이는 한국판 〈펜트하우스〉의 음란성을 인정하는 법원의 첫 결정으로 기록된다(《동아일보》, 1994. 11. 19). 또 강남구청은 1994년 8월 16일 〈펜트하우스〉의 출판사 ㈜텔리퓨처에 대해 출판사 등록 취소 결정을 내렸다. 강남구청은 "한국판 〈펜트하우스〉는 한국간행물윤리위원회로부터 외설 출판물 판정을 받는 등 국민의 일반 정서와 윤리 수위를 넘어선 음란물"이라며 출판사 등록을 취소했다(함영훈, 1994. 8. 17).

법적 판단과 관계없이 〈펜트하우스〉 사례는 '음란물'인지 여부에 대한 논란 자체가 대중의 관음증적 욕망과 호기심을 불러일으켜 이슈화되고, 흥행에 성공할 수 있는 사례로 자리 잡게 하는 계기가 됐다. 또, 〈펜트하우스〉의 화보집 편법 출간 사례와 같이 심의 절차 및 제재와 관계없이 누드집을 출판해 단기간에 팔아치워 이윤을 챙기고 출판사 등록을 취소하여 다른 이름으로 재등록하는 일명 "히트 앤 런" 방식이 확산되기도 했다(《문화일보》, 1994. 8. 23).

이러한 논란들은 음란성을 법적으로 단일한 기준으로 판단하는 것이 어려운 일임을 드러낸다. 하지만 사회의 주류 담론에서 여성의 성적 대상화나 여성 비하적인 성적 표현물에 대한 언급보다는 청소년이 유해한 음란물에 노출되어서는 안 된다거나 서구의 개방적 성 문화에 무분별하게 노출되어 자극적인 성 이미지를 접하는 것을 막아야 한다는 보호 목적의 담론이 다양한 이슈를 압도하는 경향을 보인다. 기독교 단체 중심으로 벌어진 사회 정화 운동의 일환이자 여성과 청소년이 음란물의 부정적인 성도덕으로부터 보호되어야 할 대상이라고 보는 태도에서 음란물 규제 담론의 논의 지형이 구성되었다. 또한 음란은 성적으로 민감한 부위의 노출 여부(유두, 음모, 성기 등)에 국한되어 판단되고 있었다. 이러한 방식은 "WTO 체제 하에서 국제적인 문화·예술

교류가 활발해지는 상황"에서 더 이상 유지되기 어려운 "보수적인 판결"이다(강진구, 1995. 2. 5).

> 성적 표현이 노골적인 외화의 상당수가 예술성을 인정받아 유명 영화제에서 상을 받은 뒤 국내에 수입되고 있고 WTO 체제 하에서 국제적인 문화·예술교류가 활발해지는 상황에서 이같은 보수적인 판결을 유지하기는 어렵다는 판단이다. 이 때문에 박검사는 성적부위를 노출 또는 강조했다고 해서 무조건 규제할 것이 아니라 성폭력, 근친상간, 수간, 변태적 난교 등 표현상 음란성이 인정되는 작품만을 선별적으로 처벌할 것을 주장하고 있다. (강진구, 1995. 2. 5)

음란 관련한 1990년대의 논쟁이 음란성을 판단하는 자의적인 기준과 음란을 예술과의 이분화된 틀에서 사유하는 것에서 한정되었다면, 심정순의 논의(1994. 10. 7)는 "우리 사회의 외설 논쟁에서 쏟아진 무수한 담론 가운데에 진지하게 논의할 가치 있는, 몇 안 되는 것 중의 하나"(강준만, 1994: 324~325)로 평가된다. 심정순은 표현의 자유에 여성주의적 관점 부재를 지적했다. 연극 〈미란다〉에 대한 논의에서도 "전라 연기를 무조건 표현 영역의 확대라는 시각으로 보는 것은 문제"라고 비판했다(고미석, 1994. 9. 7). 여성주의적 관점이 주류 지식인 사회에서조차 치열하게 논의되지 못하고 가부장적 가치관에 지배되는 과정에서 여성의 성 상품화와 비인간화, 성적 대상화는 대중의 이미지 소비문화에 영향을 미쳤다. 인터넷 시대가 본격화되면서 〈펜트하우스〉의 간행물 등록과 같은 국가적 절차조차 무색해지고 글로벌하게 성적 이미지가 유통되는 환경이 마련되었다.

음란성을 근거로 한 인터넷 규제 역사

'음란'이 무엇인지, '음란물'은 무엇을 말하는지에 대한 '정의' 문제에서 새로운 미디어의 등장은 기존의 법 규제 제도에 혼란을 가져온다. PC 통신과 인터넷의 등장으로 시공간을 초월한 접속이 가능해져 지구촌이 형성되었다면, 이러한 공간에서의 음란물 출현은 새로운 미디어에 대한 기대와 가능성을 규제 중심의 논의로 협소하게 만들어 버렸다.

1997년 대통령 선거를 앞두고 대선 후보들은 포르노그래피를 어떻게 생각하는지 질문을 받는다. 예술과 외설의 경계, 국가가 음란을 판단할 수 있는 것인지, 또 음란에 개입할 수 있을지, 청소년 보호나 사회도덕의 유지를 위해서는 어떻게 해야 할 것인지 등에 관한 질문이 쏟아졌다. 당시 이회창 후보는 사회의 가치 기준에 어긋나는 영화의 도입이나 상영은 신중해야 하지만, 이를 막거나 가위질하는 것만으로는 문제 해결이 어려우며 장기적인 안목에서 영화가 상영될 수 있는 풍토를 조성하고 등급제를 엄격하게 실시해야 한다고 보았다. 김대중 후보는 예술과 외설의 경계가 시대와 사회에 따라 다른데, 특히 사회의 전통과 국민 정서가 주요한 판단 기준이므로, 유교적 전통의 한국 사회에서 하드코어 포르노를 음란으로 간주해 법으로 금지하는 것은 불가피하다고 답했다. 이인제 후보는 포르노나 에로티시즘을 일률적으로 재단하기는 어려우며, 강간의 텍스트와 제도적 모순에 저항하는 욕망의 출구로서의 텍스트인 에로티시즘이라는 스펙트럼에서 이해하는 것이 필요하다고 언급했다. 권영길 후보는 포르노 영화가 상업적 이해에 근거해 만든 것으로 대다수가 '강간의 텍스트'라는 평가에서 벗어나기 어렵다고 답했다(《한겨레》, 1997. 11. 28).

1990년대 '음란성' 논쟁을 길게 살피는 이유는, 미디어 규제의 역사에서 자리 잡아 온 음란물 규제 방식이 인터넷에도 그대로 도입되어 왔기 때문이다. 음란 규제는 1953년 형법이 제정된 이래 지속하여 온 것으로(이재진 · 이희영, 2008: 83) 형법 22장은 '성풍속에 관한 죄'로서 형법 제243조(음화반포 등)는 "음란한 문서, 도화, 필름 기타 물건을 반포, 판매 또는 임대하거나 공연히 전시 또는 상영한 자는 1년 이하의 징역 또는 500만원 이하의 벌금에 처한다"(전문개정 1995.12.29)"라고 규정한다. 또한 형법 제244조(음화제조 등)는 "제243조의 행위에 공할 목적으로 음란한 물건을 제조, 소지, 수입 또는 수출한 자는 1년 이하의 징역 또는 500만원 이하의 벌금에 처한다[개정 1995.12.29]." 김소라(2018: 186~187)는 성풍속에 관한 죄의 보호 법익이 '건전한 성도덕' 혹은 '미풍양속'이라는 모호한 실체며, 이것이 디지털 성폭력에 대응하는 법률에도 이어져 왔다고 지적한다.

한편, 한국의 인터넷 규제는 '불온 통신' 규제에서 연원하는데, 이는 1961년 구 전기통신법에서부터 시작되며, 1991년 개정된 전기통신사업법(법률 제4394호) 제53조 제1항에서는 "공안을 방해하거나 미풍양속을 해하는 것이라고 인정되는 공중전기통신"의 불온 통신 개념이 "공공의 안녕질서 또는 미풍양속을 해하는 내용의 통신"으로 용어를 달리한다. 동법 제53조 제2항은 이러한 통신의 대상을 대통령령에 위임하고 있으며 이와 관련한 전기통신사업법시행령 제16조는 ① 범죄행위를 목적으로 하거나 범죄행위를 교사하는 내용의 전기통신, ② 반국가적 행위의 수행을 목적으로 하는 내용의 전기통신, ③ 선량한 풍속 기타 사회 질서를 해하는 내용을 불온 통신으로 규정하고 있다. 이처럼 불온 통신은 크게는 '공안'과 '미풍양속'으로 양분됐으며, '음란'은 선량한 풍속 기타 사회 질서를 해하는 내용의 불온 통신으로 규제됐다.

2000년대 헌법재판소가 동법을 위헌으로 결정함에 따라 '불온 통신'은 '불법 정보'로 이름을 바꾸게 되었는데, 이 위헌 결정의 이유에는 불온의 개념이 모호하다는 것이 있었다. 불온 통신 규제는 정보통신망법 제44조의 7 '불법' 정보와 '유해' 정보로 나뉘었고, 불법 사안을 세부화하면서 불법 정보의 하나로 음란이 포함되었다. 유해 정보는 청소년 유해물 판정을 받은 정보를 말한다. 인터넷상 성 표현과 관련한 정보의 규제는 극단적 성 표현물에 대한 규제와 청소년 보호를 가치로 한 '유해물' 규제가 있다. 다시 말해 성 표현물은 사회의 성도덕과 청소년 보호라는 두 가지 가치를 중심으로 논의됐다.

성 표현물은 음란성 여부로 판단되어 사회적으로 허용할 수 있는 수준과 그렇지 않은 것으로 나뉘어 왔으며, 이러한 방식의 규제는 사회의 성도덕 유지, 가부장제 성 질서 유지와 같은 사회적, 도덕적 차원의 성 규제와 성폭력 및 강간을 촬영하는 식의 디지털 성폭력, 불법 촬영물에도 '성적 욕망 및 성적 수치심 유발' 여부를 기준으로 판단하는 결과로 이어져 왔다(김소라, 2018). 예를 들어, 다음 기사는 2000년에 일어난 일로, 피해자 여성의 아이디가 "성폭력을 유발했다"라는 점에서 음란하다고 판단했다.

> 간과해선 안될 것은 사이버 공간에서도 남녀의 성 역할이 연장된다는 점이다. 지난 98년 PC통신 천리안에서 채팅 중이던 여성이용자가 남성으로부터 성에 관한 폭언을 담은 메모를 받은 것과 그 처리과정은 성차별 이데올로기가 통신상에서도 그대로 재생산되고 있음을 보여준 사건이었다. 폭언을 한 남성이용자는 경고를 받은 데 그쳤지만 여성 이용자는 '화냥년'이라는 ID가 성폭력을 유발했다는 이유로 ID를 빼앗겼다. (〈서울신문〉, 2000. 8. 22)

성에 관한 폭언을 한 가해자는 경고를 받았지만 '화냥년'이라는 ID가 성폭력을 유발했다는 점에서 ID를 빼앗겼다. 이러한 적용 방식은 2000년대 이후 여성 대상 기술 매개 성폭력의 사례에도 적용됐다. 김소라(2018)는 이러한 음란성을 기준으로 한 법적 판단이 디지털 환경에서도 적용됨으로써 디지털 성폭력에 대한 대응을 어렵게 만들어 왔다고 본다. 예를 들어 공중화장실, 목욕탕, 탈의실 등에서 촬영된 여성의 신체 일부 영상의 경우, 그 영상에 찍힌 신체 노출 부위가 가슴, 엉덩이 등 성적 욕망을 유발하는 부위인지가 중요 판단 기준이 되어 왔다. 성폭력처벌법, 정보통신망이용촉진 및 정보보호 등에 관한 법률(정보통신망법), 전기통신사업법 등에서 음란성은 "성적 흥분을 유발하고 정상적인 성적 수치심을 해하는"(대법원 2006.4.28 선고, 2003도4128) 것으로, 특히 성폭력처벌법의 카메라등이용촬영죄는 촬영물의 성적 욕망 또는 수치심 유발 여부를 구성 요건으로 두었다. 이는 사생활권,

4. 컴퓨터 시대의 포르노그래피

한국의 인터넷 이용자 수는 1994년 13만 8,000여 명에서 시작해 1999년 1,000만 명을 넘었고 2000년 5월 1,534만 명을 기록했다(박태훈, 2000. 7: 2). 이러한 급증은 인터넷 활용이 기본 소양이라는 인식과 높은 교육열, IMF 이후 벤처 창업 열풍, 미주와 대륙을 연결하는 광케이블의 접속 지점으로서 한국의 위치, 청소년층의 인터넷 게임 대중화로 PC방의 급증, 아파트 중심 주거 문화로 광대역 통신망 설치 용이, 국가 주도의 정보통신망 사업[17] 등에 기인하는 것으로 분석된다(박태훈, 2000: 5~12). 한편, 인터넷은 수천만 명의 네티즌들이 "잠재 고객"인 "사상 최대의 황금 시장"으로 상업화의 가능성을 안고 있었다(김수연, 1995. 6. 9).

이러한 1990년대 한국 기술 환경의 맥락에서 포르노그래피는 어떻게 새로운 문화로 떠올랐으며 어떠한 사회적 논쟁을 촉발했는지 살펴보자. 여기서는 새로운 기술이 등장하면서 형성되는 문화, 컴퓨터 앞의 인간으로 대표되는 인간과 기술의 관계, 그리고 컴퓨터를 매개로 형성되는 이른바 컴퓨터 매개 커뮤니케이션(Computer-Mediated Communication: CMC)의 특징에 대한 담론과, 그것을 바탕으로 형성되는 새로운 문화의 특징 등을 포괄적으로 살

17 국가기간전산망사업(1987~1992), 초고속정보통신기반 구축 사업(1995~2010) 등을 포함해 초중고교 및 대학 교육 과정에 정보화 관련 학과 신설 및 증설, 정부 주도의 단말기 보급 정책, 정보통신 산업 지원 및 육성 등으로 한국의 인터넷 관련 산업 및 인프라는 단기간에 급성장했다(박태훈, 2000).

펴본다. 즉 한국 인터넷과 포르노그래피의 문제를 매우 역사적이고 문화적인 것으로 보고, 기술을 중심으로 주체성과 문화가 구성되는 방식에 초점을 둔다. 박진우(2022: 92)는 질베르 시몽동Gilbert Simondon과 베르나르 스티글레르Bernard Stiegler의 논의를 토대로, 미디어와 기술이 "그 자체로 우리 삶의 경험 구조를 결정짓는 환경milleu의 핵심"이며 "새로운 권력 장치이자 환경으로서 미디어"라고 본다. 1990년대 도입된 컴퓨터 기술은 어떻게 우리 삶의 경험 구조를 결정짓는 환경이 되었을까. 포르노그래피가 컴퓨터 기술로 어떻게 생산, 유통, 소비되었는지, 이에 대한 사회의 해석은 어떠했는지를 살펴보자.

컴퓨터 매개 커뮤니케이션과 포르노그래피

기술의 발전에 따라 포르노그래피를 저장하고 유통하는 미디어는 변화해 왔으며, 이는 포르노그래피를 상업화, 대중화하는 데 기여했다. 컴퓨터 시대가 대두되면서 포르노그래피의 유통에 있어 "CD롬 타이틀이나 비디오 CD 등 대용량 기억 장치의 역할은 결정적"인데, 저장 용량이 매우 커지고 값도 싸지면서 새로운 저장 장치들은 "1시간짜리 포르노물을 담는 새로운 미디어로는 제격"이었다(최득룡, 1995. 3. 15). 컴퓨터 대중화와 1990년대 월드 와이드 웹World Wide Web의 등장은 CD 기술을 뛰어넘어 음성과 영상 정보까지 유통할 수 있는 미디어 환경을 조성했다.

이와 같은 인터넷을 통한 포르노그래피의 유통은 누구나 손쉽게 포르노에 노출될 수 있는 기술 환경을 조성했고, 포르노그래피를 만연하게 함으로써 규제해야 한다는 논의로 이어졌다. 영화, 비디오에서의 포르노그래피 문제가 음란이라는 법적 개념과 다툼으로 이어지고, 여성 재현의 방식에 대한 문제로 담론화되었다. 한편 인터넷은 그와는 다른 전혀 새로운 미디어로 받아들여지면서 인터넷의 미디어 특성과 거기서 인간의 감각적 수용 방식의 차이, 그에 따른 음란물 유해성의 극대화 등이 논의되었다. 인터넷에 대한 규제 논의는 이러한 미디어 특성과 관련하여 찬반으로 양분되었다.

영상물, 가상 공간, 환상의 세계 등 인터넷의 미디어적 특이성이 인간의 감각에 호소하는 특별한 효과를 강조하면서도 그러므로 '규제해야 한다'는 주장이 한편에 있었다. 다른 한편에는 인터넷이 기본적으로 정부의 구속에서 벗어나 개인의 표현 자유를 극대화하는 공간이므로 '규제는 불필요하다'라는 주장이 있었다. 그뿐만 아니라 익명성, 국경의 한계를 넘나드는 인터넷의 특성이 국가 주도의 규제 시스템 작동을 어렵게 하며, 이러한 특성으로 인해 규제의 시도 자체가 부적절하다는 논리로도 이어졌다. 그러나 이러한 규제 찬반으로 이어지는 논의는 포르노그래피를 더 넓은 사회적 맥락이나 담론, 문화와 연관 짓는 논의의 부족으로 나타났다. 인터넷에서 포르노그래피는 특정한 포르노그래피 콘텐츠에 국한된 것이 아니라, 더 넓은 사회문화적 현상과 담론, 성 정치 및 기술문화의 맥락에서 해석해야 한다(이우영, 1998; 윤태진, 2000).

이러한 논의가 등장한 원인은 그야말로 음란물로 불리는 포르노그래피가 인터넷에 만연해 있다는 인식 때문이었다. 1990년대 월드 와이드 웹의 등장과 더불어 1993~1994년 인터넷 등 미국 각종 컴퓨터 통신망에 유통되는 음란물은 무려 91만 7,000건으로 나타났다(권오주, 1995. 10. 6). 1996년 당시 한글 검색 서비스 '까치네'의 이용 실태 조사 결과에 따르면, 국내 네티즌들이 인터넷에서 주로 찾는 자료는 '섹스,' '여자 그림'이 1, 2위로 나타났으며 10위 안에 '포르노,' '누드' 등이 포함되어 '성' 관련 검색 횟수가 56.2%를 차지한 것으로 나타났다(전성철, 1996. 4. 2). 당시 가장 인기 있던 '뉴스그룹' 코너에서는 노골적인 성관계 필담이나 관련 도색물이 즐비했다. 천리안의 '성인클럽' 서비스는 1995년 처음 서비스를 시작한 지 5일 만에 1만 8,000여 명의 이용자가 몰려 폭발적인 인기를 끌었다. 만 20세 이상 성인 대상으로 성인 잡지 기사, 화보, 성의학 상담, 성생활 정보 등을 문자와 동영상으로 제공하는 국내 첫 성인 전용 DB 서비스에 많은 관심이 몰린 것이다(《헤럴드경제》, 1995. 4. 26).

〈플레이보이〉와 〈펜트하우스〉는 "인터네트를 이용해 새로운 독자 확보와 누드모델 모집"에 나섰으며, 전 세계적으로 〈플레이보이〉의 인터넷 사이트 하루 이용자가 60만 명이 넘는 등 포르노그래피를 감상하는 것이 "인터네트를 이용하는 10대 목적 중 하나"로 부상했다(이장규, 1995. 3. 22). 닐슨 미디어 리서치 조사에 따르면, 1996년 12월에서 1997년 1월 사이에 〈펜트하우스〉 사이트에 접속한 인구는 220만 명으로 나타났다(성동규 · 김왕석, 1997). 이제 굳이 각 국가에 진출하기 위한 출판물 등록 등의 절차를 거치지 않아도 공식 혹은 비공식으로 네트워크를 통해 원하는 것을 유통할 수 있게 된 것이다.

또한 아동 · 청소년의 포르노그래피 접촉이 문제시되기 시작했다. 앞서 잡지 〈펜트하우스〉는 한국판 출판 불허 결정이 내려지자 화보집 형태로 편법 출간을 단행한 바 있다. 그런데 이듬해인 1995년 〈펜트하우스〉는 인터넷을 통해 누드 화보를 포함한 '세련된 성인'이라는 서비스를 무료로 제공하였다(《세계일보》, 1995. 3. 2). 〈펜트하우스〉의 경우 공식적으로는 21세 이하와 성인물 판매 금지 지역에서는 이용할 수 없었다. 하지만 이미 그 이전부터 다양한 경로를 통해 통신망에서 해당 잡지의 이미지를 접하는 사례가 늘어났고, 아동, 청소년의 포르노 접촉 또한 증가하는 것으로 나타나 사회 문제로 대두되었다. 이미 각종 통신망을 이용해 공식 혹은 비공식적으로 〈플레이보이〉, 〈펜트하우스〉 등에 실린 이미지는 국내에 무차별하게 유입됐다. 무엇이 음란물이고 포르노그래피인지 사회적 합의 과정도 거치지 못하고 인터넷에서는 '성적인 것'과 '여성의 (벗은) 몸'이 등치되어 유통되었으며, 이것이 음란 영상 자료 혹은 포르노의 유통으로 인식되었다.

인터넷의 미디어적 특징은 감각적 측면에 자극을 주는 요소로 평가받았다. 새로운 기술을 매개한 다양한 성적 경험에 대해 상상이 이루어지거나 실현되었는데, 가상 인물과의 대화, 시각과 청각을 통한 실감 나는 성적 자극 등 이른바 '사이버 섹스'에 대한 상상과 수요가 자극되었다. 사이버 포르노물은 해상도가 뛰어나고 특정 부위를 확대, 축소하는 것이 가능하여 "실제 모습보다 자극적"이다. 이용자들의 "자발적인 참여"와 "선명도가 탁월한 나체사진 등이 곁들여지면서 효과는 배가"된다. 더구나 "익명이라는 컴퓨터 통신 환경이 참여자들의 용기를 북돋워 수간 등 변태적인 성욕과 상상력을 극도로 자극하는 언어를 남발하도록 유도"한다는 것이다(최득룡, 1995. 3. 15). '사이버 포르노물'은 실제 모습보다 더 자극적이고 "실제처럼 상대방과 성적 유희를 즐길 수 있는 프로그램"으로 발전했다(최득룡, 1995. 3. 15).

익명성과 상호작용성의 기술적 특성 또한 성적 영상물의 광범위한 유통에 중요한 요소로 꼽힌다. 익명성은 체면을 생각하지 않고 신분을 숨기면서 성적 욕망을 드러낼 수 있는 은밀한 공간을 제공했다. 상호 작용이 가능한 통신의 특성은 취향의 공동체를 형성했다. 이는 성적 취향이 나만의 문제는 아니라는 공감대를 형성하면서 안도감과 동질감을 느끼게 했다. 인터넷은 자유롭고 노골적인, 날것의 욕망을 표현하는 공간으로 인식되는 동시에 어떤 성적 표현이라도 허용 가능하다는 공통 감각을 갖게 하였고, 이에 동조하는 문화적 공동체를 구성하기도 했다. 이러한 특성은 한편으로는 그간 대외적으로 표출하기 어려웠던 성 소수자의 공동체를 구성하게 하거나 성에 대한 자유로운 토론의 분위기를 조성하기도 했지만, 다른 한편으로는 점차 왜곡되고 변질되어 어떠한 행위를 하더라도 처벌받지 않을 수 있다는 생각을 하게끔 했다. 이는 나만이 아니라 나의 행위에 동조하고 보상을 해 주는 사람들(문화)과 산업(플랫폼)이 존재한다는 인식을 키우게 했다.

새로운 방식으로 성을 경험하게 하는 뉴 미디어의 특징은 음란하고 폭력적 상품을 유통하는 데 누구나 이바지하는 환경을 조성하기도 했다. 음란 디스켓을 복사, 전파하는 것을 포함해 음란, 폭력 행위의 수동적 수신자를 넘어 적극적 참여자가 될 우려, 일탈적 행위에 실감이 나게 참여할 수 있게 되어 왜곡된 성의식과 가치관을 갖게 될 우려가 제기되기도 하였다(도종수, 1994. 8. 20).

인터넷의 미디어 특성과 규제 담론

뉴 미디어로서 인터넷은 새로운 미디어의 특성을 기반으로 한 문화적 환경과 주체의 감각을 구성하는 한편, 국가 주도의 규제 제도와 긴장 관계에 놓이게 되었다. 인터넷의 개방성은 세계 어디서도 원하는 사이트에 접속할 수 있는 환경을 조성해 폐쇄적이던 국가 중심 규제 및 문화 체계에 균열을 초래했다. 인터넷은 "세계로 열린 최초의, 그리고 최대의 공개 네트워크"로 "한 나라에서 규제한다고 해서 모두 차단되는 것은 아"니다(이병만, 1999. 12. 17). 따라서 일본, 미국 등 한국보다 성적 표현이 자유로운 것으로 알려진 국가의 콘텐츠가 공식, 비공식적 방식으로 유통되는 것을 막을 수 없게 되었으며, 연령별 접근 제한도 실질적으로 구현되기 어렵다. 인터넷은 음란물 단속의 기존 법규가 지켜지지 않고, 청소년 보호라는 가치가 잘 지켜지기 어려운 사각지대로 여겨진다. "이용자를 성인인지 아닌지 구분할 수 없고 국제 전화로 해외에서 접속해 들어오면 막을 길이 없"는 현실에서 청소년은 유해한 미디어 환경에 무방비 상태로 놓여 있다는 문제 제기가 이어진다(《헤럴드경제》, 1995. 3. 11).

융합적 성격의 미디어인 인터넷은 기존에 미디어를 구분하던 방식을 혼란스럽게 하기도 했다. 컴퓨터 이용이 대중화되면서 이동식 대용량 저장 장치 CD롬을 통한 음란물 거래 사례가 증가했다. 이러한 사례의 규제를 위해 새로운 영상물이 넓은 의미의 비디오인지, 컴퓨터 프로그램인지를 두고 영상물 규제의 주체가 누가 되어야 하는지의 문제가 화두에 올랐다. 비디오물은 공연윤리위원회 소관이었는데, 정보통신부는 비디오물 규정의 단서 조항인 "컴퓨터 프로그램은 비디오물에서 제외한다"라는 규정을 들어 CD롬의 컴퓨터 게임 등 소프트웨어는 정보통신부 산하 정보통신윤리위원회에서 심의를 받아야 한다고 주장했다. 영화, 음악, 오락물 등이 수록된 CD롬 타이틀은 컴퓨터 운영 체계를 통해 재생되고 컴퓨터를 이용해 제작되는 컴퓨터 프로그램이므로 정보통신윤리위원회 소관이라는 주장이었다. 반면, 공연윤리위원회는 CD롬 등은 기본적으로 "영화 등 엔터테인먼트적인 성격이 강한 영상물"로 컴퓨터 프로그램으로 재생이 가능하도록 디지털 신호로 "기록 방식만 바꾼," "내용은 그대로 둔 채 포장 방법만 바꾼" 광의의 비디오이므로 그 윤리성을 공연윤리위원회에서 심의해야 한다고 주장했다(조원익, 1995. 6. 23). 공연윤리위원회는 새 영상물 심의를 자신들에게 맡기고 전기통신사업법에 근거한 "최근 문제가 되고 있는 인터넷의 포르노 영상 등 컴퓨터 국제통신망이나 국내 사설통신망"을 통한 "비윤리적이고 반사회적인 정보"의 유통을 막는 데 정보통신윤리위원회가 주력해야 한다고 주장했다(조원익, 1995. 6. 23).

한편 정보통신윤리위원회는 전기통신사업법(제53조의2) 규정에 따라 1995년 4월 발족한 법정 기구로, "불온통신을 억제하고 건전한 정보문화를 확립"하려는 목적으로 설치되었다. 이 위원회는 각계 전문가 등으로 12인 이상 15인 이하로 구성되어 1995년 6월 7일 정보통신윤리강령을 선포하였다(신각철, 1995: 46). 정보통신윤리위원회는 "전기통신을 이용하는 자는 공공의 안녕질서 미풍양속을 해치는 내용의 통신을 해서는 아니된다"라는 조항과 시행령 16조 "선량한 풍속 및 사회 질서를 해하는 내용"을 근거로 문제가 있는 콘텐츠에 대해 사업자를 처벌할 수 있게 되었다. 이는 내용에 대한 삭제 요청뿐 아니라 음란 정보에 대한 접속 차단 등의 방식으로 이루어졌다.

1994년 12월, 1995년 3월부터 〈플레이보이〉, 〈펜트하우스〉가 각각 무료로 인터넷 서비스를 제공해, 각국의 이용자가 동시 접속해 홈페이지가 느려지는 일도 있었다. 1995년 하반기부터 정보통신부는 인터넷을 통해 제공되는 〈플레이보이〉, 〈펜트하우스〉의 국내 직접 접속을 차단했다. 이를 위해 한국통신, 데이콤 등 전용회선 사업자들의 라우터 장비 등에 차단 프로그램을 개발, 탑재했다. 하지만 우회 접속은 막을 수 없었다(구원모, 1995. 6. 24).

이러한 논의에서 청소년 보호 문제가 가장 중요하고 심각한 문제로 대두되었다. 인터넷은 음란물을 "무료로" 접할 수 있는 공간으로, "검색 단계 화면부터 누드모델들을 수없이 등장"시키면서 "본격적인 홈페이지에 진입하도록 유혹"하며, 일정 요금을 내면 성인용 화상이 펼쳐지는데, 다운로드를 받으면 "정지화상이 아닌 동화상"으로 볼 수 있다(김광일, 1995. 6. 9). 이러한 특성은 인터넷을 현실과 다른 "가상 공간"으로 이해해 오던 입장에 다양한 균열을 일으켰다. "컴퓨터 네트워크가 펼치는 가상의 공간"으로 "미래 정보사회의 생활양식이 뿌리내릴 '신천지'"로서 가상 공간은 "인종차별이 없고 국경도 초월"하며 "자본주의나 사회주의의 이념갈등도 뒷전"인 공간(최득룡, 1995. 6. 7)이라고 보았다. 그러나 이러한 사이버 공간도 "사회의 한 부분"이므로 "더 늦기 전에 이 새로운 사회를 규제할 수 있는 합법적인 룰이 필요"하다는 견해가 부상한 것이다(최득룡, 1995. 6. 7).

이렇게 인터넷에 대한 음란물 규제 등이 실행되어 가는 한편으로 인터넷 규제가 기술적으로 불가능하다는 점이 지적되기도 했다. 익명성과 몸의 부재, 글로벌 접속 가능성은 정보 접속자를 찾기 어렵게 하고 인신 구속을 불가능하게 하기 때문이다. 또한 국내법이 "세계 공통의 정보망인 인터넷"에서 효력을 발휘하기 어렵다는 이유도 있다(《한국일보》, 1995. 6. 9). 인터넷의 글로벌 접속 가능성은 최근까지도 우회 접속으로 인한 사회 문제를 계속해서 낳고 있다. 1997년 8월 경찰청 컴퓨터범죄수사대는 노골적인 성행위 장면을 모아 인터넷 포르노그래피 사이트를 개설해 가입비를 받아온 국내 최초의 인터넷 포르노그래피 사업자 23세 김모 씨를 음화판매 및 전기통신사업법 위반 혐의로 구속했다. 김 씨는 천안 원룸 아파트에서 인터넷 전용망을 통해 '크레이지 월드'라는 사이트를 개설해 음란 사진 600여 장을 게시하고 회원 55명을 상대로 총 55만 원을 거두었다. 또 4만여 명을 상대로 공개 열람하게 하고 자신을 호주 사업자로 속여 국내법에 저촉되지 않는 것처럼 회원들을 속여 왔다(유하룡, 1997. 10. 22). 문화적, 사회적, 법적으로 국가마다 차이가 있고, 법률의 영향 또한 국경 내에서만 효력을 발휘하므로 기존 법률을 뉴 미디어에 적용하는 것은 시대착오적일 뿐 아니라 인터넷 전반의 발전을 위해서도 적절치 않다는 의견도 제기되었다.

> 입법이 된다 해도 실제 적용엔 제한이 있을 수밖에 없으리라는 지적도 있다. 인터넷은 전 세계적으로 가동되는 것이므로 마음먹기에 따라선 특정국가의 법 적용 대상에서 얼마든지 벗어날 수

있다는 것이다.

> 법적 시비를 떠나 실질적으로 과연 규제가 가능한가에 대해서도 회의론이 많다. 연방정부를 포함해 어떤 기관이나 개인도 인터넷과 같은 '무정부 전자세계'를 감시감독하기는 불가능할 것이라는 것이다. 정보혁명으로 일컬어지는 인터넷은 자유와 규제라는 고전적이면서도 어려운 숙제에 직면해 있다. (홍희곤, 1995. 3. 19)

이러한 입장에서 인터넷 규제 논의가 검열 논란으로 이어졌다. 인터넷이 기존의 미디어와 근본적으로 다른 미디어라는 인식은 정부 개입과 법에서도 벗어난 인터넷만의 특징을 가진 특수한 공간으로 인식하게 했으며, 그에 따라 정부 규제에서 벗어난 자유로운 익명의 공간으로 남아야 한다는 것을 전제한다. '캘리포니아 이데올로기'라고 불리는 인터넷에 대한 자유주의 정신은 정보의 개방, 자유로운 정보 추구, 정부에 대한 불신과 개인주의, 컴퓨터를 통한 행동주의 등을 특징으로 한다(Barbrook & Cameron, 1996). 그러나 자유주의적 해커들로 정보 개방이 이루어지면서 국가 단위로 정보를 통제하는 데 익숙한 국가들의 우려가 커졌다. 싱가포르는 인터넷 음란물 및 반정부 구호에 대해 '지위고하를 막론하고 처벌'하겠다고 선언했다. 중국의 경우 인터넷에서 천안문 사태의 진상을 요구하는 반체제 인사들의 활동이 포착되었고, 홍콩에서는 1997년 홍콩의 중국 귀속을 앞두고 반중 인사들의 민주화 요구가 온라인에서 거세진 것으로 알려졌다(김종원, 1995. 6. 21). 한국 또한 음란물 규제를 둘러싼 일련의 소동에 이어, 정부가 수배, 도망 중인 한국통신 노조위원장이 운영하던 하이텔 '노조대화방'을 폐쇄한 사건 등이 정부의 인터넷 규제 시도로 받아들여졌다. 그러나 이는 익명성, 글로벌 미디어성 등의 인터넷 특성으로 인해 "어차피 (국가가) 질 게임"으로 인식되기도 했다(김종원, 1995. 6. 21).

이와 같은 논의는 인터넷 사업자에 의한 자율적이고 자체적인 규제가 효과적이고 현명한 해결책이라는 인식으로 나아갔다. 금지 목록을 각국에 배부하거나 다음 장면에 등장할 유해 정보에 대해 경고 메시지를 보내는 식으로 해당 사업자가 다양한 조처를 하는 것이다. 또 어린이의 접속을 막도록 연령 제한 조치 등도 사업자들이 각자 마련하는 방안이 검토되었다(《전자신문》, 1995. 4. 26). 사업자를 통한 규제 방안은 인터넷이 갖는 미디어 특징, 국가 중심 규제의 비효율성과 불가능성, 이용자와 직접적 관계를 맺는 사업자로서의 특성 등으로 인터넷 시대 필수불가결한 규제 방식으로 받아들여졌다.

2장

인터넷과 아동·청소년의 섹슈얼리티

1990년대 PC 통신과 인터넷은 아동·청소년이 섹슈얼리티를 탐색하는 새로운 공간으로 부상하였다. 전자 미디어의 발전은 성인과 아동의 세계를 다양한 방식으로 교차시켜 오면서 '성인의 비밀'을 아동·청소년에게 노출시키는 동시에, 성인보다 능숙한 기술 활용 능력을 지니게 된 아동·청소년은 스스로 음란물을 제작 및 유포하는 역할까지 하게 된다. 이러한 일들은 아동·청소년 보호 목적의 인터넷 규제론으로 이어졌다.

아동과 청소년은 대중문화 속에서 성적인 대상으로 호명되면서도 무성적이고 순수한 존재일 것을 요구받는다. 아동을 성적인 대상으로 바라보는 문화적 시선은 인터넷상 아동 포르노그래피의 양산과 무관하지 않다. 1990년대와 2000년대 아동 대상 성범죄 사건은 아동 포르노그래피와의 관련성 속에서 인터넷상 아동 포르노그래피에 대한 규제 논의로 이어졌다.

미디어의 발전은 부모나 교사 등이 유년기를 통제하는 일을 더욱 어렵게 만들고 있다. 동시에 길어진 유년기는 미디어 매개 위험의 관리를 개인과 각 가정에 맡기고 있다. 그렇다면 미디어 규제 제도에 전제된 아동, 청소년 및 유년기에 대한 인식은 어떠한 역사적 맥락을 통해 형성된 것인가? 여기서는 먼저 근대적 개념으로서의 아동과 관리의 대상으로 떠오른 유년기에 대한 논의를 살펴본다.

1. 근대적 발견으로서 '유년기'

아동의 발견과 아동·청소년의 성

프랑스 역사학자 필리프 아리에스Philippe Ariès(1973/2003)는 '아동'이라는 개념과 인식이 17세기 이후 탄생했다고 보았다. 아동은 학교, 가족 제도의 근대화와 함께 탄생한 근대적 개념이라는 것이다. 중세나 근대 초에 아이들은 일곱 살쯤 되면 "어른들 세계에 뒤섞였고" 나이를 막론하고 "친구, 일, 놀이를 매일 공유"했다(Ariès, 1973/2003: 645). 산업화와 더불어 학교가 견습 수업을 대체하고 가정은 노동 공간에서 탈피하여 부부와 부모-자식 간의 애정의 공간으로 자리 잡게 되면서 아동과 아동기는 중요하고 의미 있는 대상으로 떠올랐다. 19세기 들어서는 자녀가 가족의 미래이자 사회 신분 상승의 수단이 되었고, 그 달성을 위한 교육이 중요해졌다. 가정은 직업 및 기술 교육 공간으로서의 의미를 잃어갔고 교육은 학교 제도로 편입되었다. 아동은 아기, 어린이, 사춘기 등 크게 세 단계로 변화를 겪는 존재로 인식되었다.

작은 어른 정도로 인식되었던 아동기가 성장의 특별한 시기로 분류되기 시작되면서 아동(기)은 국가, 사회, 가정의 미래를 위해 교육과 보호를 받아야 할 대상으로 구성되었다. 이러한 과정은 아동기와 성인기의 분리를 위한 여러 가지 시도로 이어졌다. 산업화 초기까지 당연하게 여겨져 온 아동 노동은 아동에 대한 시각 변화와 함께 인권 차원에서 금지되기 시작했다. 아동은 학령기 동안 학교 등의 공적 제도를 통한 교육을 받고 부모와 사회의 보호를 받아야 하며, 기숙학교 제도를 포함해 학교 교육의 제도화로 어른의 세계와 분리되어 또래 집단을 통해 사회화되는 존재가 되었다. 경제적 생산의 최소 단위로서 가정이 가져왔던 압박이 사회로 이전되면서 부모 또한 관용적으로 되었는데, 이는 풍속 변화일 뿐 아니라 가정의 사회적 역할 변화에 기인한다. 가정은 교육과 노동을 공적 제도로 이관함으로써 순수한 사적 제도가 된 것이다(Ariès, Duby, Prost, & Vincent, 1987/2006: 118~121).

읽기 중심의 인쇄 문화를 중심으로 한 지식 전달 기관으로서 학교는 아동과 성인을 효과적으로 분리하는 중요한 과정이자 제도였다. 학교 교육은 연령에 따른 적절한 읽기 수준을 전제해 특정한 연령에는 특정한 수준의 콘텐츠에만 노출되는 것이 효과적이라는 인식을 바탕으로 한다. 학교와 교사는 읽기 중심 인쇄 문화를 중심으로 한 지식 전달 기관으로 성인의 서적(및 정보)과 아동의 것을 분리하는 역할을 했다. 이러한 과정은 아동의 개별 차이에 관한 관심보다는 스테레오타입화를 통해 "유년기를 표준화"(Sommerville, 1982)하는 과정이었으며, 아동의 정보와 성인의 정보를 분리함으로써 아동기와 성인기의 효과적 분리에 기여했다.

학교 교육의 제도화는 아동(기)이 관리 대상으로 부상했음을 뜻한다. 아리에스는 학교를 통한 학령기의 형성이 아동의 장기 감금 과정의 일환이라고 해석하기도 한다. 광인, 빈민 등 다른 근대적 관리 대상처럼 아동 또한 관리와 통치 대상으로 부상했다는 것이다(Ariès, 1973/2003). 이러한 아동과 성인의 분리는 '진정한' 아동을 어른 세계와 분리된, '성인의 비밀'에 노출되거나 오염되지 않은 순수하고 무성애적 존재로 인식하게 했다.

하지만 아동과 청소년의 성은 "수많은 제도적 장치와 담론적 전략의 정비를 불러일으킨 중요한 쟁점"이 되어 왔다(Foucault, 1976/2004: 51). 푸코는 18세기 들어 아동의 성이 "실질적으로 이야기되지 않는다고들 느낄지" 모르지만, 중등학교, 기숙학교 등 제도화된 학교의 "건축물의 배치, 징계의 규칙, 내부의 조직 전체"를 관통해 끊임없이 존재해 왔다고 언급한다. 어린이의 성은 교실 공간, 책상 형태, 운동장 시설, 공동 침실 배치, 취침과 수면 감시를 위한 규정 등에서 가장 많이 고려된 요소다(48) 성은 중세기에는 육욕과 고해성사 위주로 형성된 단일한 담론 조직의 대상이었다면, 이후 인구통계학, 생물학, 의학, 정신의학, 심리학, 윤리학, 교육학, 정치 평론 등을 통해 형성된 다양한 담론의 폭발 속에서 "담론이 실행되는 발원지의 분산, 담론 형태의 다양화, 그리고 담론 연결망의 복잡한 전개" 속에 놓인 중요한 개입의 수단으로 떠올랐다(54~55).

또한 사춘기는 개인적, 사회적으로 중대한 위기의 순간이 되었다. 사춘기의 성은 사회적 관심사가 되었으며 청소년 범죄라는 주제와 연관되었다. 의사들은 자위, 기숙학교 내 동성애, 친구 사이의 퇴폐 행위 등을 관리하고 감시하고 진단하는 등 청소년의 성을 문제시하기 시작했고, 청소년의 성에 대한 지식과 담론은 교육의 책무이자 사회적 근심거리의 핵심이 되었다. 교육 제도는 아동·청소년의 성에 대한 "담론의 형태를 세분화했고 담론의 실행 지점을 확정했으며 내용을 체계화했을 뿐만 아니라 화자의 자격을 정했다"(Foucault, 1976/2004: 50).

다양한 학문 영역에서 아동과 아동의 성은 중요한 관심 대상이 되었다. 지그문트 프로이트Sigmund Freud를 위시한 정신분석

학은 부르주아 가족관계의 다양한 측면을 유년기 발달 과정의 성적 억압과 관련지어 분석했다. 유년기의 성적 좌절은 성인기까지 영향을 미치는 중요한 의미가 있는 것으로 해석되었다. 산업화, 학교 교육의 제도화, 핵가족화를 통해 아동은 각 가정에서 보호와 '귀여움'의 대상이 된 한편(Ariès, 1973/2003), 국가의 일꾼으로서 교육을 통해 가족의 신분 상승을 수행해야 하는 도구가 되었다. 따라서 생산적 자기 관리를 위해 유년기가 매우 중요한 시기가 되었으며, 특히 이 시기 섹슈얼리티의 적절한 관리가 가정과 사회의 큰 관심사가 되었다. 이처럼 아동에 대한 서구 사회의 개입은 아동기의 특징과 섹슈얼리티의 관리 등과 관련한 지식-담론을 구성해 가면서 다양한 영역으로 확장됐다.

유년기의 연장

20세기 들어 노동 시장과 가족 구조 변화에 따라 유년기childhood의 개념과 역할, 위치가 변화해 왔다. 주요한 변화가 바로 유년기의 연장이다. 우선 유년기의 연장은 실업률의 증가와 공식 교육 기간의 증가로 부모에게 정서적, 경제적으로 의존하는 청년기가 길어지는 것을 의미한다. 미디어학자 소니아 리빙스턴Sonia Livingstone(2009: 5)은 유년기의 연장이 아동과 청소년을 "공적이고 상업적 세계로 너무 금방 진입"하게 하는 한편, "성인의 책임은 너무 오래 유예시키고 있다"라고 보았다. 부모 세대는 자녀에게 더 오랜 시간 동안 경제적, 정서적으로 투자해야 하지만, 빠른 미디어 환경의 발전과 문화의 차이로 자녀 세대의 독립성을 인정해야 하는 모순에 처하게 된다(6~7). 뉴 미디어는 성인과 아동의 수

직적 경계를 흐려 온 한편 또래 간 수평적 영역을 확장하는 역할을 하면서 아동, 청소년의 문화와 일상에 지배적 영향을 미치고, 아동과 청소년을 "문화적 선구자"(Gergen, 2002: 233)이자 미디어 상품의 적극적 소비자로 불러낸다.

또한, 유년기의 연장은 소비문화와 성애화된 미디어 문화에 아동과 청소년을 포획시켜 간다. 아동은 외모나 의상 등에서 어른과 다를 바 없어지고 더는 무성의 순수한 존재가 아닌 성적 매력을 가진 대상으로 여겨진다(Meyrowitz, 1985: 229). 한편으로 유년기는 미래의 생산적 자아를 위한 "전기적 프로젝트biographical project"의 책임을 포함한다(Büchner et al., 1995). 유년기는 생산적인 존재가 되기 위해 교육 과정에 투입되어 다양한 욕구를 배제당하고 미래를 준비하는 데 매진해야 할 "미래의 식민화colonization of the future" 시기로 부단한 수련의 과정을 통해 자신의 미래를 완성해야 할 중요한 시기다(Jackson & Scott, 1999: 89). 따라서 이 시기는 부모, 교사, 국가 등 다양한 권위에 의한 개입 대상이 된다.

미디어는 이렇게 길어진 유년기를 함께 보내는 여가와 취향, 사교와 소통의 수단이지만 생산적 자아로 성장하기 위한 프로젝트를 실현하는 데 방해 요소가 되어서는 안 된다. 미디어 이용은 적절한 자기 통제와 유용한 방식으로의 활용이 전제되어야 한다. 위험의 관리는 온전히 개인의 몫으로 긴 교육 기간 일탈하지 않고 자아 프로젝트를 완수해야 할 임무를 가진 개개인은 미디어를 도구적인 수단으로만 활용할 수 있어야 한다.

이러한 유년기의 연장과 미디어 기술의 발전이라는 상황에서 '정상 가정'을 수호, 관리하고 아동·청소년의 자아 프로젝트를 관리해야 할 책임과 의무가 모성 수행의 주된 내용이자 책임으로 부과된다. 대중문화에 의해 소비자로 호출되지만 경제적 독립은 이루지 못하였고, 교육 과정을 통해 생산성 있는 자아로 성장해야 하는 유년기에 미디어의 유혹에 노출된 상황은 미디어를 매개로 부모(주로 모성)와 자녀 간 다양한 가정 내 갈등을 내포하게 된다(홍남희, 2021).

2. 미디어 환경의 변화: 아동·성인기의 경계가 흐려지다

전자 미디어 등장과 유년기의 소멸

읽기 중심 학교 교육의 제도화와 핵가족화를 통한 부모-자식 관계의 재편은 역사적으로 아동과 성인을 구분하는 경계를 형성해 왔다. 그러나 TV와 같은 전자 미디어의 등장은 성인-아동의 경계를 다양한 방식으로 무너뜨린다는 비판에 직면했다. 대표적으로 닐 포스트먼Neil Postman(2011)은 TV가 유년기를 소멸시킨다고 주장했다. TV는 모든 연령대의 시청자들이 똑같은 프로그램을 보는 형식으로 삶과 죽음, 섹스와 폭력 등 '성인의 비밀'을 아동, 청소년에게 노출시켜 유년기를 파괴하고 사라지게 한다는 것이다.

조슈아 메이로위츠Joshua Meyrowitz(1985) 또한 전자 미디어의 등장으로 여성성과 남성성, 아동기와 성인기, 공적 공간과 사적 공간 등의 구분이 "흐려진다blurring"라고 보았다. 메이로위츠는 아동기의 순수함innocence이 문화적 산물이기는 하지만 다른 한편으로는 성인의 사회적 상황이나 정보 체계에서 아동이 배제되어 왔기 때문이라고 본다. 또 아동의 입장에서 성인의 박식함omniscience이란 성인이 아동에게 비밀을 잘 유지하고 공적인 무대 위의 역할과 사적인 무대 뒤의 역할을 잘 구분해 왔기 때문에 유지되어 온 것이다. 그러나 TV는 여러 연령대 사람들이 똑같은 프로그램을 시청하도록 함으로써 이러한 차이를 흐리게 한다. 인쇄 미디어 기반의 학교 교육은 연령에 적합한 정보를 필터링함으로써 아동기와 성인기를 분리하는 데 이바지해 왔으나, TV는 이러한 분리를 불가능하게 만든다. TV의 연령별 등급 고지 제도는 오히려 "비밀이 있다는 비밀"을 아동, 청소년에게 드러냄으로써 아동을 성인 세계에 침투시킨다(Meyrowitz, 1985: 236~237).

물론 전자 미디어 발전으로 유년기가 소멸한다는 주장은 인쇄 시대에 대한 향수라고 볼 수도 있으며, 유년기를 성인기와 완전히 분리되는 독립적인 것으로 전제한다는 점에서 비판받기도 한다. 이동후(2020)는 이 개념이 첫째, 미디어 환경 외에 다른 사회문화적 맥락을 고려하지 않고 있으며, 둘째, 읽기 문화와 영상 문화를 이분법적으로 분리하여 후자를 열등하게 취급하고 있다는 점, 셋째, 어린이에 대한 도덕적 규범주의와 뉴 미디어에 대한 공포 담론을 내재하고 있으며, 넷째, 유년기의 순수성 개념 또한 역사적으로 구성된 것임을 배제하고 있다는 점에서 비판받았다고 설명한다. 하지만 포스트먼의 유년기 소멸론이 단순히 보수주의적 담론으로 단순화되기에는 적절치 않다고 지적한다. 왜냐하면 미디어는 중립적인 하드웨어가 아니라 인식론적 편향성을 갖고 있으며, 따라서 미디어 변화에 따라 사회가 어떻게 유년기에 개입해야 할지에 관한 사회적이고 인간주의적인 가치를 논할 수 있게 하기 때문이다(147~149).

따라서 전자 미디어로 인한 유년기 소멸론은 아동, 청소년기에 대한 사회적 인식, 미디어 규제의 철학 및 방식, 새로운 미디어의 특성에 대한 이해 등과 관련해 어떻게 새로운 인식과 철학을 바탕으로 인간주의적 가치를 논할 수 있을지를 고민하게 한다. 새로운 미디어로 발생하는 위험은 아동·청소년의 정신적, 신체적 성장과 발달에 어떤 악영향을 미치는가, 사회는 이것을 어떻게 바라보고 대처해야 하는가, 우리는 어떤 아동·청소년을 키워내야 하는가, 미디어 규제는 무엇을 목적으로, 어떻게 이루어져야 하는가 등 다양한 질문과 논의가 이어져야 한다.

전자 미디어 시대 규제의 상상과 진화

성인기의 비밀, 대표적으로 성적인 것, 마약, 범죄, 폭력 등은 다양한 방식으로 아동·청소년들에게 '닿지 않도록' 조치가 취해져 왔다. 어떠한 방식의 논의와 조치가 취해지는지는 새로운 미디어와 아동·청소년에 대한 사회의 인식과 관련된다. TV 콘텐츠의 해로운 '효과'와 아동 시청자들이 수동적이고 위험에 처한 소비자라는 인식은 TV 폭력에 관한 효과 연구, "수동적인 어린이 카우치 포테이토passive kiddy couch potato"라는 담론 등으로 나타났다. 이를 토대로 TV의 선정성과 폭력성을 차단하는 기술적 장치인 V칩(V-Chip: Violence Chip)[18]이 도입되기도 했다. 하지만 이러한 접

18 TV 수상기에 설치되는 컴퓨터 칩으로 각 프로그램 등급 정보를 해독하고 폭력 등급이 포함된 프로그램을 차단하는 목적을 갖는다(Scott, 1995). 폭력과 섹스에 대

근은 TV 시청과 같은 미디어 이용을 다른 사회적 맥락과 고립된 분리된 행위로 상정하고 있어 현실을 반영하지 못하고 아동의 다양한 일상과 TV의 문화적 의미와 같은 맥락적 접근을 배제하고 있다는 한계를 갖는다(Hendershot, 2003).

또한 시대의 흐름과 미디어 변화에 따라 규제의 필요성과 논리가 달라지기도 한다. 예를 들어 침투성pervasiveness 개념은 1978년 라디오 방송 규제에 적용된 개념으로 법원은 방송이 모든 커뮤니케이션 양식 중 수정헌법의 보호를 가장 제한적으로 받게 되는 "독특하게 침투적uniquely pervasive"인 "독특하게 아이들에게 접근이 쉬운uniquely accessible to children" 미디어 특성을 가졌고, 사전 경고 없이 가정의 프라이버시를 침해할 수 있는 가정의 침입자intruder라고 규정했다.[19] 이는 방송 규제의 주요 논리인 한편 침투성이 거의 없는 통신에 대해서는 방송만큼 규제가 필요하지 않다라는 논리로 활용됐다(홍남희, 2018c). 왜냐하면 방송은 주로 가정의 거실에서 의지에 관계없이 어떤 프로그램에 노출될

한 필터링 방식의 규제는 아동의 접근을 막기 위해 TV뿐 아니라 인터넷 등 새로운 미디어에도 적용되고 있다(Price, 2013).

19 1978년 미국 대법원의 퍼시피카 판결(FCC v. Pacifica Foundation)은 1973년 10월 30일 오후 2시 퍼시피카재단 소속 라디오 방송으로 코미디언 조지 칼린George Carlin이 진행하는 프로그램 〈추잡한 말들*Filthy Words*〉에서 저속한 말이 나오는 것을 한 남성이 운전 중 어린 아들과 듣게 되어 연방통신위원회(Federal Communications Commision: FCC)에 제보한 데서 시작되었다. 방송사 측은 이 방송 시작 전 불쾌할 수 있는 단어를 포함한다는 내용을 사전에 고지했다고 해명했으나, 법원은 청취자들이 사전 경고를 듣지 못할 수 있다는 일상적 수용 맥락을 전제했다.

가능성을 가진 침입적 특성이 있었지만, 통신은 자신의 선택으로 콘텐츠에 대한 노출을 조절할 수 있는 미디어라고 인식되었기 때문이다.[20] 유해 콘텐츠가 TV로 방송되면 아동·청소년에게 쉽게 노출될 수 있다는 것을 전제로 연령별 시청 가능 연령을 등급화해 고지하거나 성인 프로그램은 밤에만 한정해 방송하는 등의 규제 조치가 취해져 왔다. 가정에서는 폭력적이거나 성적인 것을 차단하는 필터링 장치를 설치하기도 했다.

그러나 선택적 노출이 가능한, 즉 침투성이 낮은 미디어로서 인식되던 통신 미디어로서의 인터넷은 미디어 환경의 상업화에 따라 '침투적'이지 않다고 보기 어렵게 됐다. 브루스 드루셀Bruce Drushel(2013)은 방송의 침투성이 논의되던 1960년대 상황에서 풀pull 미디어로서의 방송과 푸시push 미디어로서의 통신의 구분 자체가 흐릿해지고 있다고 말했다. 전화나 인터넷 등의 통신에서도 무방비 상태로 원치 않는 광고나 정보에 노출될 우려가 커졌기 때문에 통신은 어떤 방송보다 '침입적'이게 되었다. 짐 첸Jim

20 1980년대 이후 미국에서는 청소년에게 음란 전화가 노출되는 것이 사회 문제가 되었다. 세이블 대 FCC(Sable Communications v. FCC) 판결(1989)에서 대법원은 성적인 전화 채팅 서비스의 경우 이용자가 유해물에 대한 접근 여부를 스스로 선택할 수 있는 구조적 특징을 가졌으므로 표현의 자유가 보장될 수 있다고 보았다(방석호, 1998: 237). 또 '플레이보이' 채널과 관련한(U.S. v. Playboy) 판결(2000)에서 법원은 유료 방송은 원하는 사람만 이용할 수 있고 부모가 자녀에게 성인 프로그램 노출을 차단할 수 있는 선택권이 있으므로 퍼시피카 판결의 논리가 적용될 수 없다고 보았다. 즉 아동 보호를 위한 차단 장치 마련, 심야 시간대 방송 등으로 아동·청소년 보호라는 목적 달성이 가능하다면 규제는 표현의 자유를 덜 제한하는 방식으로 실행되어야 한다는 것이 판결 취지였다(Drushel, 2013).

Chen(2005: 1435)은 침투성이 방송과 통신으로 구분되는 것이 아니라 "수동적인passive 커뮤니케이션의 모든 형식을 통합"한다고 결론내렸다. 여기서 '수동적인 커뮤니케이션의 형식'이란 선택의 과정 없이 무방비로 정보에 노출되는 상황을 말한다.

시각 미디어의 자극적, 선정적, 폭력적인 콘텐츠와 이에 노출될 우려는 V칩과 같은 필터링 및 규제 조치뿐 아니라 영상 언어의 비판적 해독에 기반을 둔 미디어 리터러시가 필요하다는 담론으로 나타났다. 특히 디지털 미디어 환경에서 미디어를 매개한 아동·청소년의 일탈 행위는 미디어의 특수성에 기반을 둔 것으로 해석되고 있고, 이에 대한 해결책으로 미디어 리터러시를 소환한다. 리빙스턴(2009: 170)에 따르면, 아동은 인터넷 환경에서 수신인, 참여자, 행위자로 위험에 직면한다. 즉 아동은 위험의 피해자이자 수신자일 뿐 아니라 참여자이자 적극적 행위자가 될 수 있다. 리빙스턴은 기술 활용 능력이라는 차원에서 역량이 높을수록 위험 노출 정도도 높아진다는 점을 지적한다. 온라인에서 위험은 새로운 기술에 숙련되고 능숙한, 그리고 많은 시간을 미디어 이용에 할애하는 경우 더 높아진다는 것이다(Livingstone, 2009: 177).

특히 10대들은 가정이나 학교 등에서 접하기 어려운 섹슈얼리티 정보를 인터넷을 통해 접하고 있다. 이 과정에서 아동과 청소년은 예측 불가능한 위험에 직면할 수 있다. 알고리즘 환경과 개인화된 검색 시대에 위험은 개인의 개별 경험으로 소비되고 마는 경우가 있어 해결이 어려우며, 성에 대해 호기심을 갖고 검색할 때 포르노그래피 사이트나 인종 차별 사이트로 연결되는 등 예상하지 못한 위험에 노출된다(Livingstone, 2009: 171). 인터넷은 다양한 상업적·정치적 이해들이 밀집해 있는 공간으로 인터넷을 직관적, 즉흥적으로 이용하는 일이 생각보다 위험할 수 있다. 인터넷에서 국경 중심의 규제가 실현되지 못하고 개인적 소비가 이루어지는 점 등은 미디어 이용에 대한 통제를 개별 가정 단위, 특히 자녀 양육의 책임자인 모성의 책임으로 귀결시킨다.

이러한 위험 환경에서 미디어 리터러시 개념은 새로운 미디어 환경에서 교육을 통해 달성되어야 할 목표로 제시되고 있다. 미디어 리터러시는 콘텐츠에 대한 비판적 해독 문제에서 확장되어 접근access, 분석analyze, 평가evaluate, 창작create 등의 역량으로 참여 민주주의의 필수 요소로서 논의되며(Livingstone, 2009), 점차 기술 환경의 구조화 방식에 대한 이해로 확장되고 있다. 리빙스턴(2009)은 소통과 연결 기반의 소셜 미디어 환경에서 관계 중심의 사회문화적 리터러시를 고려해야 한다고 주장한다. 이는 기술 활용 능력을 넘어 민주주의에 대한 참여, 적극적 시민의식 등을 포괄하며, 인터넷이 가상 공간이 아닌 우리 현실의 일부임을 인정하는 데서 출발해야 함을 역설한다. 이는 소셜 미디어 시대 수많은 관계 속에서 타인에 대한 배려와 공감 등 윤리적 시민의식을 토대로 하는 논의의 출발이다(홍남희, 2021).

기술 활용 능력에 집중됐던 초기 미디어 리터러시 논의는 점차 변화하고 있으며 공감 능력, 책임감, 알고리즘 리터러시, 디지털 시민성 등의 개념으로 확장되고 있다. 이러한 논의에 더해 한국 사회에서 미디어 리터러시는 인터넷 공간의 성별 분리와 인터넷 공간의 성적 폭력의 가해/피해가 성별화된 것과 연관되어 사유되어야 한다. 즉 아동·청소년을 단일하게 취약층이자 보호 대상으로 바라보는 것은 부적절하며, 미디어 리터러시 교육에서 성인지 감수성과 디지털 시민성 교육이 정교화되어야 한다.

3. 1990년대 인터넷과 아동·청소년

이처럼 유년기의 연장, 변화한 미디어 환경, 미디어를 매개로 발생하는 각종 성적 일탈 등에 대한 논의는 1990년대 인터넷 등장과 더불어 아동·청소년의 성적 일탈을 다룬 기사들에서도 확인할 수 있다. 아동과 청소년은 인터넷의 대중화와 더불어 음란물에 매우 쉽게 노출되어 왜곡된 성의식을 갖게 될까 봐 우려되는 존재로, 실제 청소년 성범죄와 이러한 문화적 산물의 연관성이 논의되기도 했다. 특히 온라인 환경은 음란물의 적극적 유통뿐 아니라 '생산자'로서 청소년 집단이 부상하는 것을 가능하게 했다.

빈번해진 아동·청소년의 음란물 노출

PC 통신 및 인터넷의 대중화는 특히 청소년에게 큰 영향을 미친 것으로 나타난다. 먼저, 청소년은 뉴 미디어를 어른보다 더 잘 다뤘다. 청소년의 삶에서 네트워크로 연결된 인터넷 세계를 항해하는 것은 주요한 여가 활동이자 자연스러운 취미가 되었다. 그런데 이러한 항해 과정에서 인터넷 음란물에 자주 노출되어 위험에 빠지기도 했다.

실제로 PC 통신 및 인터넷 이후 각종 음란물의 유통망이 전국적으로 확장되었으며, 여기에 청소년들이 다양한 방식으로 연결된 일도 있었다. 1990년대 삐삐가 유행한 당시에는 신분을 감춘 점조직으로 활동한 음란물 거래 사례가 적발되었으며(《경향신문》, 1990. 2. 7), CD롬 등 대용량 저장 장치가 대중화되면서는 대용량, 고해상도의 동영상 파일이나 게임의 저장 유통이 용산, 청계천 전자상가 등에서 쉽게 이루어졌다. 이러한 곳에서 청소년을 상대로 이루어지는 음란물 판매 및 유통은 "검은 상흔"이 "어린 영혼"을 짓밟는 일로 비판받았다(《세계일보》, 1996. 5. 4).

> 서울 도심의 세운상가는 청소년들 사이에 음란 비디오 서적 등을 손쉽게 구할 수 있는 곳으로 알려져 있다. 상가 주변에 으슥한 골목길이 나 있어 단속의 손길이 좀처럼 미치지 않은 상인들이 중·고생들에게도 거리낌없이 물건을 판매하기 때문이다. 15일 오후 8시. 중3~고1 정도로 보이는 10대 2명이 주위를 두리번거리자 20대 남자가 접근했다. (《세계일보》, 1996. 5. 4)

> 10대들의 무분별한 성의식은 음란물의 무차별적 공세를 통해 은연중에 형성되고 있다. 종로 세운상가, 용산전자상가에서는 중고생이 불법복제된 음란비디오 테이프와 CD판매의 주고객층이 되어 있다. 세운상가 인근을 지나면 술집 삐끼처럼 젊은 사람이 접근, "좋은 것 구경하고 가라"며 중고생을 잡아 끄는 광경을 흔히 목격할 수 있다. S고 3학년 한모(18)군은 "음란테이프는 중학교때 볼 만큼 봤다"며 "세운상가에 가서 2만~5만원만 주면 언제라도 구할 수 있으며 용산전자상가에서도 인터넷 음란사이트에서 다운받은 내용을 편집한 '백업CD'를 항상 살 수 있다"고 말했다.

(최윤필, 1997. 7. 13)

불법과 합법의 경계를 아슬하게 넘나들 뿐만 아니라 단속 또한 암암리에 이루어지는 음란물 거래는 남자 청소년의 통과 의례이자 사춘기의 일탈 혹은 문화로 구성됐다. 미디어 환경 변화에 따라 이러한 음란물의 유통은 다소 변화하였는데, 1970년대부터 형성된 청계천 세운상가 중심의 불법 비디오 및 출판물 암시장은 해외 상업 포르노와 복제 비디오, 잡지 등이 거래되는 곳이었다가 1990년대 중후반 인터넷 보급 이후부터는 사람들의 발길이 줄어들게 되었다. 청소년이 굳이 용산이나 청계천을 수고스럽게 방문하지 않아도 통신망을 통해 자료를 거래하거나 비밀스럽게 자료를 유통할 수 있게 되었기 때문이다. 하지만 2000년대 들어서도 암시장이 완전히 사라지지는 않았다. 여성 연예인 불법 촬영물의 복제물이 CD롬 등으로 세운상가 등의 암시장을 통해 퍼지기도 했다(최윤필, 1997. 7. 13).

인터넷이 음란물 유통, 소비 공간으로 자리매김하면서 인터넷은 청소년에게 위험한 공간으로 부상했다. 1995년 6월 한국청소년문화연구소가 서울 시내 중, 고교생 1,000여 명을 대상으로 한 설문조사에서는 응답자의 60% 이상이 한 번 이상 음란물에 접촉한 적이 있으며, 이 중 25%는 정기적으로 이용한다고 답했다. 또 중학교 2학년 이전에 처음 음란물을 접했다는 응답자가 64%에 달했다(권오주, 1995. 10. 6). 인터넷 공간에서 사이버 포르노는 컴퓨터 시대의 "독버섯"(강석운, 1992. 7. 2)이자 "사회악"(서정욱, 1995. 9. 24)으로 설명되었다. 이뿐 아니라 《슬램덩크》, 《드래곤볼》 등 일본 만화책 열풍, 학교 앞 문방구에서도 구할 수 있는 성인용 만화 잡지, 컴퓨터 게임, 전자오락 등이 청소년 정서를 해치며, 특히 컴퓨터 게임류가 초등학생들에게 미치는 악영향에 대한 우려의 목소리도 있었다. 당시 〈세계일보〉(1996. 5. 4)에 따르면, 초등학생 10명 중 3명이 "하루라도 전자오락을 안 하면 못 견디겠다"라고 답하기도 했다. 이러한 미디어의 유해성과 함께 인터넷 공간은 다양한 유해물이 밀집해 있는 위험한 공간으로 묘사되기 시작했다.

왜곡된 성의식의 형성과 포르노그래피

1997년 10월 성폭력상담소 주최 '건전한 청소년 성문화 창출을 위한 서울시민 대토론회'에서는 자료 화면으로 실제 중·고등학생이 돌려보는 포르노 비디오, 성인용 만화, 인터넷 사이트의 음란물 슬라이드 등이 상영됐다. 이어 '청소년의 음란물 접촉 실태 연구' 발표에서 고려대학교 사회학과 김준호 교수는 서울 시내 고등학교 남학생 10명 중 9명이 성인용 만화 등 음란물을 본 경험이 있는 것으로 나타났다고 밝혔다. 서울 시내 인문계 고등학교 2학년에 재학 중인 남학생 523명을 대상으로 한 조사에 의하면, 음란물을 처음 접한 시기는 대체로 중학교 2~3학년 때였으며 친구에게 빌린 경우가 대부분이었다. 40.1% 정도가 음란물을 본 후에 계속 보고 싶어졌다고 응답했고, 60.3%의 학생들이 음란물 묘사를 따라 하고 싶은 충동을 느낀다고 답했다. 실제로 10명 중 1명은 음란물을 본 후 '모방'하는 것으로 나타났다. 그 예로는 자위행위가 가장 많았고 이성 친구를 사귀거나 유흥업소 출입, 버스나 지하철 등에서 여성의 몸을 만진다 등의 순으로 나타났다. 경제 수준이 높고 용돈을 많이 쓰는 청소년이 음란물에 많이 접촉하는 것으로 나타났는데, 이는 가정 분위기나 성적 등과 관계없이 청소년의 음란물 접촉이 일반화되었다는 것을 드러내고, 수입의 여부가 음란물 접촉에 영향을 주는 요인임을 보여주었다. 음란물을 구체적인 성적 비행으로 실행하는 것도 문제이지만, 청소년기부터 여성을 성적인 대상으로만 여기게 하고 '강간신화'를 확산시키는 데 대한 유해성이 지적됐다.

> 실제 음란물을 많이 접할수록 '옷차림이 야하거나 행실이 좋지 않은 여성이 강제로 성폭행을 당했을 때 1차적인 책임이 여성에게 있다,' '여자들이 성관계를 싫다고 말해도 믿을 필요가 없다,' '많은 여성이 강압적인 성행위를 즐기고 오히려 강간당할 때 쾌감을 느낀다' 등 잘못된 가치관에 젖게 되고 성폭력을 범죄로 생각하기보다는 성행위로 여기기 쉽다는 것이다. 성폭력상담소의 김지혜 책임연구원은 "단지 음란물의 적나라한 표현을 놓고 문제 삼는 것을 넘어 음란물이 청소년들의 성, 여성, 인간, 성폭력 등에 대한 인식에 어떤 영향을 끼치는지 파악하고 대처할 필요가 있다"라며 "청소년들을 수동적인 입장에 놓고 무조건 금지를 외칠 것이 아니라 어른들이 먼저 모범을 보이며 사회적으로 건강한 성문화를 모색해야 한다"고 강조했다. (이수진, 1997. 10. 17)

한편 2000년 한국법무형사정책연구원(구 한국형사정책연구원) 보고서 〈성의 상업화가 성의식 및 성폭력에 미치는 영향〉에서는 2000년 8월 30일 수도권에 거주하는 16~60세 남녀 1,200명을 대상으로 조사한 결과 남성의 경우 성, 사랑, 결혼의 관계에 대해 각각을 분절해 도구적으로 접근하려는 태도가 지배적인 것으로 나타났다. 이러한 도구적 성의식은 성에 대한 노골적, 강박적 관심 혹은 '에피소드적 섹슈얼리티' 추구로 이어질 가능성을 내포한다고 보았다. 이 연구진에 따르면 '에피소드적 섹슈얼리티' 추구는 낮은 감정이입과 높은 강도의 섹스에 집중하는 흐름으로, 포르노그래피의 폭발적 증가와 관심에서 그 사례를 찾을 수 있다. 또한 성별로 다른 성에 대한 인식과 비대칭적인 관계에 의해 성이 남성 중심적으로 다루어지게 되면 에피소드적 섹슈얼리티 추구와 폭력의 성애화가 발생할 우려가 있다고 분석했다. 폭력의 성애화는 이른바 강간 신화로 불리는 성과 성폭력에 대해 그릇된 통념으로 일부 남성들이 강압적 성을 에로틱한 표현과 연결시키거나 강간을 여성이 오히려 즐긴다는 관념을 통해 자신의 마초적 이미지를 더욱 강화한다고 보았다. 여성의 '아니오'를 액면 그대로 받아들일 필요는 없다는 질문에 대한 남성의 긍정률이 높아 이러한 특성이 성폭력 실행 가능성을 더욱 높여 줄 수 있는 수치라고 보았다(김은경, 2000).

이 연구에서 남성들은 81% 이상, 여성들은 54% 정도가 한 해 한 번 이상 포르노그래피를 접한 적이 있다고 밝혔다. 이들은 주로 불법 포르노 비디오를 통해 접했다. 그러나 연령대별로 주요 미디어가 변화했는데, 50대는 도색 잡지, 30~40대는 포르노 비디오, 10~20대는 인터넷 사이트 소비율이 높았다. 또한 어릴수록 최초 포르노 접촉 시기도 빨라지는데, 당시 조사에 따르면 대체로 중학교 시기에 포르노 접촉을 시작하는 것으로 나타난다.

이러한 "음란물의 무차별적 공세"는 10대들의 "무분별한 성 의식"을 "은연중에 형성"하는 원인이자 에이즈와 같은 병의 원인으로 지목되기도 했다(최윤필, 1997. 7. 13). 당시 청소년이 연루된 다양한 성범죄는 이러한 음란물에 원인이 있는 것으로 여겨졌다. 1997년 고교생 6명이 성 접촉으로 에이즈에 걸렸다는 사실이 밝혀지면서 "상대를 자주 바꾸며 아무 죄의식 없이 섹스를 즐기는 신세대의 성 행태"가 "에이즈의 온상"으로 비난받았다(최윤필, 1997. 7. 13). 여학생의 출산 사례가 수백 건이 넘고, "10대 소녀는 미용실 들르듯 죄책감 없이 (낙태 수술을 위해) 병원을 들락거리고 있"는 현실은 "청소년들의 성 개방 풍조"가 만연한 결과로 진단되었다(〈세계일보〉, 1997. 4. 1). 1996년 경기경찰청이 내놓은 〈청소년범죄 분석사례집〉에 따르면 성폭행 및 성 관련 범죄가 848건으로 1995년도에 비해 무려 27%나 증가한 것으로 나타났다. 또 사법연수원 강지원 교수의 "청소년 비행현황" 자료에 의하면 전체 성 범죄의 26.8퍼센트가 10대 청소년들에 의한 것으로 나타났다(〈세계일보〉, 1997. 4. 1). 이러한 청소년 비행과 탈선의 원인으로 유흥업소 증가, 노래방, 비디오방, 편의점을 중심으로 한 "청소년유해업소," "음란 소설, 잡지, 만화"나 "PC를 이용한 음란, 퇴폐 문화" 등이 지목되며 이러한 미디어들은 "청소년들을 쉽게 성에 탐닉하게" 만든다(〈세계일보〉, 1997. 4. 1).

이처럼 1990년대 인터넷의 등장은 청소년들이 음란물에 쉽게 노출되도록 했고, 이러한 음란물 노출은 음란물 중독이나 성범죄라는 결과로 나타날 수 있다는 사회적 우려가 커졌다. 실제 청소년이 연루된 성범죄 사건들은 새로운 미디어에 대한 규제의 필요성을 확산시키는 공포 담론으로 퍼졌다.

음란물의 생산자로서 청소년

미디어 환경의 변화는 청소년이 성 표현물을 우연히 접하게 되는 기회를 증가시킨 동시에, 그것을 계기로 음란물을 공유, 유포하고 판매하는 가해자의 일부가 되는 것까지 가능하게 한 것으로 보인다. 이미 인터넷 초기부터 '컴퓨터 박사' 혹은 '전자학도의 꿈'을 가진 일부 남성 청소년들이 음란물 제작, 유통의 가해자가 된 사례가 보도되었다.

> 친구들이 '컴퓨터 박사'라 부르던 장아무개(14 · 중2)군은 지난해 5월 수학여행을 다녀온 뒤 자신의 사설전자게시판(BBS)에 남녀의 성행위를 노골적으로 묘사하는 프로그램이 들어와 있는 것을 보고 처음엔 깜짝 놀랐다. 그러나 곧 호기심이 동한 장군은 한국통신 코텔의 게시판을 샅샅이 뒤져 "야동(야한 동우회) 회원 모집" "성인만 오십시오" 등의 사설전자게시판 회원 모집 광고를 찾아냈다. 이들과 컴퓨터 통신을 시작한 장군은 전송돼온 음란 프로그램을 디스켓에 입력해 지난 3월 말까지 '가볍게' 2백 장이나 모을 수 있었다. 나이와 학력과 관계없이 단지 많은 정보를 가진 사람일수록 '대우받는' 컴퓨터 통신 세계에서 장군은 인기를 독차지하게 됐다. 장군이 개설한 게시판 '종이비행기'에는 음란프로그램을 보내달라는 7백여 회원들의 요청이 밀려들었다. 장군은 아무런 죄의식 없이 자신의 컴퓨터 재능을 뽐내기 위해 프로그램을 전송해 주었다. 결국 지난달 27일 검찰에 적발돼 입건된 장군

은 최근 급속히 확산되고 있는 음란 컴퓨터통신의 대표적 피해자이자 가해자이다. (강석운, 1992. 7. 2)

중학교때 처음 컴퓨터를 갖게된 Y군은 하루 서너 시간씩 하이텔 등 PC통신망을 통해 같은 또래들과 대화를 즐겼다. 94년부터는 PC통신망 '매매란'을 통해 서로 필요한 물건을 사고 판다는 사실을 알았다. Y군은 자기의 만화비디오테이프를 2만원에 판 뒤 '잘하면 용돈을 벌 수 있겠다'는 생각에 본격적인 '사업구상'을 시작했다. 사업 분야는 PC 통신망에 흔히 등장하는 음란물 판매. 학업성적이 급격히 떨어진 것도 이때부터였다. (《세계일보》, 1996. 5. 12)

이러한 기사들을 보면 컴퓨터에 능한 10대 청소년이 우연히 컴퓨터를 통한 네트워크 세계에서 음란물이 유통, 거래된다는 사실을 알게 되고, 별다른 죄의식 없이 인기나 돈벌이를 위해 이러한 유통 및 거래의 주요한 인물이 되는 것을 확인할 수 있다. 두 번째 기사는 '전자학도의 꿈'을 키우라고 부모가 사준 컴퓨터에서 PC 통신을 이용해 음란 CD롬과 비디오테이프 1,000여 개를 판매한 혐의로 검찰에 구속된 고교생 Y 사례다. Y군은 "컴퓨터 전문가가 되겠다"라며 부모를 설득해 펜티엄급 컴퓨터를 산 후 〈펜트하우스〉에 게재된 광고를 보고 미국 음란물 매매 전용망에 접속하거나 일본 음란물 매매 사이트에 접속해 국제 우편으로 최신 포르노 CD롬을 샀고, 청계천에서 음란 비디오테이프를 사 복제한 뒤 천리안 등의 PC 통신망에 광고를 내거나 비밀 대화방을 통해 음란물 매입 의사를 물어 우편을 통해 복제물을 판매했다.

1995년에는 PC 통신을 이용해 음란 비디오물, 일본 만화 테이프 등을 팔아온 고교생, 대학생, 컴퓨터 업자 등이 무더기로 검찰에 적발된 사례가 있었는데, 적발된 이들 중에는 대학 교수, 공인회계사 등 중산층 또는 부유층 자제와 명문대 학생까지 있었다. 이들은 청계천 상가나 통신망을 통해 산 비디오물을 복사해 다시 PC 통신을 통해 다른 사람에게 판매해 손쉽게 용돈과 유흥비를 벌어왔다. 또 10대 청소년이 20여 명으로 드러났고, 이 음란물을 산 청소년은 약 2만 명 정도로 추산되었다(《경향신문》, 1996. 4. 27).

1990년대는 통신망을 통해 저장 매체에 담긴 '유형'의 음란물을 오프라인으로 거래하는 방식이었다면 2000년대 들어 청소년의 음란물 유통은 네트워크를 통해 파일의 형태로 이루어졌다. 또, 더 많은 사람을 대상으로 더 익명적으로 큰 규모의 사업으로 발전했다.

> "인터넷의 한 포르노사이트 운영자가 밝힌 폐쇄사유 — 제가 이번에 중학교에 진학하게 되어 학업에 전념하고자 문을 닫게 되었습니다…" 항간에 떠돈 이 우스갯소리는 그냥 웃어넘기기엔 섬뜩하다. 실제로 포르노테이프를 팔다 적발된 중학생, 성매매 횟수와 금액 등 성매매 가계부를 꼼꼼히 적은 16세 가출 소녀, 고교생의 20%가 성 경험이 있다는 통계조사, 4년 만에 2배인 50%로 늘어난 1998년 10대 미혼모 비율. "10대도 성을 즐길 권리가 있다"고 당당히 주장하는 10대들을 보면 놀랍기만 하다. (유인경, 2001. 10. 8)

청소년과 음란물의 관계에 대한 사회적 우려와 미국의 통신품위법(Communication Decency Act: CDA) 논란이 뒤섞이면서 인터넷에서 음란물 등을 차단하는 규제 방식에 대한 논의도 더욱 적극적으로 공론화되었다.

> 우리나라의 경우도 음란물 등 비윤리적인 정보를 통신망에 게재하는 사람에 대해 벌금형을 부과토록 하는 등 강력한 규제 법안을 마련 중이다. 그러나 우리나라는 단지 인터넷을 연결해 이용하는 입장이기 때문에 이를 차단하는 방법 외에는 달리 도리가 없다. 하지만 모든 음란성 정보서비스를 확인하고 차단하는 것은 기술적으로 거의 불가능하다고 전문가들은 밝히고 있다. 따라서 우리의 경우, 현재 미국에서 진행되고 있는 법적 규제가 효율적으로 이뤄지기를 기대하는 방법 외에는 대안이 없다는게 전문가들의 설명이다. (김강호, 1995. 4. 10)

불법 촬영과 비동의 유포의 원형

휴대용 캠코더 대중화와 CD롬 등 대용량 저장 장치 확산, 개인용 컴퓨터 보급, 네트워크를 통한 연결성 강화는 누구든 자기가 원하는 방식으로 'DIY 포르노'를 만드는 일도 가능하게 했다. 1997년 10대가 주인공으로 등장하며 10대가 제작한 고교생 집단 성폭행 비디오 사건은 전국을 충격에 빠뜨렸다. 이 사건은 "서울 강남 일대 학교 주변에 나도는 음란 비디오"로 "10대 4명이 모두 중·고교생"으로 "청소년의 성 문란이 갈 데까지 갔다는 사실"을 확인시켜 주었으며, "가정과 학교 사회가 청소년의 성 문제에

얼마나 무관심했는지" 뉘우치고 대책을 마련할 것이 요구되었다(《문화일보》, 1997. 7. 15).

이 사건은 성폭행을 캠코더로 촬영하여 유포한 것으로 오늘날 한국 디지털 성폭력의 원형적 유형이다. 하지만 당시에는 10대가 출연한 정사 장면을 담은 음란 비디오로 규정되었다. 성폭행을 기록해 무단으로 유통한 비동의 유포의 전형임에도 피해자인 여자 중학생은 언론, 수사 기관, 법원 모두에서 피해자로 인지되지 못했다.[21] 오히려 언론은 학교에서 "선도를 소홀히 해 단란주점 접대부로 나가면서 첫 번 비디오를 촬영했다니 어이없는 일"(《문화일보》, 1997. 7. 15)이라거나 여학생의 '문란한 성생활'을 묘사하거나 인터뷰하는 등으로 "10대들의 성 타락이 갈 데까지 가버렸다"라고 개탄했다(이기수, 1997. 7. 16). 이 사건은 1997년 '아동·청소년의 성보호에 관한 법률' 제정에 계기가 되었다(임영호 외, 2018: 246).

이 사건은 그렇지 않아도 인터넷 등장 이후 청소년이 접하게 되는 음란물에 대해 사회적 민감도가 높아진 상황에서 청소년과 성에 대한 사회적 불안감을 강화한 계기가 됐다. 특히 이 영상물이 일본 도색 테이프를 모방했다는 사실이 거론되면서(《서울신문》, 1997. 7. 15), 음란물을 쉽게 접할 수 있는 미디어 환경으로서 인

21 1997년 여름, 청소년들의 성관계를 촬영한 비디오가 서울 지역 학교 등에 급속히 퍼졌다. 경찰 수사 결과 고등학교 남학생 세 명이 여중생과의 성관계를 촬영한 비디오를 무단으로 유통한 것으로 밝혀졌다. 여중생은 촬영 전 성폭행을 당했다. 당시 언론과 수사 기관, 법원 모두 그를 '피해자'로 조명하지 않았다. 가해 남학생들뿐 아니라 여중생도 보호관찰 2년 명령을 받고, 수개월을 소년원에서 보냈다(심윤지 외, 2020).

터넷이 "아무런 규제 없이 10대의 성적 호기심을 자극"하고 있다는 점이 거론되었다. 10대라 하더라도 용산, 청계천 등에서 문제없이 음란물을 구할 수 있고 만화방 등을 통해 일본의 저질 만화를 쉽게 접할 수 있으며, 청소년의 출입 제한이 없는 비디오방, 컴퓨터와 전화선으로 "금발 미녀의 나신을 날라다"(김주현, 1997. 7. 17) 주는 청소년을 둘러싼 미디어 환경은 음란물에 대한 노출을 증가시키고 모방을 유도한다는 것이다. "일부 학생들은 보는 것에 만족하지 않고 포르노에 나옴 직한 내용을 인터넷 등에서 다운받아 복제, 이를 PC 통신 사설 게시판을 통해 판매하다 경찰에 적발"되기도 하였으며, 급기야는 이 사건처럼 '직접 성행위를 찍어 유포'까지 했다.

특히 변화한 미디어 환경은 일부 청소년 문제로 한정되어 있던 성적 일탈의 문제를 중산층 출신의 보통 청소년까지 확장한 원인으로 지목된다. 이에 따라 인터넷 규제는 전 사회적인 문제로 거론된다. 특히나 10대들이 음란물에 노출된 것뿐 아니라 성행위를 비디오로 상품화하였고 이것이 학생들 사이에서 인기리에 유통되었다는 데서 사회적 파문이 일었다. 이는 10대들의 "성 중독증과 왜곡된 성의식"을 보여 주는 사례로 "외국 포르노 등으로는 호기심을 더 이상 충족시킬 수 없는 상황"에 달했다는 것을 말해 주는 신호로, 이에 따라 "자극적인 또래들의 행위가 상품화되는 지경"에 이르게 되었다(《중앙일보》, 1997. 7. 14).

포르노에 대한 노출이 미디어 환경 변화로 청소년이 직접 포르노를 제작하고 유포까지 할 수 있게 했고, 성 중독이 현실의 자극을 상품화하는 과정까지 이르게 했다는 진단은 당시 이 촬영물의 유통, 소비를 둘러싼 다양한 비평적 작업에서도 드러난다. 이윤종(2016: 150)은 1990년대 연예인 불법 촬영 영상의 비동의 유포나 이 사건처럼 실제 성행위 장면이 (다큐멘터리 형식 혹은 논픽션) 포르노가 된 것은 VCR 등의 대중화와 더불어 발생한 사건이며, 이는 21세기 일상의 포르노화를 예비하고 있다고 진단한다. 임영호 등(2018: 248)은 이와 같은 일반인이 출연하는 몰래 카메라 형식의 성관계 동영상이 "일반인 음란물(혹은 몰래카메라)의 시대가 도래했음을 알리는 전조"였다고 보았다.

청소년의 현실에 맞는 실질적인 성교육 필요성이 제기되기도 했다. "갖가지 음란 정보를 손쉽게 얻을 수 있어 성 관념이나 의식은 성인의 상식을 뛰어넘는 수준"임에도 "학교 교육이나 가정 교육은 전혀 현실을 따라가지 못"하고 있기 때문이었다(최윤필, 1997. 7. 13). "학교에서는 기껏해야 한 학기에 양호 및 체육 교사를 통한 7~10시간 정도의 성교육에 의존할 뿐"이며 "실업고에서는 이미 생활지도교육은 포기했다고 해도 과언이 아니다"(최윤필, 1997. 7. 13).

성적 일탈의 문제는 성별화된 실천과 결과로 나타난다. 컴퓨터와 PC 통신, 인터넷을 통한 음란물 노출, 음란물 중독 및 모방, 성범죄, 음란물 제작 및 유통, 소비 등의 문제가 주로 남성 청소년의 문제로 나타난다면, 여성 청소년은 '문란한 10대의 성'으로 임신, 낙태 등의 문제가 거론된다.

> 미혼모 상담·입양기관인 대한사회복지회에 따르면 올들어 상담한 미혼모 중 19세 미만의 미성년자가 55%이며 이 중 80%가 양

친이 있는 중류층 가정 자녀였다. 홀트아동복지회의 경우도 지난해 상담한 미혼모 1,089명 중 60%인 649명이 고교생이었다. 동방아동복지회 추윤자(50 · 여)씨는 "최근 들어 상담소를 찾는 미성년 미혼모는 성폭행에 의한 사례보다 서로 원해 성관계를 가진 사례가 훨씬 많다"며 "이들 중에는 집안이나 성적 등이 상위권에 드는 학생도 상당수"라고 말했다. (최윤필, 1997. 7. 13)

문란한 10대의 성은 일부 비행 청소년만의 문제는 아니다. 최근 모방송국 작가 이모씨가 서울 S여고(인문계) 2학년 60명을 대상으로 실시한 '성-앙케트' 내용 중 한 여학생은 '남자애가 같이 자기를 원해 할 수 없이 잔다. 같이 자지 않으면 남자애가 싫어할 것 같아서'라고 밝히기도 했다. 중고생들이 쓰는 남녀관계와 관련된 은어 중 '접시'라는 용어가 있는데 이는 서로 다른 여학생 100명과 성관계를 갖는다는 것을 의미한다. 실제 D공고 야간 3학년 이모(18)군은 "우리반에서 '한 접시'를 넘긴 학생이 3~4명 정도 된다"며 Y, S 등 친구들의 이름을 나열했다. (최윤필, 1997. 7. 13)

고교 3년인 정모(18)군은 심심풀이로 게임을 하다 음란의 바다에 빠진 사례다. 정군은 지방에서 올라와 고시원 생활을 하는 모범생이었다. 2년 전 우연히 음란사이트를 경험한 그는 음란물-게임-음란물-게임을 반복하며 밤을 새우는 일이 많았다. 매주 한 번씩 내려가는 고향 집에서도 컴퓨터에만 빠져 있다. 정군은 "끊으려고도 몇 번이고 애도 써봤지만 더 깊은 수렁에 빠져 자극적인 영상을 찾고 말았다"고 토로했다.

> 인터넷 음란물 접속이 범죄로 이어지는 경우도 많다. 중학 3년생 이모(15)군은 지난해 동네 후배에게 '몹쓸 짓'을 하다가 경찰에 불구속 입건됐다. 친구를 통해 포르노사이트를 알게 된 이군은 평소 알던 동네 여자 후배를 집으로 유인해 성폭행을 저질렀다.
>
> 고교 2년인 김모(17)군은 성매매 집결지에서 얻은 임질을 앓고 있다. 지난해 과제물 작성을 위해 블로그와 카페를 서핑하다 음란물에 처음 접한 뒤 성욕을 이기지 못해 여러 차례 집창촌을 찾았다. 내성적 성격의 김군은 "아무에게도 병을 알리지 못해 혼자만 끙끙 앓으면서도 머릿속에 음란 영상이 자꾸 떠오른다"고 말했다. (《세계일보》, 2010. 7. 17)

이처럼 10대의 성은 인터넷 등장 이후 더욱더 쉽게 유혹에 빠질 수 있는 것으로 설명된다. 더구나 인터넷은 원치 않아도 음란물에 쉽게 노출될 수 있는 위험한 공간으로, 안정된 중산층 가정의 평범하고 착실한 청소년도 이러한 위험에 쉽게 노출될 수 있는 미디어로 규정되어 갔다. 그러나 이러한 10대 청소년의 성범죄 연루는 남자 청소년들이 성적 호기심이나 '성욕을 이기지 못해' 저지른 '몹쓸 짓'으로 청소년기의 흔한 충동으로 묘사된다.

미디어 히스테리 혹은 '10대 때려잡기'?

앞서 본 고교생 집단 성폭행 비디오 사건은 미디어 환경 변화에 따른 10대 청소년의 성의식 변화와 성적 일탈의 범주 변화를 드러내는 단적인 사례로, 이후 인터넷 및 PC 통신에 대한 규제, 아동·청소년의 성에 대한 규제가 본격화된 계기가 되었다. 특히 언론은 새로운 미디어와 관련한 위험을 과장되게 전달하면서 뉴미디어 관련한 공포의 담론을 형성한다.

> 존 카츠처럼 인터넷을 통해 새로운 사상과 주장을 자유롭고 거침없이 내놓는 이른바 사이버 저널리스트들은 요즘 이런 미디어 히스테리의 공격이 자신들을 엄습하고 있다고 비명을 지르고 있다. 공격자들은 포르노그래피는 물론 유아 성학대pedophilia, 문맹, 약물중독, 사회적 자폐현상을 비롯해 상상할 수 있는 현대사회의 모든 병폐들이 인터넷을 통해 퍼지고 있다고 주장한다는 것이다. 사이버 저널리스트들은 이런 공격자들이 다름 아닌 기존 미디어들이라고 지목하고 있다.
>
> 쇼왈터 교수 역시 미디어들이 십자군을 자임하면서 이런 히스테리적 증상들을 사회적 위기와 연결시키고 그런 생각을 미디어들을 통해 공식화할 때 인터넷에 대한 오해가 일어나며 경우에 따라서는 마녀사냥에까지 이른다고 분석하고 있다.
>
> 인터넷 인구가 기하급수적으로 늘어나고 있는 지금 우리에게 닥친 과제는 문화에 대한 인식의 전환이다. 요컨대 인터넷은 '문화란 무엇이다'라는 정의의 폭을 획기적으로 넓힐 것을 요구한다. 기존의 미디어들은 변화의 요체를 재빨리 포착해야 할 것이다. (김사승, 1997. 7. 14)

고교생 집단성폭행 비디오 사건에 대한 반응은 인터넷이라는 새로운 미디어 규제, 10대의 성에 대한 규제로 나타났다. 그러나 전반적인 성 문화의 문제를 다루어야 한다는 주장도 제기되었다. "국경이 없는 영토"인 인터넷의 속성상 "감시와 단속이 무력"하고, 정보화 사회의 국제 경쟁력을 위해 "유독 한국만 규제를 두어 산업을 위축시킨다는 것도 바람직하지 못하"기 때문에 "지금의 청소년을 이해하는 것에서 출발"해야 하며 "어른들은 과연 건전한 성의식을 가지고 있는가도 점검"해 보아야 한다(《문화일보》, 1997. 7. 21). 단기적으로는 "철저한 단속"이 필요하며 문제 해결을 위해 청소년들에게 폭력물, 포르노보다 "더 가치 있는 세계, 재미있고 값어치 있는 프로가 얼마든지 있다는 것을 가르쳐주는 미디어 교육"이 필요하다는 주장도 제기됐다(《문화일보》, 1997. 7. 21). 특히 몸은 이미 성장했으나 성에 대한 욕구는 억눌려 있는 10대의 상황에서 청소년의 성을 "10대의 눈높이에서 보지 못한 잘못을 인정"하고 다른 건전한 오락, 여가 활동을 늘려야 한다는 주장도 있었다(《한국일보》, 1997. 7. 16).

특히 인터넷을 통해 왜곡된 '성행위'에만 노출되고 자아 존중감이나 성적 자기결정권, 피임 등에 대한 교육은 부재한 것이 문제라는 지적도 있다. 또 일부 문제를 청소년 전체로 돌리고 미디어를 통해 성을 상품화하는 기성세대가 문제로 지적되기도 했다.

> 요즘 청소년들의 편향된 성의식이 가장 큰 문제라는 것이 전문가들이나 10대 당사자들의 공통된 의견이다. 자아존중의식이나 성결정권, 피임에 관련된 바른 성교육은 받지 못한 채 인터넷, 포르노비디오 등 각종 음란물과 유해환경을 통해 왜곡된 '성행위'만 접하고 있다는 것. 또 성적 호기심은 많지만 정작 행동으로 옮기는 10대는 여전히 극소수이며 그 자신의 성을 책임질 방법도 모른

다는 것이다.

정원주양(경기 고양. 고1)은 "성범죄나 성매매를 하는 10대는 아직 극소수인데도 마치 청소년 전체를 안전핀 없는 수류탄처럼 취급하는 매스컴과 저질 성상품과 타락한 성문화를 만드는 어른들이 더욱 문제"라고 꼬집었다. (유인경, 2001. 10. 8)

대중문화의 성 상품화와 더불어 성적 매력을 강조하는 분위기에서 '10대 때려잡기'식 통제 분위기가 조성되는 데 대한 우려도 제기되었다. 당시 조한혜정 교수의 한 칼럼(조혜정, 1997. 7. 18)은 이 사건을 '식욕 중심'의 기성세대와 '성욕 중심'의 새로운 세대 간의 대립으로 규정지으며 현재 10대를 둘러싼 미디어 환경이 남학생들에게는 포르노그래피 노출, 여학생들에게는 성적인 매력을 강조하는 상업주의를 만연하게 한다고 진단했다. 사건에 연루된 10대들을 비난하며 낙인 찍는 목소리와 선정적 상업주의가 천민자본주의의 '한 몸체의 두 얼굴'이라고 지적한다(조혜정, 1997. 7. 18).

청소년 '관리'의 책임자로서 부모

음란물의 유통과 관련하여 청소년이 연루된 여러 가지 사건 사고들은 '아동·청소년 보호'를 위한 통신 및 인터넷 규제와 성에 관한 규제 법률을 만드는 데로 나아갔다. 먼저, 가정의 책임이 부각되었다. 부모는 컴퓨터 이용과 관련하여 자녀를 관리할 책임과 함께 성의식의 형성을 위해 "자녀들과 대화하며 그들의 고민을 이해하고 풀어주는 노력"과 "밥상머리 예절 교육"(《문화일보》, 1997. 7. 15)이 강조된다. 해당 사건이 중산층 가정의 자녀들이 부모가 집을 비운 틈에 벌인 사건이라는 점에서, 그리고 청소년의 음란물 노출이 주로 "주로 맞벌이 부부의 자녀가 부모가 없는 시간대"인 오후 6~10시에 이루어진다는 보도 등에서 각 가정과 부모의 역할이 거론되었다(김중식, 1999. 7. 28).

부모는 자녀가 컴퓨터를 통해 무엇을 하고 무엇을 보는지 알아야 하며, 각 가정 내에서 컴퓨터 이용 시간과 공간을 관리해야 한다. 문제의 웹사이트 접속을 막기 위해 부모와 자녀가 함께 검색하는 등을 비롯해(《한국경제》, 1996. 4. 29), 컴퓨터를 아이들 방이 아닌 거실 등의 공용 공간에 설치하면서 가족과 함께 있는 시간과 공간을 마련하는 것은 "온갖 유혹들로부터 가족들을 보호하는 보호장치와 같"다(송길원, 1996. 8. 13). 가정 내 컴퓨터 사용과 관련해 약속과 규칙을 정해 지키도록 하며, 학습 도구로 컴퓨터의 유용한 활용을 위해 부모가 노력해야 한다. "정보사회"로 변하고 있는 시대적 조류에 적응하기 위해 컴퓨터 이용은 필수지만 "사주는 것만이 자녀 사랑"이 아니라 그 전에 컴퓨터의 가치와 역효과에 대한 정확한 정보와 지식을 부모가 먼저 갖추어야 할 것이 요구된다(송길원, 1996. 8. 13). 다음 기사처럼 극단적인 경우 자녀의 "컴퓨터 사용 금지령"까지도 내린다.

> 고심 끝에 내린 결정이었다. 안방 컴퓨터에 수백개의 성인영화가 다운로드돼 있는 것을 안 김씨는 아들에게 컴퓨터 사용 금지령을 내렸다. 그러자 아들은 PC방을 자주 찾았고, 김씨는 급기야 아들의 용돈까지 끊었다. 그런데 얼마 전 아들의 팔에 여러 개의 주사바늘 자국이 눈에 띄었다. 김씨의 다그침에 아들은 눈물을

떨구며 충격고백을 했다. PC방 요금을 마련하기 위해 매달 4번씩 피를 팔았다는 것. 김씨는 "정말 하늘이 두 쪽 난 것 같았다. 아이와 시간을 보내며 마음의 아픈 상처를 함께 치료할 생각"이라고 한숨을 쉬었다. (《세계일보》, 2010. 7. 17)

4. 규제가 필요한 인터넷

새로운 미디어를 기반으로 발생하는 문제, 특히 아동·청소년 문제는 인터넷 규제의 필요성을 사회적으로 환기시켰다. 부모의 수준을 넘어 사회적으로 인터넷이 법적 규제의 대상이 되어야 한다는 공감대가 형성되기 시작했다. 자유의 국가이자 인터넷이 출발한 미국에서도 인터넷에 대한 규제 논의가 부상했다는 점이 상세하게 보도되었고, 한국의 규제 제도에 참고 대상이 되었다. 1995년 미국 의회는 통신품위법을 통과시켰다. 이 법은 인터넷 등 온라인에서 음란, 폭력 정보 제공자가 25만 달러(약 3억 3,000만 원) 벌금이나 최고 2년 이하 징역형에 처할 수 있다는 내용을 담았다(《매일경제》, 1996. 5. 16).

이 법의 시행을 주장하는 입장은 다른 미디어들의 경우 어린이, 청소년 보호를 위한 규제가 마련되어 있지만 인터넷에서는 아무 제한이 없어 다른 미디어의 노력을 물거품으로 만든다고 주장했다. 한편, 규제 반대론자들은 인터넷상 규제가 성인의 표현 자유까지 침해하며, 특히 '품위'라는 말이 모호하고 방대해 규제 범위와 대상을 명확하게 설정하기 어려워 폐해가 매우 클 수 있다고 주장했다. 미디어의 특성상 규제 자체가 어려워 실행하는 데 비용이나 노력이 지나치게 많이 들 것이라는 점도 문제로 지적된다(김윤경, 1997. 3. 29).

이에 대해 미국시민자유연맹(American Civil Liberties Union: ACLU)이 제기한 소송(ACLU v. Reno)에서 연방대법원은 인터넷이 방송, 전화와 다른 특성을 가졌다고 규정하면서 통신품위법이 위헌이라고 결정했다. 인터넷은 방송처럼 침투성이 있는 미디어가 아니라 전화상 다이얼을 돌리는 것보다도 더 "숙고적이고 통제된 일련의 적극적인 단계들"(황승흠, 1999)을 필요로 하므로 아동이 스스로 자료를 검색해 인터넷을 이해하려면 독해할 수 있는 일정 능력이 필요하다고 규정했다. 이러한 미디어 특징으로 인해 아동이 인터넷상에서 유해 자료를 '우연히' 접할 경우는 거의 없다는 것이다. 방송처럼 개인 가정에 '침입'하는 것이 아니라 해당 자료에 접근하기 전에 문서 제목이나 간략히 제시된 정보를 통해 미리 정보에 대한 접근을 조절할 수 있기 때문에 아동 보호의 조치를 위해 따로 규정을 마련할 필요가 없다는 점이 지적되었다.

황승흠(1999: 29)에 따르면, 이 판결은 인터넷에 수정헌법 제1조 표현의 자유를 적용한 최초의 판결로 볼 수 있다. 이 판결에서는 인터넷상 내용 규제content regulation가 갖는 모호함이 표현의 자유를 냉각시킬 수 있고, 형사 처벌 규정으로 이러한 부정적 효과가 증폭될 수 있다고 판시했다. 검열을 통한 이익보다는 표현의 자유를 신장시키는 이익이 훨씬 크며, 인터넷에서 표현의 자유를 과도하게 제약하는 것은 "돼지를 굽기 위해 집을 태워버리는 것"(ACLU v. Reno)으로 묘사되었다. 청소년 보호를 위한 규제가 성인에 대한 자유로운 접근까지 과도하게 차단하여 위헌적 요소가 있다는 것이다.

미국 통신품위법의 위헌 결정은 통신품위법이 과도하게 표현의 자유를 침해할 우려를 나타내는 동시에 인터넷의 방대한 정보에 대해 완전한 규제가 어렵다는 속성을 반영한다. 이에 인터넷상 불법, 유해 정보를 차단할 수 있는 소프트웨어 개발, 인터넷 경찰, 업계에 의한 자율 규제 등이 논의되고 실행되어 왔다.

> 빌 클린턴 미 대통령은 16일 백악관에서 인터넷 관련 컴퓨터업체 대표 및 관련 상하원 의원 등과 회동, 이 같은 방안을 협의하고 업계가 스스로 자율 규제하는 방안을 마련하도록 요청했다. 이날 모임은 최근 미 대법원이 포르노 웹사이트를 규제하는 통신품위법이 수정헌법의 보장을 받는 언론자유를 침해하는 것이라는 유권해석을 내린 데 대한 대응책을 논의하기 위한 것이다. 이 회의에 참석한 패티 머리 상원의원은 인터넷 웹사이트의 등급제 시행에 관한 법안을 의회에 제출하겠다고 밝혔으며, 그보다 강력한 법안을 추진 중인 댄 코츠 상원의원 등은 법안 마련에 앞서 인터넷 웹사이트 등급제의 실현 가능성과 효과 등을 검토중이다.
>
> 한편 마이크로소프트사는 웹브라우징 소프트웨어를 이용, 웹사이트의 등급을 읽어 걸러낼 수 있는 PICS 소프트웨어 개발을 추진중이며 다른 컴퓨터업체들도 어린이들이 들어가서는 안 되는 웹사이트를 부모들이 미리 걸러낼 수 있는 장치개발을 검토중인 것으로 알려졌다(《세계일보》, 1997. 7. 18).

이러한 인터넷에 대한 미국의 판결은 자유와 규제 사이의 격렬한 논쟁이 오가는 한국 사회에서도 시시각각으로 전해지면서 논리적 근거가 되었다. 소프트웨어를 통한 자동 차단 기술이 도입되기 시작했으나 이는 오히려 의도하지 않은 사이트까지 차단하는 등 부작용이 있는 것으로 보도되기도 했다. 예를 들어, 서프워치는 〈펜트하우스〉와 같이 '섹스'나 '포르노'라는 단어가 있는 웹사이트를 자동 차단하는 기능을 선보였고, 마이크로시스템 소프트웨어사의 사이버패트롤은 웹사이트를 섹스, 폭력, 증오 등 12개 범위로 구분해 걸러 내는 역할을 했다. 하지만 이러한 자동 차단 기술은 특정 단어가 포함되지 않은 문제 사이트를 걸러 내지 못하거나, 성적인 의도가 아닌 사이트까지 차단하는 부작용도 보였다(《한국경제》, 1996. 4. 29).

> 그러나 이 소프트웨어들은 숨겨져 있는 단어를 찾지 못해 일부 음란사이트를 여과하지 못하거나 의심나는 사이트를 모두 여과해 원하지 않는 사이트를 차단하기도 한다. 실제로 서프워치는 섹스와는 전혀 관계없는 대학사이트도 주소에 섹스라는 단어가 포함돼 있다는 이유 때문에 접속을 차단했다. 또 사이버패트롤은 에로틱한 얘기로 가득차 있는 '섹스 필'이라는 잘 알려져 있지 않은 사이트에의 접속을 허용했다. 더구나 매일 새로 탄생하는 수많은 사이트들에 대해서는 속수무책일 수밖에 없다. (김주언, 1996. 5. 7)

한국에서도 음란 정보를 막기 위해 사이버 경찰 소프트웨어들이 속속 개발되면서 특정 유해 사이트에 아동·청소년이 접근하는 것을 막는 방식이 고안되어 왔다. 기존 미디어들은 심의 및 윤리위원회의 막강한 권한과 법적 제도가 확충되어 있으나, 뉴미디어의 경우 아직 규제 제도가 마련되지 않았고, 국경을 넘나드는 미디어 특성과 개인화된 미디어 이용으로 인해 이를 개선하기 매우 어렵다는 점이 새로운 규제 제도의 필요성에 대한 논리였다. 미국의 통신품위법 위헌 결정 소식은 한국에 시시각각으로 전해졌지만, 그만큼 인터넷 규제가 어렵다는 것을 방증하는 사례이기도 했다.

5. 피해자로서의 아동: 아동 포르노그래피

2000년대 주요한 사건으로는 아동 대상 성폭력과 성 착취가 전제된 아동 포르노그래피다. 아동이 등장하는 성적 영상물로서 아동 포르노그래피는 1990년대 후반 국제 사회에서 사이버 범죄의 심각한 유형으로 취급되기 시작했다. 또한 이것이 '포르노그래피'가 아닌 성 착취물로 범죄화되어야 한다는 점이 강조되었다. 여기서는 설명의 용이함을 위해 당시의 표현인 아동 포르노그래피를 사용하였다.

국제 문제로 떠오른 아동 포르노

1997년 10월 27일에서 30일까지 노르웨이 오슬로에서 열린 어린이 노동 관련 국제회의에서 발표된 유니세프와 ILO(국제노동기구)

의 보고서에 의하면, 1만~3만 명에 이르는 미국 어린이들이 매춘이나 포르노 비디오에 이용되는 것으로 나타났다(김양희, 1997. 11. 1). 1999년 유네스코는 1월 18일 파리에서 '인터넷과 아동 성 학대'를 주제로 한 40여 개국 300여 명의 전문가가 참석하는 국제회의를 개최했다. 인터폴 집계에 따르면 아동이 등장하는 포르노 사진과 영상 사이트는 1999년 당시 약 100만여 개로 급증했으며, 미국에서는 2세 유아 대상 포르노물도 등장해 충격을 주었다. 1998년 9월에는 인터폴 공조 수사를 통해 12개 나라에서 200여 명을 체포하고 수십만 개의 아동 포르노그래피를 압수했다. 이 회의에서는 아동 성 학대에 대한 국제적 인식이 부족하고, 국가별로 이 사안에 대한 민감도와 기준이 다르다는 점이 지적되었다. 또, 인터넷의 특성상 포르노 사이트 개설자 추적이 어렵다는 점도 지적되었다(정현목, 1999. 1. 20).

규제가 어렵지만 아동 대상 성범죄의 증가가 인터넷을 매개로 증가하면서 국가적 차원의 대응과 국제 차원 공조의 필요성이 강조되었다. 1997년 미국 연방수사국(Federal Bureau of Investigation: FBI)은 14세 여자아이에게 성적 대화를 하는 상황을 연출하는 함정 수사를 통해 한 미국 회사 중역을 기소했다. '소아성애pedophillia' 범죄는 미국 의회에서도 중대 쟁점이 되었다. 이는 인터넷 대중화 이후 더욱 손쉽게 발생하는 범죄가 되어 FBI는 일단 부모들의 주의와 교육이 필요함을 강조했다(《문화일보》, 1997. 4. 10).

2001년에는 한국, 미국, 캐나다, 호주 등 전 세계 19개국 합동으로 인터넷상 아동 포르노물에 대한 대대적 수사가 진행됐다(《국민일보》, 2001. 11. 29). 아동 포르노그래피는 영국, 미국 등 서구권에서는 '관용할 수 없는 범죄'로 구성되었다. 미국에서는 아동 포르노 웹사이트를 운영해 온 30대 남성에게 150년 형이 선고되기도 했다. 2006년 이 남성은 청소년을 고용해 포르노 사진과 동영상을 제작해 인터넷에서 판매한 혐의로 검거돼 재판을 받았다(《중앙일보》, 2006. 7. 20). 2006년 미국 법무부는 아동 포르노 확산 방지를 위해 구글에 정보 검색 기록 제출을 요구했다. 그러나 구글은 프라이버시와 기업 비밀을 이유로 요청을 거절했다(《전자신문》, 2006. 1. 21).

이처럼 아동 포르노는 인터넷을 통해 제작, 거래, 판매되는 위험한 상품이었다. 2001년 미국의 아동 포르노 거래액은 연간 20억~30억 달러 규모(약 3조~4조 원)로 나타났다. 영국 인터넷감시재단(Internet Watch Foundation: IWF)의 2007년 연례 보고서에서도 아동 포르노가 2003년 이래 네 배로 증가했고 내용도 심각해지는 것으로 나타났다. 아동 포르노 사이트의 5분의 3 이상은 미국에 서버를 두었고 3분의 1 정도가 러시아에 서버를 둔 것으로 나타났다(《전자신문》, 2007. 4. 18).

아동 포르노그래피의 양이 증가하고 그 내용이 실제 아동을 대상으로 한 성폭행과 성 착취를 내용으로 한다는 점에서는 국제 사회가 공조해 대응해야 했다. 그뿐만 아니라 대중문화 영역에서 아동을 성적으로 바라보는 시각이 확산될 우려가 제기되었다. 일본 사회에서는 서점이나 길거리, 광고 등에서 쉽게 볼 수 있는 어린 여성의 성애화된 이미지, 이른바 '로리콘화 현상'이 만연해 가고 있다는 보도가 등장했다(《서울신문》, 2007. 4. 24). 그뿐만 아니라 대중문화 속에서 나이 많은 남성과 여학생 간의 '원조 교제'가 이성애의 주요 유형으로 등장했다(이상현, 2000. 10. 13). 또 열 살 남짓 아동들의 외설 화보집, 영상집이 큰 인기를 끌었으며, 성인용 만화에서도 아동 대상 성행위 묘사가 30%에 달하는 것으로 나타났다.

2005년 일본의 나라 지역에서는 여아 100여 명을 대상으로 음란물을 제작해 인터넷에 유포한 조직이 적발되었다. 아동 포르노의 문제는 납치, 강간 등의 실질적 성폭력의 문제와 더불어 인터넷에서 시간이 지나도 검색할 수 있어 아동의 피해를 영구화할 우려가 있었다. 이 조직은 15년형을 받고 복역 중이었지만 당시의 영상과 사진이 인터넷상 돌아다닌다는 점에서 아동 포르노 문제가 생산자 처벌만으로 끝나는 것이 아니라는 점이 강조되었다. 이러한 문제의식은 각 국가에서 아동 포르노의 '소지'까지 처벌하는 법안 마련으로 이어지기도 했다.[22]

아동 포르노의 문제는 성 착취의 문제를 동반했으며 이것이 새로운 기술을 매개로 발생하고 있음을 보여 주었다. 미디어 환경의 변화는 부모가 가정 내에서 자녀를 보호하는 것을 점점 불가능하게 만든다. 인터넷은 성범죄자와 소아성애자들이 "포르노 영상을 유통하고 다른 사람들에게 아동 포르노에 참여하도록 유혹하는" 위험한 공간으로 문제시되기 시작한다(《세계일보》,

22 2008년 2월 토머스 시퍼 주일 미국 대사는 일본 정부에 아동 포르노그래피 처벌을 촉구하고 나섰다. "아동 포르노 단순 소지를 처벌하지 않는 나라는 G8 국가 중 일본과 러시아뿐"이라며 "아동 포르노와 미성년 성범죄는 명백한 상관관계가 있다는 연구결과가 있다"라고 압박했다(박소영, 2008. 5. 3).

2010. 1. 27). 아동 포르노는 인터넷을 넘어 휴대전화, 비디오 게임 등 휴대용 기기를 통해 전송되는 다양한 '포켓 포르노'로 확장됐다. 수십억 달러 규모의 포르노 산업은 미디어 발전에 따라 한계를 모르고 확장해 간다. 미국 국제 인권 변호사 캐슬린 멀로니던Kathleen Maloney-Dunn에 따르면, "세계화되는 문화가 더욱 폭력적으로 변하는 가운데 부모들은 자녀들이 성적으로 착취당하는 것을 막기 위해 더 많은 도구가 필요"하다(《세계일보》, 2010. 1. 27).

6. 한국의 아동 대상 성폭력과 아동 포르노 '소지'의 문제

아동 대상 성폭력과 아동 포르노그래피

한국에서 아동 포르노그래피의 문제는 단속의 대상이기는 했으나 적극적으로 담론화되지는 않았다. 그러나 2001년 성인 남성과 여자 어린이가 등장하는 한글 사이트가 적발되어 충격을 주었다. 경찰청 사이버범죄수사대는 IP 추적을 통해 이 사이트를 개설한 용의자로 고교 2학년 남학생인 신모 군을 검거했다. 조사 결과 신 군은 돈을 입금받은 뒤 택배로 음란물을 팔아왔으며, 일명 '롤리타' CD는 장당 3만 원, 일반 성인 포르노 CD는 장당 7,000~8,000원씩 판매해 약 100여 명에게 포르노 CD를 판매해 온 것으로 조사되었다(김도헌, 2001. 1. 5).

한국에서도 아동 포르노의 유통이 적극적으로 이루어지고 있음이 드러난 데 이어 아동 대상 성폭력 사건이 연이어 발생하면서 아동 포르노 소지 문제가 사회 쟁점이 되었다. 아동 대상 성폭력 범죄자들이 아동 포르노를 소지한 것으로 밝혀졌으며 아동 포르노가 아동 대상 성폭력의 원인이 되었다는 발언을 했기 때문이었다. 2008년 열한 살, 아홉 살 여아 살해범 정모 씨(39)의 집에서 다수의 아동 포르노 파일이 입수되었다. 경찰은 이러한 아동 포르노물 소지가 "아동 성애 성향이 있는 인물이라는 점을 뒷받침"하며 범행 동기에 대한 "유력한 증거"라고 보았다(이범구 · 이태무, 2008. 3. 18).

심영희(2009)는 아동 성폭력을 성인에 의한 아동 성폭력과 아동·청소년에 의한 것으로 나누는데, 2000년대 들어 아동 성폭력 사건의 증가는 핵가족화로 가족 내 아동에 대한 인식이 변화한 것과 함께 지구화에 따른 미디어 환경 변화에 기인한다고 진단했다. 특히 인터넷을 통한 음란물 접촉 연령이 어려지면서 아동·청소년의 가해가 늘고 있는 것으로 나타난다. 밀양 청소년 집단 성폭력 사건(2004), 부산에서 9~10세 초등학생 3명이 같은 학교 여학생을 집단 성폭력 한 사건(2004), 도봉구 한 초등학교 5~6학년 남학생이 같은 반 여학생을 수차례 추행 강간한 사건(2003) 등은 아동·청소년이 성범죄의 '가해자'가 되는 현실을 부각했다.[23] 한 조사에 따르면 초등생 14.4%가 인터넷 음란물 접촉

23 해당 사건들은 어린 여성 피해자의 연쇄적인 2차 피해로도 이어졌다. 밀양 집단 성폭력 사건의 경우 경찰의 부주의함으로 피해자 신원이 노출되었고, 44명에 달하는 가해자의 부모들이 피해자에게 탄원서 및 합의를 종용, 협박해 피해자는 밀양을 떠나서도 학교생활을 이어가지 못했다.

경험이 있다고 답했으며, 이 중 절반 이상(50.5%)이 "직접 해 보고 싶은 호기심·충동을 느꼈다"라고 했다(김진명, 2004. 12. 27). 아동 포르노의 문제는 이렇게 아동 가해자의 양산이라는 문제와 맞닿아 있었다.

2009년에는 '조두순 사건'이 일어났다. 국회 입법조사처는 2007년 이후 12세 이하 여아 성폭행 사건이 809건에 이르는데도 대책이 부재하다며, 미국, 독일 등에서 실시 중인 화학 거세 요법 도입 검토가 필요하다고 주장했다. 아동이 성범죄를 인지하지 못할 수 있으므로 이에 대한 공소시효를 정지, 연장하는 방안도 제시됐다. 피해 아동의 2차 피해를 막으려는 조치로 아동 성범죄 전문 재판부 확대 도입, 원스톱 수사 체계 구축, 아동 성범죄 전문 조사관 양성 등이 제안됐다. 아동 성범죄자를 인터넷으로 누구든 언제나 열람할 수 있게 하고 인터넷 아동 포르노 감시를 강화해야 한다고 주장했다(최문선, 2009. 11. 17).

2012년 발생한 나주 여아 납치, 성폭행 사건에서도 당시 20대의 범인 고종석은 "인터넷을 통해 일본 야동을 탐닉"하였고 "어린 여자와 성행위를 하고 싶다는 생각"을 가졌다고 밝혔다(최치봉, 2012. 9. 3). 이러한 사건들이 연이어 발생한 이후 아동 포르노가 실제 성범죄로 이어진다는 인식이 굳어졌다. 일련의 아동 성범죄 사건들에서 가해자들은 "아동 포르노를 다량 보유"하고 있었거나 "범행 전 이를 본 것"으로 드러났다. 아동에게 성적 흥분을 느끼는 "소아기호증 성 도착자에게 아동 포르노가 별 제한 없이 노출"돼 있었다는 것이다(《경향신문》, 2012. 9. 4). 한국은 영국 IWF가 2009년 기준으로 꼽은 아동 포르노물이 가장 많은 국가

상위 5위 안에 들었다(최치봉, 2012. 9. 3).

이처럼 아동을 대상으로 한 성범죄가 발생하고 가해자들의 컴퓨터에서 포르노 및 아동 포르노물이 발견된 사실은 아동 성범죄가 포르노물의 재현을 '모방'한 데서 비롯되었다는 사회적 인식을 재생산해 냈다. 해외의 엄격한 아동 포르노 규제 대책에 비해 허술한 한국의 규제 제도 또한 문제로 지적되었다.

아동 포르노그래피의 '소지' 문제

연이은 아동 대상 성범죄가 사회적 공분을 일으키면서 2000년 2월 3일 제정된 '청소년의 성보호에 관한 법률'은 '아동·청소년의 성보호에 관한 법률'(이하 아청법)로 변경되어 아동 또한 보호 대상임을 분명히 했다(김잔디, 2018). 새로운 미디어 환경에서 쉽게 접근 가능해진 아동 대상 포르노그래피에 대한 규제 담론도 부상했다. 김잔디(2018: 10~11)에 따르면, 1996년 스톡홀름 아동에 대한 상업적 성 착취 방지에 대한 세계 회의The Stockholm world congress against the commercial sexual exploitation of children에서 국제 기구 최초로 '아동 포르노그래피' 정의가 내려졌다. 이 회의에서는 아동 포르노그래피를 "성행위와 관련된 상황에서 어린이를 이용한 시각적·청각적 미디어"로 정의하였다. 아동이 명확히 성행위를 하는 것을 시각적으로 묘사하는 행위 및 의도적으로 이용자의 성적인 만족을 위해 성기를 노출시키는 행위, 그리고 이러한 것들의 제작, 배포 및 이용을 포함한다고 하였다.

한국의 아청법에서는 아동·청소년 이용 음란물을 아동·청소년 또는 아동·청소년으로 명백하게 인식될 수 있는 사람이나 표현물이 등장하여 성교 행위, 유사 성교 행위 등을 하거나 그 밖의 성적 행위를 하는 내용을 표현하는 것으로서 필름·비디오물·게임물 또는 컴퓨터나 그 밖의 통신 매체를 통한 화상·영상 등의 형태로 된 것이라고 정의한다. 아청법 제11조 제5항은 "아동·청소년 이용 음란물임을 알면서 이를 소지한 자는 1년 이하의 징역 또는 2천 만 원 이하의 벌금에 처한다"라고 규정돼 있다.

아동 포르노 '소지'에 대한 규제가 세계 각국에서 마련되었는데, 김잔디(2018)는 이러한 '소지' 규제가 국가별 맥락에 따라서 다른 보호 법익을 갖는다고 해석한다. 우선 아동 포르노의 단순 소지는 포르노 등장 아동의 보호라는 아동 개인을 보호하는 차원에서 해석할 수 있는데, 이는 인터넷 맥락에서 영구 삭제가 불가능하고 확산 방지에 한계가 있어 피해 아동의 피해를 영구화할 우려가 있기 때문이다. 이는 '아동 참여 포르노 제작 규제'라고 말할 수 있다(박경신, 2013). 둘째로 아동 포르노 소지는 아동 대상 성범죄의 원인이 된다는 관점이다. 물론 이는 명백히 입증된 것은 아니지만 신문 보도나 형사정책연구원의 조사에서 아동 성범죄자들이 아동 포르노를 시청했다는 사례가 성범죄와 아동 포르노와의 상관관계를 입증하는 것으로 인식되었다(김두상, 2013: 141). 세 번째로는 사회적 법익 관점으로 아동을 성욕 대상으로 보는 풍조가 만연하게 되어 사회의 성도덕에 악영향을 준다는 것이다. 아동 포르노 소지는 아동 포르노의 제조, 배포자 등에게 유인책을 주는 효과가 있기 때문에 수요를 줄여 제조, 배포를 줄인다는 것이다.

해당 법 조항과 관련한 사회적 논쟁은 '단순 소지'를 처벌하는 것이 정당한가의 문제였다. 즉 아동 성범죄와 아동 포르노 소지의 상관관계가 입증되지 않은 상태에서 과잉 처벌일 가능성이 있고, 연구나 학술 목적의 단순 소지와 같은 성적 목적 이외의 소지의 경우까지 처벌할 수 있다는 것이었다(김잔디, 2018). 또, "아동·청소년 또는 아동·청소년으로 명백하게 인식될 수 있는 사람이나 표현물"이라는 점에서 애니메이션 등의 '가상'의 아동이 등장하는 포르노나 성인이 아동으로 설정되어 등장할 경우 '아동 포르노'로 보아야 하는지가 문제였다. 박경신(2013)은 아청법이 아동 '대상' 성범죄를 막기 위한 것이므로 가상의 아동이 등장하는 경우에는 '음란성' 규제로는 규제될 수 있을지언정 그 자체로는 규제 대상이 되지 않는다고 본다. 김두상(2013)은 아동과 청소년의 성장 상태나 연령대에 있어 큰 차이가 있는 범주이므로 같은 범위에서 보호하는 것이 어렵다고 보았다.[24]

이같이 2000년대는 아동을 대상으로 하는 잔혹한 성범죄가 사회적으로 큰 공포를 일으켰다. 아동 대상 성범죄는 아동·청소년을 성적 목적으로 출연시키는 포르노그래피 및 음란물을 '성 착취'의 문제로 바라보게 했으며, 이에 따라 이러한 영상물의 제작 및 배포는 물론 시청, 소지까지 금지하는 논의로 진전되었다.

24 앞서 논의한 매키넌의 포르노그래피 규제 논의의 주요 논리는 포르노그래피가 아동과 여성 대상 성 착취 산업을 지속시키는 원인이라는 점에 있었다. 매키넌은 아동 포르노그래피만 규제하는 것이 아닌 포르노그래피 전반에 대한 규제를 주장했는데, 이는 아동과 성인을 구분하는 만 18세의 기준을 넘는지가 해당 산업을 지속시키는 성 착취로서의 성격을 희석하지 않는다는 논리였다.

법적으로는 아동과 청소년의 차이, 가상의 아동의 경우 누구를 처벌할지, 처벌이 옳은 것인지, 단순 소지 처벌의 문제가 적절한지 등이 격렬한 논쟁의 대상이 되었다.

이처럼 1990년대에서 2000년대 PC 통신 및 인터넷이 대중화하면서 아동·청소년은 만연한 음란물에 쉽게 노출되는 피해자이자 약자면서도 능숙한 기술적 역량과 명성 및 수익을 위한 개인적 욕심으로 음란물의 유통, 생산에 적극적으로 가담하게 되었다. 또한 아동 포르노그래피의 문제는 아동과 청소년을 성애적으로 바라보는 문화적 시선을 바탕으로 유통되면서 국제적 차원에서 강력한 규제 필요성이 거론되었다. 또 아동과 청소년을 대상으로 한 성범죄와 아동 포르노그래피의 연관성이 거론되면서 아동 포르노그래피의 규제가 강화되었다.

3장

기술 발전과 성 표현물

1. 온라인의 여성: 성적 대상 아니면 페미니스트?

1990년대 온라인의 대중화 이래 여성은 온라인상에서 '최고의 상품'으로 부상했다. 1995년 6월 나우누리가 공개한 인기 자료 100선 중 1위는 '펜트하우스에 나오는 예쁜 여자'였다.

> △펜트하우스 7월호 표지모델 △플레이보이 5월호 모델 △수영복을 입은예쁜소녀 3 △수영복을 입은 예쁜 소녀 1 △수영복을 입은 예쁜 소녀 2 △6월의 플레이보이 모델 등이 각각 2, 5, 6, 7, 9, 10위를 차지하는 등 음란성 소프트웨어가 상위 10위권을 휩쓸다시피 했다. 이 밖에도 △언더웨어의 여인 △호테유의 미소녀 △해변에 누운 비키니의 여인 △마돈나의 베드타임 원본 등도 상위 20위권에 포진, 국내 PC통신도 이미 음란물에 크게 오염이 되고 있는 것으로 분석됐다. (《국제신문》, 1995. 7. 12)

일상의 문화는 포르노그래피를 쉽게 접하고 즐기며 "여성의 몸 구석구석을 사고팔거나 훔쳐볼 수 있는 지경에 이른 것"이다. 사이버 공간은 "무한복제와 무한수록"이라는 특성으로 "성 상품화의 총아"로 자리 잡았다(김중식, 1999. 7. 28).

자본주의의 특성 중 하나는 다른 모든 상품과 마찬가지로 성性을 거의 무한대로 사고팔 수 있다는 점이다. 특히 포르노의 출현과 인터넷의 급속한 발전으로 인해 현대사회는 '음란과 외설의 바다' 위에 둥둥 떠다니고 있다. 섹스 시장에서 상품의 제조·공급자인 동시에 다수 구매자로서 절대적 힘을 행사하는 남성이 언제 어디서든 여성의 몸 구석구석을 사고팔거나 훔쳐볼 수 있는 지경에 이른 것이다. 그중 사이버 공간은 무한복제와 무한수록이라는 특성을 발휘하며 성 상품화의 총아로 자리잡았다. 자칭 'sextizen(섹스 도시의 시민)'이라는 익명의 네티즌은 포르노 관련 인터넷 사이트에서 "성의 상품화는 어른들의 문제"라고 잘라 말한다. 어른들은 유흥업소, 접객업소 등에서 '거액'의 돈을 지불하고 여자의 몸을 사기 때문이다. 반면 그가 인터넷 음란물을 즐기는 데에는 전화비 정도가 든다는 것이다. (김중식, 1999. 7. 28)

포르노성 정보가 퍼지고 있다는 우려 속에서 미국처럼 국내에서도 통신상 음란물 규제가 필요하다는 주장이 제기된다. 그러나 '무조건 반대와 규제'는 부작용을 낳기 쉽다고 PC 통신 관계자는 입장을 전한다.

"대부분 성인 남성 위주인 PC통신 이용자들의 특성상 이같은 정보의 무조건 반대와 규제는 음성적인 부작용을 낳기 쉽고 당장 통신 저변 확대에도 바람직하지 않다"며 "美의회와 업계에서 음란물등급 산정작업을 추진하고 있는 것처럼 언론의 자유를 해치지 않는 범위 내에서 우리나라도 규제법이 마련될 것으로 본다"고 말하고 있다. (김중식, 1999. 7. 28)

이처럼 PC 통신 이용자의 대다수가 '성인 남성'이라는 전제에서 여성의 몸은 상품이자 일상적 문화로 대상화되고 있었으나, 이에 대한 규제는 성 중독이나 도덕의 차원에서만 문제 제기될 뿐이었다. 규제 논의는 청소년의 음란물 노출이 갖는 유해성 차원에서 필요하다고 여겨졌다. 우지숙(1999)은 포르노그래피 논의가 사이버 공간의 기술적 속성을 배제하여 성도덕과 음란성 관점에 한정해서 논의된다고 지적했다. 연예인 사생활 유포와 같은 새로운 기술로 가능해진 사례를 '젠더' 관점에서 바라봐야 할 필요성을 제기하면서, 이것이 '음란물'의 기준이 아니라 여성의 피해나 불안과 같은 관점에서 봐야 함을 일찍이 지적한 바 있다. 포르노그래피가 시각적 관음증과 남성 중심적 시각 문화의 연장선상에서 더 넓게 해석되어야 할 필요성도 제기되었다. 정소영(2004)은 포르노그래피가 단일한 장르에 대한 문제 제기가 아니라 여성의 몸이 상품이 되는 문화 전반으로 해석되어야 한다고 보았다. 즉 포르노그래피는 단순히 성기나 성과 관련한 신체 부위, 성적 행위 등을 나타내는 시각적 재현물을 넘어 주로 여성의 몸을 상품화하는 자본주의적 상품화 맥락에서 이해된다. 또, 모성을 벗어난 여성의 성이 '신여성'과 같은 담론으로 부상하면서 여성과 자기 몸과의 관계는 상품화와 전시 대상으로서의 몸과 자기 욕망의 장치로서의 몸을 어지럽게 오가게 됐다는 것이다. 다시 말해 포르노그래피는 다른 대중문화의 여성 상품화와 맥락을 같이하면서도 여성의 몸에 대한 복합적이고 미시적인 사회적 평가 장치와 연관된다.

한편 1996년에는 '동양인 최초'로 〈플레이보이〉 표지 모델이 되었다는 한국계 여성 '이승희'에 대한 언론의 관심이 폭발했다. 이민자의 아메리칸드림 서사와 건강한 몸의 이미지로 한국 대중문화 업계를 뒤흔든 이승희의 등장은 인터넷 시대의 대중화와도 시기를 같이한다. 천리안, 하이텔 등 이승희를 주제로 한 의견 글과 토론방이 높은 인기를 끌었으며, 인터넷상 이승희 누드 사이트가 1년 새 수백 개로 늘었다. 국내에서 올린 사이트도 3~4개 되는데, 그중 음란 혐의로 검찰 기소되어 재판에 회부된 경우도 있었다(안치용, 1997. 5. 10).

건강한 몸과 자기 관리라는 신세대 아이콘으로서의 여성상은 한편으로는 여성의 몸을 보다 대중적이고 '떳떳하게' 소비하는 문화를 형성하는 기반이 되기도 했다. '스스로 노출을 택한' 여성의 몸은 성적 대상으로 소비해도 죄책감을 느낄 필요가 없다는 것이다. 여성의 누드는 적극 수집, 소비, 공유되는 '문화'로 정착되어 가고, 이렇게 모은 여성 이미지를 전시하는 행위는 온라인상 명성과 수익을 얻을 수 있게 된다. 누드모델 사진 "몇 컷 모아놓은 것 때문"에 "음화반포죄"로 경찰에 잡혀갔던 사례는 "불행히도" "지독히 재수 없는 경우"로 "남자라면 누구나 아름다운 여체 사진을 보기 좋아하는 것"이며 "별다른 죄의식 같은 것을 느낄 필요가 없"는 흔한 경우다(오병상, 1997. 2. 15). 인터넷 속의 성 정보는 "사람들의 본능을 유혹"하며 "인터넷에 빠져 있는 사람과 인터넷을 모르는 사람이 느끼는 음란의 개념은 격차를 벌려가고" 있었다(오병상, 1997. 2. 15).

이와 같은 사례는 컴퓨터상에서 여성의 몸 이미지를 공유하고 전시하는 것이 매우 보편적인 남성 문화라는 점을 다시 한번 확인시킨다. 여성의 몸 이미지는 인터넷상 너무 흔하므로 특별히 죄책감을 느끼지 않아도 되는 것이며 컴퓨터상에서는 누구나 '하고 싶은 일을 다 할 수 있다'라는 인식으로도 이어진다.

> 인터넷을 자주 사용하는 사람들은 강씨에게 동조한다. 강씨에 대한 경찰의 수사 사실이 보도된 직후 컴퓨터통신에 게재된 몇 가지 코멘트. "이상하다… 넷(인터넷)을 통해 언제든지 쇼킹한 사진을 볼 수 있는데 이런 누드 사진(포르노가 아님)을 올렸다고 경찰에서 수사라…." "이승희 사진 본 사람 다 알지만 예술적인 누드 사진 정도를 가지고… 무서워 살지도 못하겠군." 그래서 강씨는 처음 경찰에 출두할 때만 해도 '당당히 입장을 밝히겠다'는 마음이었다고 한다. (오병상, 1997. 2. 15)

온라인에서 여성은 남성에게 성적 대상으로만 존재하는 한편, 페미니즘과 페미니스트에 대한 공격도 확산되어 갔다. 대중문화에서 새로운 여성 재현이 증가하고, 온라인 공간에서의 여성운동도 가시화되면서 페미니즘 전반에 대한 백래시backlash도 형성되었다. 〈종합병원〉의 중성적 스타일의 의사 신은경, 〈결혼이야기〉, 〈마누라 죽이기〉, 〈총잡이〉 등을 포함해 1995년 일명 '래디컬(급진) 페미니즘' 영화로서 〈무소의 뿔처럼 혼자서 가라〉, 〈개같은 날의 오후〉, 〈누가 나를 미치게 하는가〉 등 "남성 중심의 사회를 신랄하게 풍자해 놓은 영화"들이 개봉되어 여성에게 인기를 끌었다(최병준, 1995. 10. 26). 이 영화들은 "남성에 짓눌려 억울하게 살아가는 여성의 슬픔"을 부각하는 1970년대 방식의 페미니즘 영화와 달리 "남성들에 맞서 통쾌하게 싸우는 것이 큰 차이점"이다(최병준, 1995. 10. 26). 이러한 영화에 대한 여성들의 반응은 "단연 뜨거웠"는데 〈무소의 뿔처럼 혼자서 가라〉 제작사에는 여성들로부터 500여 통의 격려 편지가 왔다. 여성주의 평론가들도 "여성 본연의 심층을 다루고" 있으며 "성을 상품화한 기존 영화보다 훨씬 건전하고 바람직한 경향"이라고 호평한 반면, 남성들의 반응은 "모든 남자는 문제가 있다거나 여성을 희생자로만 보고 있다"는 점에서 "그렇잖아도 약해진 남성상이 도를 넘어서 왜곡되고 있다는 불만"으로 터져 나오기도 했다(최병준, 1995. 10. 26).

한편 PC 통신 및 인터넷은 여성 운동의 새로운 공간이 되었다. 여성학계에서도 정보화를 다루어야 한다는 진지한 고민과 함께 여성 문제와 관련한 동호회들이 PC 통신상에 둥지를 틀기 시작했다. 하이텔 '페미니스트의 천국,' 천리안의 '여성학 동호회,' 나우누리의 '생의 한가운데' 등은 여성학 이론의 문제나 최신 이슈를 여성의 관점에서 접근하는 여성주의 동호회였다. 그러나 1999년과 2005년 군 가산점제와 호주제가 폐지되면서 관련 운동을 조직적, 개인적으로 해 온 여성 운동가들은 살해 및 강간 협박, 성적 이미지 전송, 사이버 스토킹 등 사이버 성폭력 피해를 겪었다. 한국여성단체연합, 한국여성민우회 등의 홈페이지는 "남성 네티즌들의 집중 공격"으로 게시판을 폐쇄하기도 했다(이태희, 2000. 1. 10). 특히 의견을 게시한 이들에게 남성들은 여성 비하 욕설과 성적인 표현, 협박 및 욕설 등을 담은 조직적인 폭탄 메일을 보내 "여성들은 참여할 엄두도 내지 못하게" 만들었다(이태희, 2000. 1. 10). 사이버 공간은 "여성을 단지 성적인 대상으로 바라보고 말을 함부로 하는 경향"이 있으며 현실보다 "더 폭력적인 공간"이 되었다(이태희, 2000. 1. 10). 한국여성민우회는 "사이버 성폭력 추방 운동"을 검토했으며 각 대학 여학생위원회는 여학생들의 인터넷 사용을 늘리기 위해 여학생 대상 컴퓨터 통신 교육에 나서

기로 했다(이태희, 2000. 1. 10).

이러한 사례들은 가부장적 국가 제도에 문제를 제기하는 여성주의 집단을 테러하는 군필 남성 집단을 가시화했다. 사이버 성폭력은 여성들을 성기와 관련해 비하하는 표현, 욕설, 성적 대상화 등으로 나타나 주로 여성을 대상으로 하는 성적인 위협 표현이었다. 당시의 한 기사에 의하면, 이러한 공격을 주도하는 이들은 "사이버 마초"인 "20대 전후 인터넷 중독자"로 "가상 공간의 특성인 익명성과 비대면성을 악용"해 신분을 감추고 폭언, 욕설의 배설 방으로 인터넷을 활용한다(홍대선, 2001. 4. 25). "여성부와 각종 여성 운동 단체의 인터넷 사이트에 글을 올리는 마초들은 '타도페미'부터 '아저씨,' '군필자,' '마초'에 이르기까지 남성임을 드러내거나 반페미니즘을 상징하는 이름을 사용"한다(홍대선, 2001. 4. 25). 사이트 운영자들이 삭제 등으로 응수하자 '사이버 마초들도 진화'하는데, "성폭력적 내용을 담더라도 제목 따위를 교묘히 위장"하거나 "직설적 욕보다는 여성 비하의 은어를 적절히 섞어" 논점을 풀어간다(홍대선, 2001. 4. 25).

이같이 온라인에서 여성은 성적 매력을 가진 '예쁜 여자' 혹은 타도되어야 할 공격 대상인 '페미니스트'로 존재했다. 2000년대 초반부터 개념화된 사이버 성폭력은 여성을 대상으로 한 젠더 폭력의 특징을 보이며, 군 가산점제, 호주제 폐지 등의 가부장적 법체계 폐지와 관련해 여성 단체를 공격하고 단체 회원들의 신상을 공개하거나 성적 위협을 하는 식의 특성을 보였다. 여성은 온라인에서 공개적으로 의견을 표출하는 데 부담을 느꼈으며 점점 더 폐쇄적이고 '안전한' 공동체를 만들어 갔다(김수아, 2015).

또한 사적인 성관계 이미지의 비동의 유포 사례가 인터넷을 통해 무차별 확산하면서 모두가 보아야 할 대중적 콘텐츠로 떠올랐다. 이러한 영상들을 단체로 소비하면서 누구도 죄책감을 느끼지 않는 '둔감한 집단 관람'의 문화가 구성됐다. 인터넷은 익명성의 공간으로 누구나 본능에 충실한 어떤 행위든 할 수 있는 자유로운 공간으로 담론화되는 가운데, 성 표현물에 대한 불규칙적이고 원칙 없는 수사와 만연한 성 표현물 공유의 문화는 인터넷상 음란물 규제를 운이 없어 걸린 경우이자 국가 검열의 희생자 이슈로 해석하게 했다. 보다 사실적인 자극과 현실의 여성의 몸, 성관계, 분절된 이미지 등이 상업적 이익과 주목, 남성 문화의 공통 화폐로 굳건히 자리 잡아 갔다.

2. 기술 발전과 성 표현물 유통의 다변화

2000년대는 인터넷 문화가 고도로 발전하면서 다양한 형태의 서비스가 새롭게 등장했다. 성 표현물의 제작, 유통, 소비가 디지털 환경에서 더욱 손쉬워졌으며, 인터넷 기술 진화는 인터넷 콘텐츠를 '소비'하는 일반 대중까지 제작에 참여할 수 있게 했다. 이로써 성 표현물의 제작/유통/소비와 놀이/폭력 간의 경계가 사라지게 되었다(김소라, 2018). 직접 인터넷에 유통하려는 의도로 제작하는 사례 말고도 보통의 네티즌이 인터넷상 성 표현물 유통이라는 생태계에 기여하는 상황은 다양한 맥락에서 이루어졌다.

P2P와 웹하드: 제작–유통–소비라는 생태계

P2P(peer-to-peer)는 인터넷에 접속한 네티즌 개개인의 PC를 직접 검색해 저장된 자료를 일대일로 주고받는 방식이다. 이는 인터넷상 정보를 검색 엔진 등을 통해 찾는 수직적 방식과 달리 네트워크에 연결된 모든 PC로부터 수평적으로 정보를 받고 검색하고 다운로드한다. 이론적으로는 인터넷에 접속해 있는 모든 사람의 PC에 있는 파일과 데이터 등 모든 자료에 접근하는 것이 가능하다. 2000년대 대중화된 P2P 방식의 파일 전송 및 공유 서비스는 용산, 청계천 상가를 직접 찾아가거나 CD롬 형태의 음란물을 택배를 통해 전달받는 단계를 없애고, 네트워크상에서 업로드와 다운로드를 수행하는 방식을 가능하게 했다. P2P의 자동적이고 동시적인 업로드/다운로드는 성 표현물의 의도적, 비의도적 유통과 공유에 일반 네티즌들이 가담하는 생태계를 구성해 왔다.

> 최근 통계에 따르면 P2P에서 유통되는 동영상 콘텐츠의 90%가 포르노물이었다. '어린이'나 '아동'이라는 검색어만 입력하면 세계 각국에서 만들어진 아동 포르노를 손쉽게 접할 수 있다. 모든 네티즌을 '범죄 콘텐츠'의 잠재적 공급자로 만들고 있는 셈이다. (이진경 외, 2008. 7. 18)

P2P 환경은 개인이 다운로드받은 영상물을 또다시 유통되게 하며 수많은 컴퓨터의 '연결성'은 특정 영상물의 걷잡을 수 없는 유포를 가능케 한다. 따라서 다운로드 또한 성 표현물 생태계에 기여하는 방식이 된다. 직접 제작하지 않아도 개인이 다운로

드만 해도 일차적으로는 음란물 수요를 만들어 내 공급 또한 끊기지 않게 하는 원인이 된다. 웹하드와 P2P는 실명이나 성인 인증이 필요 없거나 가입조차 필요 없는 경우가 많아 누구나 쉽게 음란물을 다운로드하고 유포할 수 있었다. 이러한 기술 환경은 웹하드와 P2P를 "성폭력 범죄의 비옥한 토양"으로 만들었다(이웅혁, 2010. 12. 10). 또 "과거 인터넷 유료 사이트"에서는 유통이 금지되었던 아동 포르노 등도 포르노 유통의 축이 "P2P로 옮겨 오면서" 이전과 같은 사이트의 "자발적 검열은 기대하기 어렵게" 됐다(이진경 외, 2008. 7. 18).

> 특히 컴퓨터 하드에 하위 폴더를 만들면서까지 아동 포르노를 체계적으로 수집한 정성현의 진술은 주목할 만하다. 구입 경위에 대해 그는 "인터넷에 들어가면 일대일로 데이터를 돈을 주고 받는 사이트가 있는데 성인물이 깔려 있어 내려받아 모아둔 것이다"라고 했다. 불법음란물 유통이 웹하드(P2P)에서 얼마나 쉽게 이루어지고 있는지의 실태를 잘 나타내는 대목이다. (이웅혁, 2010. 12. 10)

새로운 인터넷 서비스 환경은 아동·청소년이 실명 인증이나 다른 진입 장벽 없이 매우 손쉽게 다양한 음란물에 노출되도록 하고 있었다. 일반적인 "온라인 성인물"과 비교할 수 없는 '수간,' '그룹 섹스,' '몰카 비디오' 등의 '하드코어 포르노' 일색으로 '아동 포르노'물도 쉽게 검색된다. 수사 당국이 성인 콘텐츠의 '노출 수위'를 두고 옥신각신하는 동안 "하드코어 음란물이 청소년에게 전달"되고 있었다. 이러한 우려와 함께 수사 당국의 '음란물과의 전쟁' 선언은 환영할 만한 것이지만 "단속하기 쉬운 성인물"에만 "애꿎은 칼을 휘두른다"라는 지적도 있었다(성연광, 2005. 4. 8).

웹하드, P2P, 인터넷 게시판 등을 통해 이제는 기획 제작된 포르노그래피가 아니라 동료 여성, 학교 친구, 교복 입은 여학생, 길거리의 여성 등을 찍은 일상의 사진들이 포르노그래피와 유사한 성적인 목적으로 유통되기 시작됐다. 성인용 비디오의 판매 및 대여 규모는 점점 줄어들었는데, 그것은 "봇물처럼 쏟아지는 무료·염가의 온라인 포르노" 때문인 것으로 평가된다. 디지털 기술 발달로 시장에 등장한 다수 '아마추어 제작자'들이 인터넷을 통해 '직접' 공급에 나섰을 뿐 아니라 포르노라면 제작사나 배우에 "크게 신경쓰지 않는 소비자들의 취향도 한몫"했다. 성인용 웹사이트에는 대형 제작사의 '맛보기' 영상과 UCC를 포함한 20만여 개의 동영상이 올라와 있는 것으로 알려졌다(김외현, 2007. 6. 3).

2000년대 초중반 기사들에서 이미 "거리를 활보하는 불특정 여성들의 몸매를 찍은 사진이 인터넷을 통해 거래"되는 일이 비일비재해진 것을 확인할 수 있다. 이러한 이미지의 유통은 인터넷 동호회나 성인 방송을 통해 주로 이루어지다가 점차 이러한 사진들만을 전문적으로 등록해 유료화하는 사이트까지 생겨나기 시작했다. 현실의 여성을 몰래 촬영하고 이미지를 공유하거나 거래하는 '문화'는 젠더 기반 폭력의 범위를 확장한 한편으로, 이를 폭력이나 범죄로 인식하지 못하는 경우가 대부분이었다. 기술은 집단적 가해가 진화하는 데 활용되는 중요한 도구였고, 남성문화는 여성 도구화를 위해 기술과 법을 활용해 왔다. 예를 들어,

사진을 찍을 때 얼굴이 나오면 '초상권 침해'에 해당하므로 "얼굴을 피해 촬영하거나 모자이크 처리"하고 "음모 등이 드러나는 노출"은 음란과 관련한 법적 제재를 받을 수 있으므로 피하는 게 '요령'이다(유영규, 2001. 11. 21).

> 지난 98년 개정된 성폭력 특별법은 "타인의 신체를 그 의사에 반하여 촬영한 자는 5년 이하 징역, 1천만원 이하의 벌금에 처한다"는 규정을 두고 있지만, 촬영한 자에 국한될 뿐이고 인터넷 게재나 배포를 제한하지는 못한다는 것이 법조계의 공통된 해석이다. 결국 누군지 확인할 수 없는, 치마 속을 찍은 사진을 인터넷으로 배포하더라도 현장에서 걸리지만 않으면 아무런 문제가 없는 것이다. 사이버 수사대 한 관계자는 "음란물로 쉽게 지정할 수도 없고 초상권 침해로 다루는 것도 얼굴이 드러나지 않는 한 어렵다"고 밝혔다. (유영규, 2001. 11. 21)

카메라폰의 대중화와 이미지 중심 인터넷 문화가 정착되어 가면서 "스타킹을 신은 여인"이나 "몸매가 드러나는 옷을 입은 여성"을 대상으로 "장소나 시간을 불문"하여 길거리 등에서 익명의 여성을 촬영하여 온라인에 업로드하는 일종의 '문화'가 형성되었다. "필름 인화과정이 필요없는 디지털 카메라의 보급 확산"과 신체 일부에 대해 성적 애착을 느끼는 "페티시즘"의 분위기가 이러한 현상의 원인으로 지목되었다(유영규, 2001. 11. 21).

법은 새로운 기술을 활용한 행위를 범죄로 규정하는 것에 늘 뒤처지고 이를 악용해 새로운 가해 행위는 늘어갔다. 평범한 보통 여성의 이미지, 길거리나 지하철, 계단을 지나는 여성들의 신체 일부가 휴대가 간편해진 스마트폰 환경에서 점점 '성적인 페티시즘'의 목적으로 거대한 산업이 되어 왔다.

웹하드 카르텔과 헤비 업로더

P2P와 웹하드로 다양한 영상물의 대량 업로드, 다운로드가 활발해지면서 보통의 대중이 참여하는 포르노그래피의 유통, 소비 구조가 정착되기 시작했다. 웹하드는 "개인 또는 법인(단체 포함)의 컴퓨터 등에 저장된 저작물 등을 공중이 이용할 수 있도록 업로드한 자에게 상업적 이익 또는 이용 편의를 제공하는 온라인 서비스 제공자"임과 동시에 "개인 또는 법인(단체 포함)의 컴퓨터 등에 저장된 저작물 등을 공중이 다운로드할 수 있도록 기능을 제공하고 다운로드받는 자가 비용을 지불하는 형태로 사업을 하는 온라인서비스제공자"다(서승희, 2017). 웹하드는 성인 인증 절차를 생략하는 등으로 청소년의 진입을 용이하게 했고, 규제를 피해 가기 위한 검색어 장난 등이 하나의 놀이문화로 자리 잡게 했다. 업체들이 검색어 및 다운로드 제한 등의 필터링 기능을 설정한다 해도 그것을 피해 다른 검색어를 만드는 등으로 누구나 포르노그래피 세계에 진입할 수 있었다. 이용자들의 자발적인 업로드, 다운로드를 유도하여 운영되는 웹하드 업체들이 "느슨한 필터링 기능"을 작동시키는 것은 "단순한 실수"가 아니다(손수호, 2010. 1. 29). 이용자들의 자발적인 참여가 웹하드 자체의 이윤 구조기 때문이다. 경찰은 2010년 웹하드 업체에 대해 음란물 유포의 '방조죄'가 아니라 '유포죄'를 적용했다(손수호, 2010. 1. 29). 웹하드

대표가 직접 음란물을 올린 사실이 적발되거나 헤비 업로더를 방조 혹은 스카우트하는 데 적극 가담했기 때문이다(손수호, 2010. 1. 29).

일반 여성의 모습이 성적인 목적으로 유통되는 것은 이러한 행위를 유도하는 웹하드 등의 구조적 조건에 원인이 있다. 여성 이미지를 수십 장 업로드해야 무료 회원 자격을 부여하고, 회원이 되면 다른 회원이 제공한 여성의 이미지를 이용할 수 있는 사이트의 이용과 보상 조건은 수많은 남성이 오프라인에서는 여성 이미지를 수집하고, 이를 온라인에서 업로드하게 하는 방식으로 한국 인터넷 문화의 특정한 조건을 구성하는 데 기여했다. 여성의 이미지는 더욱 자극적인 성 쾌락 추구의 일환으로 하나의 거대한 산업이 되어 갔다.

이 과정에서 일본 AV(Adult Video)를 다량 업로드한 헤비 업로더 일명 '김본좌'가 2006년 체포됐다. 그는 대한민국에서 유통되는 일본 음란물의 70% 이상인 2만여 편을 공급한 것으로 알려졌다. 체포 소식이 전해지자 '김본좌'는 포털 사이트의 실시간 검색어 1순위로 올랐고 추모 카페가 만들어졌다. 온라인에서는 근조 리본을 달면서 그의 체포를 아쉬워했다. 많은 기사도 "누가 '김본좌'에게 돌을 던지겠느냐"며 동조했다(이재훈, 2006. 10. 25). 김본좌는 체포 후 집행유예를 선고받아 평범한 일상으로 돌아간 것으로 알려졌다. 김본좌는 "네티즌들을 고소하고 처벌하더라도 음란물 유통은 계속될 것"이라고 주장하며 "많은 사람들이 음란물을 찾기 때문"에 이를 근절하기 어렵다고 발언했다(김득균, 2009. 8. 22). 그의 예언대로 '김본좌를 능가하는 음란물의 황제'도 곧 경찰에 붙잡혔는데, 정 모씨(26)는 "오피스텔을 빌려 컴퓨터 6대로 해외 P2P 서비스를 통해 내려받은 외국 음란 동영상 2만 6000여 편을 음란물 인터넷 사이트 6곳에 업로드, 1000만 원 상당의 부당이득을 챙긴 혐의"로 구속되었다. '김본좌'가 호기심으로 음란 영상을 유포하던 중 인터넷 업체와 결탁해 돈벌이를 한 것에 비해, 신용불량자인 정 씨는 처음부터 '업로드 공장'을 마련해 "생업으로 업로드"를 한 것[25]으로 알려졌다(박인옥, 2009. 10. 25).

인터넷 이후 음란물의 유통을 주도한 남성 가해자의 평범함, 가정환경, 생계 곤란, 후회 등의 서사는 이러한 일이 인터넷 환경에서 누구나 호기심에 의해 시작할 수 있는 일이라는 공감을 전제한다. 또, 인터넷에서 음란물의 유통이 평범한 사람도 돈을 벌 수 있는 사업으로 부상했음을 드러낸다.

웹하드 업체가 이러한 성 표현물 유통에 적극적인 참여자라는 점도 드러났다. 국내 업체들이 김본좌에게 돈을 주고 서로 스카우트까지 하는 등 전문 업로더를 관리하는 방식으로 음란물 유통에 적극 관여했다는 것이다.

> 실명 및 성인 인증 없이 회원 가입을 할 수 있는 파일공유 사이트를 개설한 후, 전문 업로더와 수만 명의 회원을 둔 음란물 카페 운영자를 고용, 음란물을 업로드하게 하고 휴대전화 소액결제 등

25 정 씨는 경찰 조사에서 "경제적 사정이 좋지 않은 상황에서 조모가 병에 걸려 입원하자 생계를 위해 이런 짓을 저지른 것이다. 매우 후회하고 있다"라고 진술한 것으로 전해졌다(박인옥, 2009. 10. 25).

의 방법으로 수십억 원의 부당 이익을 취하는 방식이다. 전문 업로더에게는 음란물 결제 포인트의 10%를 환전해주면서 관리했다. (이웅혁, 2010. 12. 10)

처벌 수준도 매우 약했다. 2005년 443명, 2006년 490명, 2007년 497명이 음란 동영상 유포 혐의로 재판에 넘겨졌으나 대체로 집행유예나 벌금형이 선고되었으며 실형은 극히 드물었다. 1심에서 실형이 선고된 경우는 2006년과 2007년에는 5명, 2008년에는 12명으로 나타났다. 대법원은 "성행위를 묘사한 동영상이라도 사람의 존엄성을 훼손했다고 볼 수 있을 만큼 노골적인 방법으로 성행위를 보여 주거나 직접적 성기 노출이 없었다면 형사법상 규제 대상이 되는 음란물로 보지 않는다는 기준을 세웠다"라고 판결했다(정재영, 2008. 9. 16). 법원은 영상물의 성기 노출 여부, 성행위를 보여 주는 방식의 노골성 등을 음란물로 판단한다는 것이다.

개인이 웹 서버를 통하지 않고 직접 연결돼 파일을 공유하는 P2P 방식 서비스가 경쟁이 치열해지면서 일부를 유료화하고 프리미엄 회원에게만 빠른 전송 속도를 제공하는 등으로 차별화한 '토렌트' 방식 서비스가 등장했다. 이른바 '야동'의 주 출처는 웹사이트에서 P2P, 토렌트로 이어졌다. 토렌트 또한 성인 인증이나 결제 절차가 없이 누구나 쉽게 음란물을 접할 수 있는 통로였다. 유해사이트를 관리하는 방송통신심의위원회는 사이트 자체를 폐쇄할 수는 없고 국내 인터넷 회선 사업자에게 요청해 국내 접속을 차단할 뿐이다. 다양한 방식으로 우회 접근을 하는 방식이 공유되면서 이러한 차단 조치 또한 쉽게 무력화된다.

> 토렌트는 수많은 이용자들의 컴퓨터에 동일한 음란물이 존재할 경우 파일을 부분적으로 여러 명에게 전송받을 수 있다. 특정 파일의 코드는 '마그넷 주소'라 불리며 이 주소를 확보하면 원하는 음란물에 접근한다. 토렌트는 원래 빠른 속도로 원하는 파일을 확보하기 위해 만들어진 방식이다. 하지만 현재 토렌트를 지배하는 콘텐츠는 음란물이다. 6일 기준으로 세계적으로 가장 유명한 마그넷 주소 공유사이트 bits****.com의 Top100 목록 중 1위는 한국어 파일명 '원정녀 17,19,20'이라는 음란물이다. 토렌트를 통해 유통되는 음란물의 규모는 파악되지 않을 만큼 '무한대'다. 6일 한 토렌트 사이트에서 검색어 '야동'으로 추출되는 마그넷 주소는 4200여 개에 달했다. 가학 성향 음란물도 상당수다. 키워드 '강간'으로 검색되는 음란물 마그넷은 2400여 개, '성폭행' 300여 개, '강제' 1200여 개 등이다. 미성년 음란물도 검색어 '초딩' 270여 개, '중딩' 1400여 개, '고딩' 3000여 개였다. (최우영, 2012. 9. 7)

위의 기사를 보면 이미 P2P, 웹하드, 토렌트 등을 통해 유통되던 '음란물'이나 '야동'이 강간, 성폭행과 같은 성범죄와 미성년자의 성적 이미지 등을 포괄하는 것으로 나타난다. 이는 인터넷상에서 (주로 남성의) 성적 자극을 위해 사용되는 음란물이나 야동이 현실의 여성을 대상으로 한 다양한 성범죄의 촬영물과 구분 없이 유통되고 있음을 확인할 수 있다.

한편 2009년 8월에는 한국 인터넷 P2P 및 웹하드 사이트 사용자들을 대상으로 한 외국 포르노 업체가 저작권 소송을 제기한 바 있다. 박혜진(2011)은 이 소송이 음란물과 음란 행위로 이분화해 규율하던 기존 '음란성' 패러다임을 재고하게 하는 계기가 되었다고 분석한다. 해당 사건은 '웹하드를 통한 해외 음란물 공유'가 이미 한국에서 '불법'인 음란물의 저작권 침해를 처벌할 수 있는지, 기존의 '음란물'의 정의를 넘어선 사례가 등장하는 것을 어떻게 규제할 수 있는지 등의 문제를 제기했다. 사이버 공간에서 형법 제243조의 "문서, 도화, 필름 기타 물건"으로 정의된 음란물의 정의를 넘어서는 다양한 정보가 등장하게 되었기 때문이다(박혜진, 2011). 음란물의 정의를 넘어선 사례와 인터넷 기반 커뮤니케이션의 특징은 기존의 음란 법 체제에서 판단이 어렵게 만들었다.

소라넷과 포르노그래피라는 제도

2000년부터 언론 지상에 '소라넷'이라는 이름이 언급되기 시작했다. 해외에 서버를 둔 이 사이트는 기획 제작된 포르노그래피뿐 아니라 불법, 범죄로 담론화되기 시작한 일명 몰래카메라의 비동의 유포, 이른바 리벤지 포르노revenge porno[26]라고 불렸던 사

26 '연인 간 보복성 음란물'로도 불렸던 일명 '리벤지 포르노'는 2000년 무렵부터 부상한 새로운 유형의 영상물 사례로, 헤어진 연인에게 보복할 목적으로 유포한 사적인 영상물을 말하며 주로 여성이 피해자로 나타나는 젠더 폭력의 양상을 띤다. 가해자 중심의 '복수'라는 용어와 기획 제작된 '포르노'가 아닌 사적 영상물의 동의 없는 유포에 방점을 두고 2017년 여성가족부는 '리벤지 포르노' 용어를 퇴출시키고 '개인 간 성적 영상물,' '디지털 성폭력'으로 명명하기로 했다(이현주, 2017. 8. 14).

적 영상물의 비동의 유포 사례 등이 '국산 야동' 등의 이름으로 유통된 공간이다. 이러한 역사를 살펴보면 한국 사회에서 관련 사례들이 포르노그래피 소비문화의 하나로 별다른 문제의식 없이 유통됐음을 확인할 수 있다.

언론 보도 또한 해당 사안을 성 윤리와 도덕, 검열과 표현 자유의 대립 구도에서 다루어 왔다. 또, 서버를 해외에 두는 경우 처벌이 '불가능'하다는 점을 강조함으로써 '어쩔 수 없는 일'로 담론화하는 데 기여해 왔다. 소라넷과 관련한 보도는 이미 2000년부터 확인할 수 있다. 소라넷의 전신인 '소라의 가이드'는 2000년의 음란 사이트 순위를 매기는 미국 사이트에서 1,200만 건의 접속 건수로 아시아권 4위를 기록했다. 당시 이 사이트에서 한 30대 남성 회사원이 자신의 전 여자친구와의 성관계 동영상을 발견해 이를 제보한 데서 검찰의 수사가 시작되었다(〈한겨레〉, 2000. 4. 24).

2000년에 이미 '소라의 가이드'에서 지금의 디지털 성범죄의 유형인 성행위 영상의 비동의 유포 사례가 발생한 사실이 보도된 이후 소라넷이 폐쇄되기까지 근 20년이라는 세월이 걸렸다. 또한 해당 사이트가 세계적으로 순위권에 올랐다는 점은 인터넷상에서 한국 이용자들의 영향력이 매우 크다는 점을 드러낸다. 2002년 1월 검찰은 '소라의 가이드'를 포함한 해외 음란 사이트 57개를 추려 정보통신윤리위원회에 명단을 통보하고 단속에 나섰다. 이들은 IP 주소를 수시로 바꾸며 단속을 피했다.

2004년 소라넷에 대한 당국의 전격 단속 소식이 언론을 통해 전해졌다. 서울 강남경찰서는 국내에서 소라넷 운영 총책을 맡았던 임모 씨와 회원 63명을 입건하고 호주 체류 중인 사이트 대표 박모 씨(25) 등 4명을 조사하였다. 이들은 일본에 서버를 둔 소라넷의 광고 수입을 확장하고 회원 수를 늘리기 위해 접속자를 유료 포르노 사이트와 연결하는 등으로 음란물을 유포했다(《한국경제》, 2004. 6. 19). 또 검찰과 경찰은 사이트 운영자뿐 아니라 회선 임대, 배너 광고 대행 등의 업체 관계자들까지 기소했다. 관련 업체에는 카이스트 대학원생 등 병역특례자 15명이 포함된 것으로 나타났다. 이 업체는 소라넷과 1억 원의 계약을 맺고 포르노 사이트 제작을 위해 2002년 카이스트 출신 등 병역특례자 4명을 포함한 18명으로 '에스-프로젝트' 팀을 만들었다. 팀에 가담한 카이스트 출신 B씨는 "나쁜 일이라는 것을 알고 있었지만 회사 지시를 거부하면 현역으로 갈 수밖에 없어 어쩔 수 없이" 가담했다고 밝혔다(민동기, 2004. 6. 18).

> 경찰은 "○업체 등은 포르노사이트 제작을 돕는 것이 불법임을 알면서도 참여했다"며 "이들은 현금거래를 통해 정상 제작가의 몇 배를 더 받았다"고 밝혔다. 경찰 관계자는 "현재 1,000여개로 추산되는 포르노사이트 단속이 시작되면 사이트를 폐쇄한 뒤 다른 서버를 통해 사이트를 개설하는 방법으로 단속을 피해간다"며 "원천 봉쇄차원에서 일괄 처벌이 불가피하다"고 설명했다. 관련 업계는 "당국이 협력업체까지 단속한다면 국내 인터넷 포르노물 시장은 이를 합법화하고 있는 외국업체에 잠식될 수밖에 없다"고 주장했다. (김준일, 2004. 6. 19)

또 많은 사람이 자발적으로 참여하며 품평의 공동체와 문화를 구성해 왔다. 점차 배우자, 애인, 지인의 누드나 성행위 사진의 비동의 유포, 화장실 등에서의 불법 촬영 사례가 빈번하게 발견됐다. 이러한 행위는 누구라도 할 수 있는 행위고 일종의 문화였다. 주로 남성이 여성을 찍고 이것을 동의 없이 유포하는 경우가 많았지만, 간혹 돈벌이 때문에 합의하에 올린다는 예도 있었다. 온라인에서 일반인의 성관계 영상이나 여성의 이미지는 돈벌이 수단이 되었다. 소라넷이 아니더라도 '배우자나 애인의 나체 사진'을 '아내 갤러리'나 '여친 갤러리'에 올려 돈을 챙긴 사례가 적발되기도 했다(박효순, 2006. 8. 28).

> 이번에 입건된 41명의 회원 중에는 또 아내를 예쁘게 찍고 싶어 재미로 올리다가 거의 중독되다시피 한 30대 남자, 부부스와핑을 시도한 30대 남자, 20대 채팅남과 함께 사진을 찍어 올린 40대 주부, 여자친구의 음란사진을 올린 모 지방군수의 아들도 있다. 이들이 올린 음란사진은 대부분 외국 포르노를 모방한 장면이지만 리모컨을 이용해 아내와의 성행위 장면을 찍은 사진, 공공장소인 공원이나 야외에서 찍은 사진, 야외에서 여자 바바리맨의 모습으로 찍은 사진도 적지 않았다. (박효순, 2006. 8. 28)

소라넷은 소셜 미디어 시대가 되자 트위터를 통해 팔로워들에게 차단되지 않은 IP 주소를 실시간으로 공개했다. 소라넷 트위터는 김연아, 이외수에 이어 3위의 팔로워 수를 기록했다. 포털사이트에서도 '소라넷 접속 방법,' '소라넷 트위터' 등의 게시물들을 쉽게 접할 수 있다(《매일경제》, 2010. 4. 22). 소라넷에 대한 뜨거운 대중의 관심과 트위터를 통한 신출귀몰한 IP 주소 공개 등은 마치 소라넷이 국가의 '검열'을 피해 도망 다니는 문화의 수호자처럼 보이게 했다.[27]

27 2016년 〈연합뉴스〉는 소라넷 폐쇄 이후 다음과 같이 가해자 입장의 기사를 작성해 비난받고 기사를 삭제했다. "'식구'끼리니까 하소연 좀 해도 되지? 요즘 내가 참 힘들다. 알 사람들은 다 알거야. 최근 우리 사이트(소라넷)가 폐쇄된 거. (……) 리벤지 포르노, 강간 모의, 집단 성행위. 이 단어를 느꼈을 때 움찔했는가 아니면 친근함이 느껴졌나. 그렇다면 당신은 우리 고객임이 분명하다. 소라넷 운영자 A다. 아 부끄러워마라. 당신이 이상한 게 아니다. (……) 관음증, 일탈, 폭력 등 익명성 뒤에서 우리 회원들은 쌓아둔 것을 마음껏 발산하지."

4장

디지털화와 여성 일상의 포르노화

1. 스마트폰, 도시 공간, 그리고 여성

스마트폰과 소셜 미디어: 주목 경제와 새로운 사교 문화

2010년대 중요한 미디어 환경의 변화는 '스마트폰'의 등장으로 대표된다. 애플사의 스마트폰인 아이폰은 2009년 11월 한국에 상륙했다. 아이폰의 새로운 버전이 나올 때마다 각 국가의 애플숍 앞에 줄을 서는 사람들의 모습이 화제가 되기도 했다. 스마트폰은 이른바 '스마트 미디어 환경'을 구축하였는데, 이는 기존에 각 기기별로 흩어져 있던 다양한 미디어 유형을 '통합'한 것이다. 예를 들어, 스마트폰을 통해 우리는 음성 통화는 물론이고 동영상, 사진, 텍스트 서비스를 하나의 기기로 이용할 수 있게 되었다. 또 텔레비전, 라디오, 영화 등을 손쉽게 이용할 수 있게 되면서 스마트 미디어 환경이 구축되었다.

스마트폰이 대중화된 이후 포털 사이트의 카페, 블로그 중심의 인터넷 이용은 글로벌 소셜 미디어 중심으로 변화하였다. 다나 보이드danah boyd와 니콜 엘리슨Nicole Ellison(2007)은 소셜 네트워크 서비스라고 불리는 SNS가 '개인'이 공적public 혹은 반半공적인 프로필을 구성하여 인맥을 맺고 그들을 분류하며, 인맥을 맺은 다른 이용자들의 리스트를 볼 수 있고 횡단할 수 있게 하는 웹 기반 서비스라고 설명한다. 이러한 특징은 개인을 보다 공개적인 공간에서 활동하게 하고, 온라인과 오프라인 자아 사이의 '일체감'을 높이며, 개인이 팔로워 중심의 인맥을 바탕으로 친교 및 명성을 형성하게 한다는 특징을 갖는다. 점차 미디어 생태계가 진화하면서 개인은 자신의 프로필을 기반으로 자신을 드러내고 '보이게 하기 위한’ 가시성 노동visibility labour(Abidin, 2016)을 수행하면서 기업가적 자아로서 자신을 “셀프 브랜딩”(임명빈 · 김수정, 2018)한다.

스마트폰과 소셜 플랫폼 중심의 미디어 환경은 디지털 경제의 운영 논리로서 주목 경제attention economy[28] 개념을 보다 확장해 왔다. 마이클 골드하버Michael Goldhaber(2006)는 주목 경제의 개념을 제시하면서 인간의 주목의 총합이 필연적으로 제한되어 있고 따라서 희소하다scarce고 주장했다. 방대한 양의 측정 가능한 정보에 인간의 한정된 주목 자원을 전부 기울일 수 없는 상황이 발생하는 것이다. 미디어 서비스의 발전은 주목 자원에 대한 경제적 접근뿐 아니라 인간의 주목을 끄는 플랫폼의 기술적, 자동적 방식과 인간 존재의 역동적인 상호 작용에 주목하게 한다. 티지아나 테라노바Tiziana Terranova(2012: 2~3)는 주목이 디지털 미디어의 ‘주목 아상블라주attention assemblage’가 측정의 자동화된 형식(클릭, 다운로드, 좋아요, 보기, 팔로워, 공유 등)을 가능하게 하여 시장화marketization와 금융화finacialization로 나타난다고 보았다. 하대청(2022: 149)은 오늘날 디지털 경제에서 인간의 주목이 확보 경쟁의 대상이 되는 경제적 재화일 뿐 아니라 통치적 실행 대상으로 “인간의 몸, 물질적 기술과 사회적 맥락이 매개한 결과물”이라고 주장한다.

이러한 논의는 2010년대 스마트폰 환경과 개인 프로필 기반

28 attention economy는 한국에서 주목 경제, 관심 경제, 주의 경제 등으로 번역되어 왔다. 주목, 관심이 온라인에서 가시성을 획득하는 것을 주요 원리로 삼는 산업적 측면을 강조한다면, 주의(하대청, 2022)는 수용자의 분산된 수용 및 인지 능력을 강조하는 경향이 있다.

의 소셜 미디어 환경이 콘텐츠의 생산/유통/소비에 있어 보다 체화된embodied 경험을 유도한다는 점을 설명한다. 소셜 미디어에서 사람들의 주목을 끌기 위한 콘텐츠로서 여성의 몸은 플랫폼의 다양한 자원에 접근하도록 하는 수단이었으며, 문화적 차원에서도 새로운 방식의 사교 문화phatic culture(Miller, 2008)를 독려했다.

디지털 사교 문화는 여성의 '몸' 이미지를 통해 내적인 일체감과 소속감을 강화해 왔다. 내용이나 의미가 있는 텍스트를 담고 있지 않더라도 밈이나 짤로 대신하는 '스몰 토크'가 서로 연결되었다는 현존감을 확인하는 '의례'가 된다. 도시 공간에서 물리적 이동 중에 만나게 되는 여성의 일상은 손쉽게 거의 실시간으로 품평과 감상의 대상이 되었다. 공유와 품평을 통한 특정 집단의 의례에서 누군가는 사회적 명성을 잃고 주목의 대상으로만 부유하게 되었다.

모빌리티 환경과 잠재적 포르노 대상으로서의 여성

스마트폰의 대중화는 다음과 같은 영향을 주었다. 첫째, 카메라폰의 성능 향상과 더불어 이동 환경에서 시각적 이미지 채집을 일상화했다. 둘째, 소셜 미디어 서비스 등 다양한 미디어 형식을 융합했다. 셋째, 업로드, 다운로드, 실시간 스트리밍 등의 기술적 기반이 구축되면서 스마트폰의 이미지를 즉각적으로 대중과 공유할 수 있게 되었다. 이러한 점은 스마트폰이 도시의 이동 환경에서 미디어로서 역할을 수행할 수 있게 되었다는 점을 의미한다.

이러한 미디어 환경은 여성 일상의 포르노화를 유도한 배경이 되었다. 모든 일상은 수집과 전시의 대상이 되었지만, 특히 여성의 시각적 재현 방식과 감상의 역사에서 스마트폰은 길거리의 모든 여성을 잠재적 포르노그래피의 대상으로 포착하는 도구가 되었다. PC 통신과 인터넷을 통해 형성된 특정한 문화적 양식으로서 밈은 여성 연예인 등 알려진 여성의 이미지로 재구성되는 것뿐 아니라 현실의 여성을 대상으로 한 몰래 촬영[29]이나 합성물을 공유하는 방식으로 이어졌다. 수영장, 해변 등에서 수영복을 입은 여성을 촬영하는 것도 일반의 문화가 되었다.[30]

또한 콘텐츠의 'DIY 문화'가 가능해졌다. 간편해진 촬영, 편집, 업로드/다운로드 기술이 가능해지면서 누구나 어느 정도 품질을 가진 콘텐츠를 만들 수 있게 되었다. 유튜브 등의 동영상 플랫폼이 인기를 끌기 시작했는데, 이를 통해 무명의 개인이 세계를 향해 재능을 자랑하고 일약 스타가 되는 사례가 등장했다. 또 중요한 것은 이러한 소셜 플랫폼에서 유명인이 되는 개인이 광고나 후원을 통해 수익을 실현하고 근대적 의미의 직장을 중심으

29 몰래카메라 혹은 '몰카'는 명칭이 갖는 가벼운 이미지 때문에 범죄의 심각성을 약화시키고 장난으로 치부하게 하는 효과를 갖는다. 따라서 불법 촬영으로 바꿔 부르도록 제안되었다. 불법 촬영은 촬영의 불법성을 강조하기 때문에 여기서는 상대방이 '모르게' 찍는다는 것을 포괄하는 의미로 몰래 촬영이라는 표현을 사용한다.

30 남성은 "호기심에서 사진을 찍었고, (비키니 입은 여성을 촬영하는 것이) 죄가 되는 줄 몰랐다"고 말하며 선처를 호소했지만, 성폭력범죄의 처벌 등에 관한 특례법에 따라 불구속 입건됐다. (……) 처벌 기준은 피해자의 의사다. 피해자가 원치 않는 사진이거나 성적 수치심을 느낀 경우에는 처벌 대상이 돼 형사처벌을 받을 수 있다. (……) 해수욕장이나 워터파크 등에서 비키니 수영복을 입은 여성을 '몰래' 촬영하면 법에 저촉돼 처벌을 받을 수 있다는 사실에 대해 네티즌들은 상반된 입장을 내놨다. 특히 남녀의 입장차가 심했다. (하수영, 2015. 7. 29)

로 한 노동의 의미를 해체하는 '기업가형' 노동의 문화를 만들어 낸다는 것이다.

이는 이미 30년에 걸쳐 형성된 전 지구적 플랫폼화의 구축과 연관된다. 단일한 네트워크와 호환 시스템을 통해 정보는 글로벌 망을 통해 자유롭게 움직일 수 있게 되었고, 그러한 과정에서 인기를 얻은 개인은 어마어마한 부를 창출할 수 있게 되었다. 그러나 이러한 부는 여성의 몸을 이미지화한 다양한 사례에 의해 더욱 빨리, 광범위하게 축적되는 경향을 보였다. 이미 확인해왔듯이, 인터넷 초기부터 이미 여성의 몸 이미지는 거대한 문화이자 산업으로 구축되었다.

여성의 몸 이미지는 주로 선정적이고 음란한 것으로, 특정 연령이나 대상에게는 부적절한 정보로 간주되고 규제되어 오기도 했다. 스마트폰 환경 이후에도 미디어의 새로운 특성은 새로운 성적 자극을 구성하는 데 활용되었다. 아이폰 출시 이후 페이스타임으로 포르노 모델과 실시간 일대일의 대화를 나눌 수 있는 서비스, VR로 만들어진 실감 나는 포르노그래피의 실험 등 새로운 기술의 실험은 여성을 성애화하는 자극과 관련하여 이루어졌다. 포르노그래피는 기술 기업이 표면적으로는 엮이기 두려워하는 이슈지만 실제 산업적 영향력을 확장하는 데는 큰 도움이 된 '장르'로 여겨진다. 1970년대 VCR 수요를 늘게 하고, DVD 수요가 폭발적으로 늘어나게 한 것도, 온라인 신용카드 결제가 보급된 것도 포르노그래피의 덕분으로 "섹스 산업이 첨단 기술의 발전을 초래한다는 것은 부정할 수 없는 사실"로 여겨진다(송혜민, 2010. 8. 2).

2. 디지털 성폭력의 사회적 발견과 불법화

기술의 진화와 기술 매개 성폭력

한국 인터넷 공간이 성별에 따라 분리된 방식으로 조성되어 온 원인은 여성적, 남성적으로 여겨지는 취향의 분화에 따른 것이기도 하지만, 인터넷 초기부터 조성되어 온 여성 혐오에 따른 결과물이기도 하다(김수아, 2011: 121). 인터넷에서 여성에 대한 성적 모욕과 위협 등의 사이버 성폭력을 피해 여성은 '안전한 공간'을 추구해 왔다. 이에 따라 폐쇄적인 가입형 커뮤니티 형태의 여성 공간을 조성해 온 결과가 온라인 공간의 성별화로 나타났다는 것이다. 이는 여성의 목소리가 공개적인 공간에서는 잘 들리지 않는 원인이 되었다(김수아, 2015: 290).

2000년을 전후해 사이버 성폭력, 사이버 성희롱 등으로 다뤄진 사례들은 온라인에서 여성이라는 정체성이 드러나는 순간 여성에게 성적 메시지나 이미지를 보내거나 신상 정보를 유출하는 유형에서부터 여성에 대한 폭력, 살해 위협, 강간 위협 등으로 나타난다(이미경, 1999: 78; 이설희 외, 2020). 2000년 제정된 사이버범죄특별법은 인터넷으로 음란한 표현이나 이미지를 보내며 상대를 괴롭히는 사이버 성폭력과 잘못된 신상 정보를 유포시키는 등의 사이버 범죄를 단속하려는 취지로 제정되었으며(《국제신문》, 2000. 3. 17), 정보통신부는 사이버 공간에서의 성폭력 피해자를 보호하고 올바른 성 윤리 및 건전한 정보통신 이용 문화를 조성한다는 취지에서 '사이버성폭력신고센터'를 설치하였다(박창신, 2000. 3. 23).

2000년대 초반 이메일을 통해 여성에게 음란한 내용을 보내거나 채팅 사이트에 여성의 휴대폰 번호를 올리는 수법은 주요한 사이버 성폭력의 유형이었다.[31] 또 여성 청소년을 대상으로 한 성 범죄가 인터넷을 매개로 이루어져 사회적 우려를 낳았다(조현철, 2000. 5. 24). 사이버 성폭력의 사례는 명예훼손 등으로 처벌받기도 했으나 IP 주소 확보가 어렵거나 증거 부족 등으로 가해자 처벌이 어려웠다. 온라인을 매개한 성범죄는 '신체적 접촉'이 부재하다는 이유로 심각하게 받아들여지지 않기도 했다. 신체 접촉 여부는 오랫동안 성범죄 판단의 중요한 기준으로 작동해 왔다. 2008년에는 화상 채팅을 하면서 10대에게 옷을 벗게끔 한 사건이 성적 착취로 처음 인정되었다.

> 2008년 8월에는 사이버 상에서 30대 남성이 10대와 화상채팅을 하면서 옷을 벗게 한 사건에 대해 신체적 접촉이 없이 옷을 벗겨도 '성추행에 해당한다'는 첫 판결이 나왔다. 이에 대해 30대 남성은 징역 1년 6월에 집행유예 3년을 선고받았지만 "이씨가 잘못을 반성하고 있고 피해자 측과 합의가 이뤄진 점을 감안해 보호관찰 1년과 사회봉사 120시간을 더불어 양형"했다. (《전자신문》,

31 부산경찰청 수사과는 17일 부하 여직원의 이름으로 인터넷 사이트에 '계약동거를 하고 싶다'는 글을 올려 수치심을 유발한 혐의(명예훼손 등)로 모선박회사 직원 이모(28. 부산 사상구 주례동)씨에 대해 구속영장을 신청했다. 경찰조사결과 이씨는 여직원 김모(23), 진모(24)씨가 자신을 무능하다고 말하는데 불만을 품고 채팅사이트인 러브클럽 게시판에 '혼자 자취하는 직장여성입니다. 남성들은 언제라도 연락 부탁드립니다'라는 문구와 함께 김씨와 진씨의 휴대전화번호를 올려 김씨 등이 수백통의 음란전화를 받게 한 혐의다. (배재한, 2000. 5. 18)

2008. 8. 13)

2010년대 스마트폰 대중화를 포함한 모바일 테크놀로지 발전, 실시간 전송 기술의 발전, 소셜 미디어 대중화 등은 여성을 대상으로 한 다양한 신종의 '기술 매개 성폭력'의 방식으로 이어져 왔다. 기술 매개 성폭력(Technology-Facilitated Sexual Violence: TFSV)의 개념은 니콜라 헨리Nicola Henry와 아나스타시아 파월Anastasia Powell(2018)이 제시한 것으로, (1) 온라인에서의 성적 괴롭힘, (2) 젠더 및 섹슈얼리티 기반의 괴롭힘, (3) 사이버 스토킹, (4) 이미지 기반 성 착취, (5) 공격을 영속화하기 위한 서비스를 이용 혹은 원치 않은 성관계를 강제하는 등의 사례를 말한다. 특히 이미지 기반 성 착취image-based sexual abuse는 스마트폰 대중화 이후 한국뿐 아니라 전 세계적으로 나타나는 새로운 유형의 젠더 폭력 양상으로 나타났다.

상시적 연결 가능성과 촘촘한 네트워크화, 카메라와 소셜 미디어 등을 포함하는 스마트폰 환경의 구축은 도시 공간의 다양한 공적(길거리, 지하철, 버스 등) 공간과 사적(화장실, 목욕탕, 사우나, 탈의실 등) 공간에서 불특정 다수의 여성을 대상으로 한 불법 촬영으로 나타났다. 이는 성관계나 여성의 나체 이미지를 촬영해 유포하거나 유포를 협박하는 방식의 신종 범죄로도 이어졌다. 개인이 창작자, 유통자가 될 수 있는 새로운 '참여 문화'가 빠르고 광범위한 확산성과 실시간성을 갖게 되면서 언제, 어디서든 여성을 대상으로 한 촬영과 편집, 유포가 전 지구적 수준에서 가능해졌다. 이와 같이 기술의 발전은 여성에 대한 성적 모욕을 온오프라인을 넘어 확장시켰으며, 여성의 일상에 침투해 왔다.

이러한 기술의 발전은 여성 일상의 포르노화로 이어졌다. 그러나 이는 단순히 기술 발전에 의해 자연 발생한 것이 아니다. 다양한 연구들은 기술과 남성 중심 문화가 어떻게 온라인에서 여성의 이미지를 성적 대상으로 부각시켜 왔는지 보여 준다. 특히 이지은(2020)은 구글 등의 글로벌 검색 엔진 환경에서 '길거리' 검색어가 불법 촬영된 길거리상의 한국 여성들의 이미지로 나타나며 그것이 알고리즘을 훈련시키는 대중에 의해 구성된 것임을 보여 준다. 공중화장실, 지하철, 직장, 집, 침실 등에서의 여성 일상도 포르노로 유통된다. 혜화역 시위의 주요 슬로건인 "나의 일상은 너의 포르노가 아니다"는 일상이 보통의 남성들에 의해 포르노로 제작, 유통, 소비되고 있는 오늘의 기술 환경을 지적한다. 스마트폰의 카메라를 통해 길거리, 화장실, 지하철, 집 등을 가리지 않고 촬영, 제작되는 여성 일상의 이미지는 실시간으로 업로드, 다운로드되어 '길거리'를 한국 여성의 성애화된 이미지로 도출한다. 문화와 기술이 합작으로 형성하는 '여성 혐오'의 실제화가 디지털 성폭력의 글로벌 유통과 같은 결과로 나타났다.

이나영과 정지혜(2019)는 성매매 알선, 후기 포털 사이트 사례 분석을 통해 정보 통신 기술 발전과 자본주의 변화 양상이 성매매-음란물-성폭력 간 관계를 변화시킨다고 지적한다. 남성의 개입과 지지로 만들어지는 이윤 창출의 연쇄 고리 속에서 여성은 육체적, 성적, 감정적으로 착취되어 불법 촬영 및 신상 노출 등의 폭력에 시달리고, 여성 혐오와 성매매, 음란물, 사이버 성폭력이 매우 연쇄적인 연결의 장에서 출현하고 있다. 이러한 논의는 여성 일상의 포르노화가 이러한 성 산업과의 연관성 속에서 유통, 소비된다는 점을 적나라하게 드러낸다.

이러한 기술 환경이 조성된 이유는 다음과 같다. 첫째, 인터넷 산업을 좌우하는 주요한 권력자 집단과 이용자들의 인구학적 동질성에 기인한다. 특히 기술 기업의 개발자 집단이나 관리자 집단 대부분은 사회 주류 엘리트 남성의 특징을 띤다(Gillespie, 2018). 이 인구학적 동질성은 온라인에서 무엇을 왜 지워야 하고 남겨야 하는지, 어떤 이용자의 경험과 감정이 우대되는지 등을 고려할 때 드러난다. 기술 기업의 구성원뿐 아니라 기술의 이용자 집단 또한 대다수 남성이라는 점은 여성과의 관계에 있어서 매우 동질적인 사고를 바탕으로 한 문화를 형성해 왔다.

이러한 동질적 구성원에 의한 동질적 사고 바탕의 인터넷 문화는 지식과 정보의 생산 과정에서도 '편향성'을 드러낸다. 이지은(2020: 40)은 구글의 '길거리' 검색에서 한국 여성의 몸이 "관음증적 응시의 장소로 명명"되고 있으며 "디지털 이미지를 공유, 향유하는 남성 인터넷 문화에서 구체적인 여성의 몸이 착취되고 타자화되는 방식"을 볼 수 있다고 주장한다. 김수아(2020)는 지식의 집단 생산 구조 플랫폼으로 '위키' 서비스를 주목하며 나무위키의 페미니즘 관련 문서의 담론과 논증 구조 분석을 통해 지식 생산 맥락이 성별 중립적이지 않음을 보여 주었다. 또한 김수아와 김세은(2016)은 페이스북의 여성 혐오 페이지를 분석하여 '좋아요'를 통해 매개되는 혐오의 공동체들이 '혐오'를 놀이로 바꾸고 정당화함으로써 지속적으로 확산, 연결되고 있음을 분석했다.

둘째, 이러한 편향된 지식 생산의 구조는 그 이용자와 그것을 설계한 디자이너, 기술 기업의 알고리즘 등에 의해 강화 지속된다. 소셜 플랫폼은 이윤 추구를 위해 특정한 방식의 소셜리티를 유도하며(van Dijck, 2013: 46~47), 특정한 콘텐츠나 행위에 더 주목과 명성, 수익을 부여하는 조건을 구성하여 행위자들을 유도한다. 이동후 · 홍남희 · 이설희(2021: 46)는 플랫폼에서의 수익화 유도 구조가 기존의 여성에 대한 성적 대상화 문화와 성차별적 실천, 스토킹, 사이버 성폭력 등의 "독성 문화toxic culture"(Paul, 2018: 70)와 밀접한 관련을 맺음을 보여 준다. 실제로 집단 극화의 또 다른 이름인 '필터 버블Filter Bubble,' '확증 편향'은 새로운 미디어 공간의 배타성, 폐쇄성의 특징과 시청자에 대한 과도한 복종 문화 속에서 극단적인 여성 혐오 표현, 여성에 대한 성적 대상화를 수익화와 명성 획득의 전략으로 택하게 한다. 플랫폼 생태계에서 여성을 향한 독성 행위와 기술 요소는 여성에게 일상적 모욕을 안기는 "수치심 기계shame machine"로 작동한다(O'Neil, 2022).

인터넷 역사에서 익명성과 성별화된 커뮤니티 환경에 기반을 둔 여성 혐오적이고 성차별적인 문화와 여성에 대한 성적 대상화는 스마트폰을 중심으로 한 유비쿼터스 환경에서 일상적이고 빈번하게 여성을 대상으로 한 다양한 범죄로 진화하고 있다. 카메라 기능을 이용한 촬영과 촬영물을 실시간으로 소셜 플랫폼에 업로드, 공유할 수 있는 스마트폰 기반의 네트워크 감시 사회에서 여성의 프라이버시는 여성의 신체를 성적인 대상으로만 바라보는 디지털 공간의 남성 중심 문화와 만나 데이터화, 상품화, 범죄 거래의 대상이 되고 있다.

여성 연예인에 대한 디지털 성폭력

온라인에서 '야동' 혹은 포르노그래피로 통칭되는, 여성의 몸을 성적 대상으로 여기는 사례들은 인터넷을 통한 전 지구적인 미디어 문화에서 거의 공통적으로 나타나는 현상이었다. 점차 이를 지칭하는 용어의 문제도 제기되었다. '리벤지 포르노'라는 명명은 가해자 중심의 시각이며 '포르노'라는 명명 또한 산업이 기획, 제작한 것으로 오해하게 만든다는 비판을 받았다.

2014년 무렵부터 한국 언론에 보도되기 시작한 리벤지 포르노 유형은 해외의 특이 사례로 보도되기 시작했으며, 헤어진 이후의 '복수, 앙심' 등의 용어로 개인적 관계의 복수 차원에서 담론화되어 왔다. 여성의 성적인 관계가 남성의 것과 같지 않게 취급되는 현실에서 이러한 유형은 여성에 대한 공개적 망신과 수치심을 유발하는 수단으로 부상했다. 이 사안에 대한 초기 언론 보도는 해당 문제가 개인 간의 친밀한 관계의 종말에 따라 앙심을 품은 개인의 '복수'로 보도하면서 이를 우발적인 '감정'에 의한 것이자 헤어진 연인간 사적인 일로 치부되게 했다(임영서, 2014. 3. 2; 윤희일, 2014. 10. 10). 해외에서도 초기에는 유사한 보도 방식이었으나 점차 이러한 사례가 사생활 침해이며 '동의 없는 유포'라는 점을 강조하면서 '비동의 유포,' '사이버 강간,' '사이버 성폭력,' '사이버 착취' 등의 용어가 대안으로 제시돼 왔다(Casals, 2015: 357).

지하철이나 화장실, 길거리 등 공공 공간에서 여성 신체 일부를 몰래 촬영해 인터넷에 올리는 행위도 남성 중심 인터넷 커뮤니티에서 여러 형태의 '야동'의 하나로 소비되었다. 이러한 사례들은 여성 개인의 문제로 취급되거나 물리적 성폭력이 부재한 사소한 문제로 여겨져 주목받지 못했다. 사법 판결에서조차 여성 인권보다는 남성 가해자 입장을 대변하는 한계를 보여 왔다. 이러한 사례들은 "인터넷 기술을 악용한 이별 범죄"의 일환으로 성관계 영상의 비동의 유포, 피해자 얼굴 및 신상 정보의 공개, 계정 사칭, 이미지 공개에 대한 협박 등을 포함하는 것으로 나타난다(박형민, 2016. 1. 6).

이러한 사례들이 디지털 성폭력의 문제로 구성되어 가는 과정은 온라인 공간에서도 현실의 젠더 관계가 반영되고 있음을 보여 준다. 특히 인터넷 발전 이후부터 여성 연예인의 사생활은 포털 사이트, 커뮤니티, 소셜 미디어 등을 통해 무차별적으로 노출되었다. 이미 카메라가 발명되고부터 누드나 성적인 이미지는 여성을 협박하는 주요 수단이었다. 이러한 이미지는 여성이 유명해지면 부메랑처럼 돌아와 여성의 경력을 무너뜨리는 수단이 되었다. 사진 소유자가 이를 유포하거나 유포를 빌미로 협박하는 사례로 이어졌기 때문이다. 이는 매우 오래전부터 연예 산업 등에서 만연한 젠더 폭력의 일환이었다. 국내외에서 여성 연예인을 대상으로 한 성적 혐오 표현, 클라우드 및 소셜 미디어 계정 해킹, 성적 이미지 합성 등은 대중의 장난이자 놀이, 문화로 정착해 왔고, 기술이 발전하면서 여성 연예인의 사적인 생활이 비동의 유포된 사례는 매우 빈번하게 발생했다.

온라인 젠더 폭력과 디지털 성폭력 관련 사건으로 인한 인기 아이돌 그룹의 설리, 구하라의 사망으로 외신들은 K팝 산업의 단면으로 성차별적인 문화와 학대를 견뎌 내는 여성 아이돌의 취약성에 주목했다. 영국 일간지 〈가디언*The Guardian*〉은 K팝 여성 아이돌들이 한국 사회의 가부장적 문화의 특수성으로 온라인상에서 더 취약한 상황에 노출되어 있다고 분석했다. 여성 연예인들은 프라이버시 노출에 대한 위협, 사생활 비동의 유포나 그에 대한 협박, 딥페이크 포르노 영상의 합성, 일상적인 성적 모욕과 비하의 대상 등으로 여러 영역에 걸쳐 취약성을 갖는다(Tai, 2020. 8. 30). 그러나 여성 연예인은 연예인적 자질과 노동력뿐 아니라 자신의 전 존재를 상품화해야 하는 젠더화된 "이미지 상품"(김현경, 2014)으로서 다양한 이해관계에 따른 인권 침해 사례가 빈번했다. 이수연(2010)은 여성 연예인들이 성적 자기결정권(성적 착취, 성희롱, 스폰서 제안, 과도한 성적 행위 요구), 몸의 자기결정권(성형 수술 및 다이어트 권유/강요, 연예인 신체 조건에 대한 대중의 비판), 노동권(과도한 기회비용 지불, 불공정 계약, 캐스팅 대가 금품 요구, 캐스팅 사기, 과도한 악플, 스토킹), 사생활(사생활 구속/간섭, 사생활 폭로, 루머 유포, 개인 정보 유포 및 소비 등) 등의 영역에 있어 인권 침해 사례가 심각하며, 이는 연예 산업의 권력관계가 매우 성별화되어 있음을 드러낸다고 보았다. 특히 여성 연예인의 '신체 자본'은 생애 주기에 따라 매우 다르게 유형화된 피해를 야기한다. 여성 연예인의 몸 자체가 상품화되는 것은 물론이고, 성차별적 혐오 표현sexist hate speech, 사적 이미지의 비동의 유포, 유포 협박 등에도 여성 연예인이나 소속사가 이에 적극 대응하는 경우가 드물었다.

언론 또한 여성 연예인의 인권을 침해하는 주요한 행위자다. 이미 연예인 가십은 저널리즘의 주요한 상품 요소로 한국 사회에서도 주요 신문사들은 자회사나 자매지로 스포츠신문을 두어, '셀러브리티 저널리즘' 혹은 '공적 영역의 타블로이드화'를 진전시켜 왔다(이희용, 2007). 특히 인터넷 초창기 포털 후발주자였던 파란닷컴이 고액의 전재료로 〈일간스포츠〉, 〈스포츠서울〉 등의 5대 스포츠지와 독점 계약을 통해 연예 뉴스를 공급하면서 포털과 연예 뉴스의 공생이 본격화되었다.

포털은 뉴스 생산과 유통을 분리함으로써 특히 연예 뉴스 분야에서 클릭 수를 높이는 것과 영업 이익을 직결시키는 방식의 산업 구도를 형성해 왔다. 이에 뉴스 선정성이 강화되었다. 또 선정적 연예 뉴스를 생산하는 데 주력하는 소규모의 영세한 인터넷 언론사가 난립하게 되었다. 그뿐만 아니라 '클릭 장사'에서 자유롭지 못한 주류 언론 또한 연예 뉴스를 클릭 장사를 위한 부수적 방식으로 활용해 왔다. 연예 산업 관련한 뉴 미디어 부서, 디지털 팀의 운영으로 정통 뉴스와 구분되는 수익화 창구를 마련해 온 과정에서 여성 연예인, 나아가 일반 여성의 성이나 성폭력 사건 등의 '젠더 뉴스'가 상품화의 주된 수단이 되어 왔다(홍남희, 2022b).

특히 온라인 환경의 여성 혐오 맥락에서 여성 연예인은 첫째로 끊임없는 외모 평가 대상이 되었다. 젊고 건강하고 유명세를 즐기는 화려한 모습은 소녀의 의무로서, 여기서 벗어나는 순간 혐오 대상이 된다(김현경, 2016). 온라인에서 여성 혐오는 성형, 비만 등 외모 평가에 관한 것이 대표적이다. 성녀로서의 여성성을 이상화하고 그에 벗어나는 여성을 재단하고 평가하는 일을 일상화해 왔다.

둘째로 여성 연예인에게 성에 대한 성별 이중 규범이 적용되어 왔다. 여성의 성에 대한 평판이 남성의 성과는 매우 다른 '젠더 비대칭적' 성격을 갖기 때문에 여성 연예인의 사적인 생활, 성적인 관계, 결혼 및 이혼, 연애 등은 늘상 대중의 평가와 비판 대상이 되었다. 사생활은 여성 연예인의 상품 가치에 영향을 주는 요소로서 이러한 젠더 비대칭한 평가 구조는 여성 연예인이 온라인 초기부터 비동의 유포의 피해자가 되게 만들었다.

미투 운동과 여성 일반에 대한 디지털 성폭력

디지털 기술의 발전과 스마트폰 보급으로 누구나 콘텐츠를 제작, 유포, 소비하는 환경이 되면서 여성 연예인뿐 아니라 일반인 여성의 신체와 성 또한 이미지 기반 성적 대상화의 일환으로 부상해 왔다. 이러한 사례는 피해자의 90% 이상이 여성인 젠더 폭력의 양상을 띤다. 온라인에서 여성의 몸은 돈이 되는 '산업'이자 남성의 시각적 쾌락을 위한 소비 대상으로 여성 혐오와 여성에 대한 성적 대상화를 자연화해 왔다. 또 인신매매, 강간, 도박, 매매춘 등 다른 불법 행위들과 연관되어 관련 플랫폼의 수익화가 진행돼 왔다. 카메라 기술의 발전과 스마트폰의 대중화는 보통 여성의 일상이 성적인 목적으로 거래되는 상황으로 나타난다.

예를 들어, 10대 대상 국내외 사례 연구들에서 10대들은 자신을 드러내는 것을 미덕으로 삼는 소셜 미디어 문화에서 자신의 성을 둘러싼 다양한 미시, 거시적 권력관계에 노출된다. 특히 10대 여성의 이미지는 거시적인 플랫폼 산업의 핵심적 유통 화폐이자 뷰티 산업, 광고 등의 타깃이면서, 미시적으로는 또래로부터 성적 매력을 적절히 인정받아야 하는 상황에 처한다. 이미 청소년기부터 여성 청소년의 성과 남성 청소년의 성은 매우 다르게 취급된다. 10대 여성의 경우 친밀한 관계의 남자 친구에게 나체 사진을 요청받고 갈등하거나, 성관계 이미지를 찍었을 경우 엄청난 유포 불안을 경험한다(Salter, 2016; 김애라, 2022). 젊은 세대들의 달라진 성 문화나 성적 개방성에 반해 여성의 섹슈얼리티는 여전히 이중 기준과 젠더화된 규범에 의해 평가, 구성되고 있다. 여성의 유포 불안은 온라인 유포가 여성의 삶에 영속적 영향을 미칠 우려가 있기 때문이다. 유포의 시작은 신상 정보가 공개되는 것으로 이어지며, 여성은 피해자임에도 사회적 평판이 하락하고 직업이나 다양한 사회적 기회, 인간관계를 상실하게 되며, 자존감 하락, 불안감, 자살 충동 등의 정신적 문제까지 경험한다(Bates, 2017; 김애라, 2022).

미투 운동과 혜화역 시위는 변화한 미디어 환경에서도 여전히 이중적이고 위계적인 젠더 규범을 경험한 여성들에 의해 시도된 '아래로부터의 운동'이다. 강남역 살인 사건 이후 손희정이 "페미니즘 리부트"(2017)로 의미화한 페미니즘에 대한 관심의 급증은 이러한 여성들의 변화한 의식과 각성을 토대로 한다. 일면식도 없는 남성이 공중화장실에서 여성을 살해한 사건은 여성의 일상적 공포와 맞닿아 이를 '여성 혐오 범죄'이자 '페미사이드 femicide(여성 살해)'라는 맥락에서 해석하게 했다. 이와 더불어 소셜 미디어를 중심으로 확장되어 온 '#문단내 성폭력'과 같이 성폭력 고발 해시태그 운동은 미국 영화 산업 중심으로 시작된 '#Me Too' 운동과 공명하며 다양한 분야에서의 성차별 및 성폭력 고발 운동으로 확산되었다.

결정적인 계기는 서지현 검사의 jtbc 〈뉴스룸〉 출연이었다. 미투 운동은 뉴 미디어의 영향력과 가능성을 보여 준 동시에 전통 미디어와 뉴 미디어의 위계 및 혼종 시스템(Chadwick, 2013; 김예란, 2017: 12)을 실감하게 했다. 디지털 미디어 중심의 해시태그 운동은 주류 제도 언론을 통해 사회적으로 의제화되었기 때문이다. 미투 운동에서 언론은 소셜 미디어를 통한 고발을 보도해 관련 사안을 확장했고, 여성들이 스스로를 드러내며 피해를 고발하는 장을 제공해 미투 운동의 확장에 중요한 역할을 했다. 하지만, 언론은 피해자의 2차 피해를 야기하는 데도 기여했다. 선정적인 특종 경쟁, 재판 과정의 중계식 보도, 가해자 입장 보도 등으로 미투 운동의 본질을 왜곡하기도 했다(김세은 · 홍남희, 2019).

미투 운동은 그간 성폭력 문제에 대해 미온적이었던 사법 권력의 문제를 제기했다. 피해자를 침묵시킬 뿐만 아니라 피해자의 2차 피해를 야기하는 담론과 문화에 대해 재고하게 했다. 여기서 언론 또한 객관주의 저널리즘과 중립성의 원칙이라는 이름으로 가해자 입장을 동등하게 싣거나 재판 과정을 중계식으로 보도하는 등으로 구조적인 성차별의 문제를 개선하기보다는 가해자 대 피해자 프레임으로 성별 갈등을 부각시키기도 했다. 또 해당 사안을 성폭력 보도 관행에 따라 보도함으로써 구조적 성차별보다는 '사건 자체'에 대한 사실 확인 위주의 보도와 선정주의적 접근으로 한정시켰다(최이숙 · 김은진, 2019; 김수아, 2019).

로절린드 질Rosalind Gill과 샤니 오가드Shani Orgad(Gill & Orgad, 2018) 또한 미투 운동이 다음의 네 가지 한계가 있었다고 보았다. 첫째, 인종, 계급, 민족의 특성을 넘어 널리 호소력을 가졌음에도 불구하고 여전히 여성 대 남성이라는 이항 대립의 문제로 사안을 파악하게 한다고 지적한다. 특히 포털 사이트 중심 뉴스 유통 환경에서 미투 운동은 성별 대립과 갈등 측면으로 나타났고, 여성 발화자가 드러날 경우 여성 피해자들의 2차 피해를 양산했다. 둘째, 미투 운동이 백인 여성 배우들을 중심으로 매우 위계화된 방식으로 진행되었다는 것이다. 돌봄 노동이나 서비스 산업에서의 성폭력 문제는 제대로 보도되지 못했으며 문화 산업 중심으로 유명 여성 배우들의 문제 제기 위주로 보도되었다. 셋째, 미투 운동은 미디어가 관심을 보여 왔던 '성'의 영역, 즉 자극적이고 선정적 소재의 일환으로 소비되었다. 넷째, 미투 운동은 나쁜 짓을 한 가해자 '괴물'의 제거에 집중해 논의되었다. 가해자 색출, 악인의 제거 등으로 귀결되는 내러티브로 이어지면서 가부장적이고 성차별적인 시스템에 대한 문제 제기나 구조적 개선의 기회를 봉쇄해 왔다는 것이다(이나영, 2018; 김세은 · 홍남희, 2019).

이처럼 미투 운동에서도 보여진 언론의 보도 방식은 온라인에서 현실의 여성을 대상으로 한 디지털 성폭력의 사례에서도 반복되어 왔다. 예를 들어, 서맨사 베이츠Samantha Bates(2017: 25)는 미디어에서 리벤지 포르노를 피하기 위한 여성의 전략을 제시하는 방식의 보도가 피해자 책임론을 전제하며 가해자에게 관용적인 문화를 형성한다고 본다. 이러한 처방은 성폭력 사건에서 피해자의 예방에 강조점을 두는 '예방 서사'의 비정치성과 상통한다.

게다가 여성 이미지가 온라인에서 유통되는 방식은 특정한 악마적 개인이 저지른 개별적인 일회적 사건으로 볼 수 없다. 클레어 맥글린Clare McGlynn, 에리카 래클리Erika Rackley, 루스 호턴Ruth Houghton(2017)은 "이미지 기반 성폭력image-based sexual abuse"의 연속체로서 다양한 젠더 폭력의 사례들을 바라볼 것을 제안한다. 기존의 연구나 법적, 분석적 범주 내에 반영되어 있지 않은 여러 가지 개별 사례들을 가부장제하의 젠더 폭력의 연속선상에서 보아야 한다는 것이다. 이는 이미지 자체의 성적인 특징, 가해/피해의 젠더화된 특징, 존엄성과 성적 자율성, 성적 표현 등 관련하여 기본권을 위반하는 혐오 범죄의 성격을 갖는다. 또 공적 담론과 법 제도에서는 이러한 해악의 측면과 학대의 경향을 축소한다. 실제로 여성 연예인 계정 해킹 사건으로 사적 이미지가 유출된 사건이 가십으로 축소되거나 몰래카메라, 리벤지 포르노 등의 용어로 가해 행위를 축소하는 방식은 피해자가 겪는 피해의 측면을 축소하는 효과를 가져온다(홍남희, 2018a).

'연속체' 개념은 여성 이미지의 유통이라는 다양한 사례를 포괄할 수 있다. 호주 인터넷안전국에서는 주로 여성을 대상으로 한 젠더 폭력의 양상으로서 이러한 사례들을 "이미지 기반 학대 image-based abuse"로 개념화한다. 이는 이미지를 통한 다양한 합성, 성 착취 및 강요, 협박 등을 포괄한다(McGlynn et al., 2017: 33). 최근 이러한 사례들은 서구에서 '성차별적 혐오 표현'의 일환으로 개념화되고 있으며 여성을 공적 공간에 참여하지 못하게 하는 인권 침해적 폭력으로 국가 차원의 개입이 필요한 것으로 담론화되고 있다. 특히 영미권 중심에서 발생한 '게이머게이트Gamergate'는 여성 게임 평론가, 저널리스트 등 게임 산업에 종사하는 여성에 대한 공개적인 협박, 사적 장소에 침입, 성적 이미지 합성 및 악플 등으로 전형적인 젠더 폭력의 양상을 보였다. 유럽위원회는 온라인 환경 대중화와 더불어 성차별적 혐오 표현의 양상이 심해지고 있으며 '공인' 여성에 대한 공격, 젊은 여성 및 소녀들, 여성 게이머,

여성 정치인, 여성 인권 운동가 등 다섯 부류를 대표적인 공격 대상으로 분류했다(Council of Europe, 2016; 2019). 성차별적 혐오 표현은 "성을 이유로 개인이나 한 집단이 열등하다는 생각에 기초한 행위, 제스처, 시각적 구현, 구어 및 문어, 실천이나 행위 등"으로 가부장적 질서에 기반한 성별 역할 이분법과 그에 기반을 둔 여성성/남성성에 대한 전통적인 스테레오타입, 편견에서부터 이에 맞지 않는 여성/남성에 대한 사회적 배제, 차별, 선동 표현 등 극단적 폭력까지 포괄한다(Council of Europe, 2016).

이와 같은 개념화는 새로운 기술의 등장이 기존의 가부장적 질서와 젠더 폭력의 양상을 확장시키는 방식으로 나타나고 있음을 보여 준다. 불법 촬영이나 성 착취, 성관계 영상 및 누드 이미지의 비동의 유포 등을 포함해 새롭게 등장하는 다양한 유형의 '기술 매개 성폭력'은 신종의 기술이 오래된 젠더 질서를 재생산하는 데 어떻게 활용되는지를 잘 드러낸다.

디지털 성폭력의 문제화와 혜화역 시위

새로운 미디어가 갖는 기술적 속성은 기존 법 제도를 개선하려는 시도로 나타나기보다는 기존 법 제도의 한계를 설명하는 담론으로 나타났다. 예를 들어, 미국의 사례에서 에이드리엔 키친Adrienne Kitchen(2015: 328)은 디지털 성폭력의 초기 쟁점으로 첫째, 피해자가 직접 찍은 '셀피'인지, 둘째, 피해자가 찍는 데 동의consenting했는지를 판단하는 데 있었다고 보았다. 먼저, 셀피일 경우 이미지의 제작자이자 저작권자인 피해자가 저작권법으로 보호받을 수 있다는 것이다. 또한 피해자의 촬영 동의 여부에 근거해 구제를 받지 못할 수도 있었다. 동의를 하지 않았는데도 '몰래' 찍혔을 경우 형법이나 프라이버시법에 의해 권리가 주장될 수 있었다. 일부 주에서는 가해자가 '심각한 감정적 고통을 야기하려는 의도'나 '상업적 이익을 얻고자 하는 의도' 여부에 따라 처벌을 달리했으며, 따라서 이미지의 게시가 특정 의도가 없는 경우 처벌이 어렵다는 논리로 이어졌다. 그러나 대체로 친밀한 관계였던 사이에서 피해자가 '직접' 찍은 누드나 성관계의 촬영에 '동의'한 경우, 이에 대한 구제를 받을 수 없다는 점에서 이러한 법안들이 피해자 보호에 적절하지 못하다는 지적을 받았다(홍남희, 2018a).

한편, 소셜 플랫폼의 영향력 확장에 따라 플랫폼 기업들이 이에 책임을 져야 한다는 목소리가 높아졌다. 소셜 미디어가 피해자의 삭제 요구에 적극적으로 응해야 하며, 관련한 영상물을 보다 적극적으로 차단 및 삭제해야 한다는 것이다. 페이스북 등은 이러한 리벤지 포르노 사례의 예방을 위해 (잠재적) 피해자의 이미지를 등록하여 유사한 이미지를 자동 차단하는 방식을 구축하겠다고 밝혔다(Solon, 2017. 11. 7).

가해자 신원 파악이 되지 않을 경우 기소, 처벌이 어렵다는 이유로 공권력은 관련 사안을 쉽게 포기해 왔다. 친밀한 관계에서 찍은 영상이 유포될 경우 대부분 셀피에 해당하고 촬영에 동의한 것으로 나타나 피해자 동의 여부는 피해자 구제에 도움이 되지 않았다. 이러한 점은 성폭력 피해자의 '온전한 피해자성'을 구성하는 가부장적인 전제였다. 또, 미국 캘리포니아주, 사우스캐롤라이나주 등에서 프라이버시 침해를 금지하는 목적의 '반反관음증법anti-voyeurism law' 등이 적용되는 경우 '성적 동기'라는 구성 요건을 필요로 하는 경우가 있어 가해자 동기의 측면을 고려하고 피해자의 피해를 무시하는 결과를 야기해 왔다(McGlynn et al., 2017). 미국에서도 초기 디지털 성폭력에 대한 법적 대처는 가해자의 동기를 고려하고 매우 좁게 정의된 행위에만 초점을 두면서 여성의 피해 사례를 포괄하지 못해 왔다. "벽돌과 박격포 범죄 현장에 익숙한"(Folderauer, 2015: 329) 경찰에 의해 해당 사안은 사소한 경범죄로 취급당하는 사례가 빈번했다.

국내에서도 사법적 판단이 남성 가해자에게 관대하고 입법적으로도 많은 공백을 갖는다는 비판이 있어 왔으며, 해당 행위의 불법화와 처벌 강화 필요성이 강조돼 왔다. 특히 피해자의 보호와 피해 방지를 위한 대책 마련이 요구되었다(김한균, 2017). 서승희(2017)는 실제 디지털 성폭력 피해자들이 극단 선택을 하는 등의 피해를 겪는 데 반해, 가해자 처벌 수위가 약하고 해당 범위가 성폭력이자 범죄라는 인식이 부재하다는 점을 지적했다. 유포자의 신상 정보를 모를 경우 가해자를 찾을 수 없다는 이유로 수사 접수조차 되지 않는 경우가 많고, 해킹이나 개인 정보 유출과 병행되어 여성의 피해가 확장되지만 신고에도 불구하고 수사가 지연되거나 피해를 지원하는 매뉴얼이 미비하다는 점 등으로 피해자가 상담, 고소를 기피하거나 취하하는 사례가 많다는 것이다. 이에 대한 해결을 위해 가해자 처벌 강화와 전담 수사 기관 설립을 촉구했다.

디지털 성폭력이 불법화되는 과정에서 가장 문제시되어 왔던 부분은 해당 사안을 음란물 여부로 판단해 왔다는 데 있었다. 전윤경(2016)은 '성폭력범죄의처벌 등에 관한 특례법'에서 "카메라나 그 밖에 이와 유사한 기능을 갖춘 기계 장치를 이용하여 성적 욕망 또는 수치심을 유발할 수 있는 다른 사람의 신체를 그 의사에 반하여 촬영한 행위"라는 '카메라등이용촬영죄'에 대해 법원이 '성적 욕망 또는 수치심을 유발할 수 있는 신체'를 신체 특정 부위로 제한해 해석하고 있음을 지적했다. 또 촬영된 영상 및 사진이 '통상적인 정도를 넘어서는 정도의 과도한 노출'이어야 한다고 해석함으로써, 영상에 나타난 피해자의 피해 부위, 노출 정도가 법원 판단의 기준이 되고 있다고 지적했다. 이는 피해자의 성적 자기결정권이나 촬영당하지 않을 자유 등의 권리를 보장하지 않는 결론이라는 것이다. 이러한 결론은 여성을 인격체로 보는 관점을 전혀 담보하지 않고 있다(김영철 · 조현욱, 2016). 사법부는 무릎 위 허벅다리나 엉덩이, 가슴 등을 '음란물'에 해당하는 성적 욕망 혹은 수치심을 유발하는 신체 부위로 판단한 한편, 공공장소에서의 전신 촬영이나 얼굴 촬영은 성적 욕망 혹은 수치심을 유발하는 신체 부위가 아니므로 무죄라고 판단해 왔다.

> 시내버스와 정류장 등에서 여성들의 다리, 허벅지 등을 몰래 촬영한 경우 성적 욕망이나 수치심이 들 정도로 노출이 심하지 않다고 판단해 무죄 선고가 내려지기도 했다. (채혜선, 2018. 6. 30)

> 촬영물의 경우 또한 단순히 몰래 찍은 사진이 모두 본죄에 해당하는 것은 아니다. 촬영자의 의도, 피해자의 성적 수치심의 정도 등 다면적으로 고려하여야 할 요소가 많기 때문에 이 과정에서 형사전문변호사의 전문적인 조언이 필요하다 할 수 있다. (한국경

제, 2016. 12. 24)

정보통신망법과 전기통신사업법에서도 음란성이 피해 촬영물을 대응하는 법안으로 적용되어 왔다. 정보통신망법은 음란한 부호, 문언, 음향, 화상, 영상을 정보통신망에 전시, 유포, 판매하는 행위를 금지하는 제44조 7의 1항, 웹하드, P2P 프로그램 사업자에게 개인 성행위 동영상의 검색 제한을 위한 기술적 조치를 취하고 상시적인 음란물 모니터링을 하도록 한 전기통신사업법 제22조 3의 1항을 통해 음란물 유통과 디지털 성폭력을 방지하고 피해를 구제하기 위해 사업자 규제를 마련해 왔다. 불법촬영물의 피해자, 가해자를 특정하기 어려운 경우 유통을 규제하는 데 해당 법안이 활용될 수 있다. 그런데 김소라(2018)는 이 두 법률 모두 '음란성'을 범죄 구성 요건으로 활용하여 피해자 보호를 위해서 음란성이 규명되어야 한다는 점이 문제라고 지적한다. 음란성을 성 표현물의 표현 강도나 특정 부위 노출 등으로 규정하면서 규제 근거와 음란성의 책임을 피해자에게 전가하고, 가해자 처벌과 피해 구제를 어렵게 만들어 왔다고 비판한다. 특히 재현 대상의 음란성에서 규제 근거를 찾음으로써 디지털 성폭력이 성적 욕망의 자연스러운 발현으로 인지되며 심각한 범죄가 아닌 일상적 행위로 받아들여지게 하는 효과를 낳는다는 것이다.

2017년 들어 피해의 보전과 관련 사례 규제를 위한 국가의 의지가 강조되기 시작했다. 김현아(2017)는 여성 몸에 대한 대상화 범죄로써 성폭력처벌법 제14조의 '카메라등이용촬영죄'를 규정하면서 촬영과 유포 행위를 행위별로 구분해 규정하고 처벌하는 등 불법성에 상응하는 엄격한 처벌을 해야 하며 유포 방식 또한 촬영물이 제삼자에게 인식되게 하는 모든 행위를 처벌하도록 해 입법 공백을 막아야 한다고 주장한다. 유포 이후 피해 보전에 대해서도 촬영물 삭제 비용을 국가가 지원하는 등의 적극적인 방식을 주문했다. 서승희(2017)는 유포와 삭제 간의 산업적 유착 관계도 포착된 만큼 국가의 규제 의지가 중요하다고 지적한다.

그뿐만 아니라 기술적 진화로 인해 입법 공백이 생길 수 있는 우려에 대해 성적 결정의 자유, 성적 신체권의 침해 등의 인권 측면에서 해당 사안을 바라볼 필요성이 제기되었다. 예를 들어 영상의 실시간 중계나 불법 촬영을 시도했으나 저장 버튼을 누르지 않은 경우에도 피해자 보호보다는 가해자 선처가 반복된 데 대한 비판이 제기되었다. 문성도(2012)는 오늘날 디지털 사회에서 영상 저장 정보의 계속성은 큰 의미가 없으며, 임시 기억 장치에 입력된 것이라 해도 전파 가능성이 있고 전파될 경우 성적 결정의 자유와 신체에 대한 자기결정권이 침해될 수 있다는 점을 지적한다. 이러한 문제 인식은 매우 중요한데, 왜냐하면 실제 다양한 사례들에서 피해자 요구로 삭제한 영상 저장 정보를 포렌식으로 복구하여 유포하는 방식으로 일단 찍히면 유포의 우려가 있기 때문이다. 디지털 미디어의 '복구 가능성'은 디지털 성폭력의 피해를 영구화할 가능성으로, 여성이 자신과 관련된 이미지가 찍힌 것을 알게 된 순간부터 느끼는 '유포 불안'의 핵심이 된다(김애라, 2022).

국경을 넘나드는 디지털 성폭력 유통은 국가 규제를 피하기 위한 것이면서 국가를 넘어서는 '남성 연대'가 작동하고 있음을 의미한다. 국내 수사망을 피해 해외 서버를 운영하는 방식, 해외 서버에 국내 여성 이미지를 올리는 문화, 소수 플랫폼에 집중된 이용자 수 등은 디지털 문화의 작동 방식이 다양한 행위자의 일상적이고 문화적인 행위로서 국경에 구애 없이 구성되고 있음을 보여 준다. 소셜 미디어를 통한 공유, 확산 등으로 피해의 규모는 광범위하게 확대될 수 있다. 또 신상 정보 유통 등의 2차 피해 또한 '글로벌' 수준에서 일어나고 있으며, 피해자가 알지 못하는 사이 피해가 확대될 수 있다.

디지털 성폭력은 앞서 제시된 인터넷의 발전 과정에서 등장한 다양한 형태의 연원을 갖는다. 김소라(2018: 166)는 1990년대 불법 촬영한 이미지와 성행위 동영상의 온라인 유포, 유통을 계기로 실제 성행위를 촬영한 디지털 성폭력이 '연기된', '허구의' 성행위를 묘사한 표현물에 대한 선호를 대체했다고 본다.

강남역 살인 사건 이후 공론화된 페미니즘 운동과 미투 운동, 혜화역 시위 등은 담론 구조를 변화시키려는 움직임을 중심으로 한다. 이는 20대 여성이라는 새로운 집단이 정치 집단화되는 과정과도 연관된다. 혜화역 시위는 이른바 '홍대 몰카 사건'으로 촉발된 대규모 집회로 여겨지지만, 온라인을 중심으로 활동해 온 다양한 갈래의 여성 운동이 그 뿌리가 될 수 있다. 특히 소라넷 폐지 운동을 펼친 '디지털 성범죄 아웃(Digital Sexual Crime Out: DSO),' 한국사이버성폭력대응센터 등 20대 여성이 주축이 된 운동 단체들은 다양한 방식으로 온오프라인에서 여론을 조성하기 시작했으며, 피해자 지원 등을 통해 실질적 문제 해결의 방식을 찾기 시작했다.

이는 디지털 네이티브 청년 여성이 경험해 온 다양한 모욕

행위와 범죄적 행위에 대한 불법화 요구였다. 외모 평가의 일상화, 불법 촬영, 비동의 유포 등의 디지털 성폭력은 젊은 세대 여성에게 자신의 신상 정보나 얼굴 등이 온라인에서 유통되지 않도록 하고 공개적 공간에서 활동을 회피하는 "피함의 정서a mentality of avoidance"(Cote, 2020: 67)를 보편화했다. 예를 들어 2016년 이화여자대학교에서 열린 시위에서 참여자들이 마스크를 쓴 것이 대표적인 사례다. 김주희(2021: 9)는 이화여대 학생들의 마스크 시위가 온라인상 여성의 얼굴이 유통되는 방식에 대한 인식에서 비롯되었으며, 메르스 갤러리 이후 "대표가 없는, 대표하는 얼굴이 없는, 그래서 시위를 떠올릴 때 누구를 떠올려야 할지 알 수 없는 여성들의 대규모 시위"라고 말한다.

김해원 등(2018)은 2018년 5월 19일 여성만의 단일 의제를 내세운 시위 중 최대 규모를 기록했다는 차원에서 혜화역 시위에 주목한다. 혜화역 시위의 주요 의제는 "동일 범죄 동일 처벌"로 열흘 정도의 기간에 1만 2,000여 명의 여성이 거리로 나왔다. 혜화역 시위에 대한 트위터 멘션을 분류한 연구에서 이들은 우선, 여성들이 '몰카 사건'에 대한 경찰의 이례적인 빠른 대처에 대해 불편함을 토로하였다고 보았다. 경찰이 여성 가해자를 포토라인에 세우고 남성 피해자를 보호하는 조치를 빠르게 취했으며, 이는 이 사건 이전에 수많은 여성 대상의 '몰카' 사건에 대해 이러한 조치가 없었다는 점을 상기시켰다는 것이다. 둘째, 이들은 수많은 여성 대상 불법 촬영 피해 사건에 대한 개별적 경험을 공유했다고 보았다. 대중교통, 공중화장실 등에서 불법 카메라에 대한 일상적 공포가 누적되었으며 남성 중심 사회가 여성의 공포를 사실상 눈 감아 왔다는 점을 개인적 경험을 통해 고발하고자 했다. 서버가 해외에 있어 가해자 추적이 어렵다, 증거 확보가 어려워 수사 접수를 하지 못한다, 경찰이 2차 가해성 발언이나 수치심 유발 발언을 하거나 피해자에게 원인을 전가하는 발언을 해서 신고를 포기했던 경험 등이 공유됐다. 이러한 사례들을 통해 여성들은 여성이라는 이유로 공권력의 보호를 제대로 받지 못했다는 점을 인식했다. 이러한 유형화는 언론의 보도 방식, 공권력의 대처 방식 등이 매우 남성 중심적인 인식하에 구성돼 왔음을 드러낸다.

한국뿐 아니라 미국, 호주, 영국 등 해외 국가들에서도 디지털 성폭력 문제가 불거졌다. 글로벌 미디어 환경에서 펼쳐지는 유사한 미디어 전경과 유사한 사건들은 각 국가의 법 제도 및 언론 담론이 여성의 실질적 피해를 등한시해 왔음을 드러낸다. 가해자 선처, 피해자 구제책 미흡 등을 포함해 민사 소송 시 피해자 신상이 공개되거나 피해자의 비용 및 시간이 소요되는 등 2차 피해가 강조되었다. 이에 관련 사안을 '형법'으로 불법화하는 작업의 필요성이 제기되었다.

정사강 등(2021: 121)은 혜화역 시위를 비롯한 오늘날 여성의 시위 방식이 마누엘 카스텔스Manuel Castells의 "네트워크화된 개인성"으로 설명될 수 있다고 보았다. 중심과 대표가 없는 여성 운동이 새로운 미디어를 매개로 발생하고 있다는 것이다. 혜화역 시위는 불법 촬영과 비동의 유포의 문제를 디지털 성범죄로서 분명한 젠더 폭력의 문제로 의제화했다. 여성이 십수 년간 기술의 발전 과정에서 겪어 온 문제가 공권력에 의해 제대로 수사되지 않았다는 점을 고발했다. 정사강 등(2021)은 혜화역 시위와 관련해 거리 혹은 온라인상에서 시위에 참여하거나 관여했던 여성들에 대한 인터뷰를 통해 그 의미를 분석했다. 우선 이들은 특정 단체에 속하지 않고 소셜 미디어를 통해 정보를 얻고 개인의 경험으로 오프라인 시위에 참여했다. 둘째, 오프라인 시위에 참여하는 경우 두려움을 느끼며 현장에 나갔으나 이내 연대감을 느꼈다. 셋째, 이들은 사회 내 비주류, 소수자로서의 위치성을 자각하며 "금지의 수사rhetoric of prohibition"와 같은 운동 방식을 채택했다. 이러한 과정에서 평범한 여성으로서 이들은 연대를 통한 힘돋우기 경험을 통해 창발적 주체로서 자신들을 발견했다. '페미니즘 리부트'라 부르는 젊은 여성들의 페미니즘에 관한 관심이기도 하지만 이 세대들이 경험한 웹상에서 여성이 소비되는 방식에 기인한 것이기도 하다.

여성들은 정치와 언론에 자신들의 주장을 알리기 위해 당면한 기회를 활용하고 조직을 구성하고 자원을 동원하여 주장을 정당화, 체계화하고 대외적으로 담론의 구성을 전환시키는 전략을 취했다. 역동적인 여론의 환기, 행위자들 간의 연합, 캠페인 등을 통해 담론의 차원에서부터 입법, 사법 권력의 엄정한 집행 등을 강조하는 과정을 통해 디지털 성폭력은 사회적 문제로 부상해 갔다.

디지털 성폭력의 불법화를 위한 담론 전략

디지털 성폭력을 사회 문제로 부각시키기 위해 어떠한 담론의 전략이 강조되었는지 살펴보자. 첫 번째로 담론 환경의 관심도를 증가시키기 위해 피해가 얼마나 심각한지가 강조되었다. 이미 1990년대부터 여성이 주로 이용하는 화장실, 탈의실 등에서의 불법 촬영 사건이 보도되었다. 이에 대한 최초의 유죄 판결은 1998년 6월 9일 여자 화장실을 촬영한 혐의로 기소된 피고인에게 형법상 건조물침입및방실침입죄를 적용해 벌금 200만 원을 선고한 것이었다(문성도, 2012: 107).

그러나 점차 여성 연예인의 사적 사진 유출, 사적인 성관계 동영상 유출 등이 불거지면서 여성의 신체와 사생활이 남성 중심 커뮤니티, SNS 등에서 이미지 기반 성폭력으로 소비되는 현실에 대한 문제의식이 생기기 시작했다. 언론 보도 또한 해외 입법 동향을 소개하거나 한국에서 입법 부재를 지적했다. 특히 강남역 살인 사건을 비롯해 여성 혐오 관련하여 다양한 젠더 폭력 범죄 발생과 미온적 사법 처벌의 문제에 대한 사회적 공감대가 형성됐다.

특히 여성 피해의 심각성에 대한 담론이 형성되었다. 여성의 피해는 개인의 정신적 피해나 온라인상에서의 피해를 넘어, 오프라인에서의 일상적, 공적 생활에까지 영향을 미친다. 피해 여성이 직장을 잃고 학교를 중단하거나 심지어 자살하는 등의 극단적 사례가 여론의 공론화를 가능하게 했다.

이 과정에서 이른바 '디지털 장의사'로 불리는 동영상 삭제 업체들이 행위자로 등장했다. 2010년대 초반부터 해외 신종 직업군으로 보도되던 '디지털 장의사'는 2013년 고용노동부가 청와대 국무회의에서 "신新 직업 발굴·육성 추진 방안"의 일환으로 보고한 새로운 직업으로 등장했다(박성국, 2013. 7. 24). 개인의 온라인상 흔적을 지우고 평판을 관리하는 신종 직업으로서 디지털 장의사는 개인의 '잊혀질 권리'를 보장하기 위한 "산업"이 되고 있었다. 특히 온라인상에서 "여성의 얼굴, 신체, 성性과 관련한 다양한 이미지, 영상들이 유통되면서 이를 삭제하는 업체들이 중요한 행위자로 부상"(유정화, 2019. 10. 15)했다.

디지털 성폭력이 사회적 의제화되면서 이러한 '디지털 장의사'에 대한 인터뷰도 보도되었는데, 이들은 피해 영상의 완전한 삭제가 거의 불가능한 글로벌 미디어 환경, 피해자의 정신적 충격과 일상의 피해, 극단 선택 사례 등을 소개하면서 여성 피해자의 '피해' 사례를 전했다. 피해자면서도 자신이 영상 속 피해자임을 입증해야 하며, 동영상 삭제 또한 자신의 비용으로 피해자가 감당해야 한다. 디지털 미디어 환경에서 "지워도 지워도 끝나지 않는" "끝없는 (피해자만의) 고통," 심지어 자살까지 이어지는 사례는 피해자에 대한 공감과 가해자 처벌에 대한 사회 담론을 형성한다. 또 수사 과정에서 "2차, 3차로 이어지는" 고통의 과정은 가해자 처벌로도 끝나지 않는 디지털 성폭력의 피해 심각성을 드러낸다(박수현, 2017. 9. 15; 박찬근, 2017. 8. 9; 고한솔, 2017. 9. 6). 이와 같이 관련 사건의 잦은 발생과 가해자에 대한 미약한 처벌, 일반인 여성에게로 피해자의 광범위한 확대, 또한 피해의 범위와 속도의 확장 등으로 여성이 입게 되는 심각한 피해가 강조되면서 관련 문제에 대한 여론이 환기된다. 이와 같이 피해를 사회적으로 입증하는 과정이 디지털 성폭력의 불법화에 동반된 것이다.

피해의 강조뿐 아니라 '삭제 지원'이라는 활동 또한 젠더 비대칭의 문화를 보여 준다. 리벤지 포르노를 사회 문제로 인식한 10명 내외의 여성 활동가 그룹 RPO(Revenge Pornography Out)는 온라인에서만 연락을 주고받으며 소라넷 중심의 강간 모의, 사적 성관계 동영상의 유포 등을 신고하고 캡처해 증거로 남기는 등 모니터링 활동을 벌여 왔다. 그러다 2015년 10월 28일 '소라넷 아웃 프로젝트' 활동을 시작하면서 리벤지 포르노를 성범죄이자 성 착취로 정의하였다. 대중에 대한 공론화 작업이 필요하다는 판단에 대규모 길거리 시위를 계획하는 등 오프라인 활동도 고려했으나 트위터 계정을 통해 신변 위협을 받는 등으로 인해 온라인 활동에 집중하게 됐다. 이는 여성이 여성에 대한 일을 할 때조차 온오프라인에서 정신적, 물리적 위협을 받고 있음을 보여 준다.

RPO와 한국사이버성폭력대응센터 등의 단체들이 이 문제를 공론화하고 여론을 조성해 왔으나, 사회적 분노를 폭발시킨 것은 MBC 〈PD수첩〉과 SBS 〈그것이 알고 싶다〉 등의 지상파 방송을 통해 관련 문제가 다뤄지면서다. 먼저 MBC 〈PD수첩〉은 2015년 7월 일명 '리벤지 포르노'를 아이템으로 방송을 기획했다.[32]

또한 지하철, 화장실 등에서 여성들의 신체를 촬영하는 사건이 잦아지고 워터파크 불법 촬영 사건이 큰 이슈가 되면서, 이러한 영상물이 야동 혹은 포르노 콘텐츠로 유통되는 소라넷에 관한 관심이 커졌다. 소라넷은 1999년 이래로 16년간 경찰을 피해 유지되었으나, 방송 내용에서 강간 모의 등 각종 범죄 모의가 자행되고 실제 범죄로 이어지는 측면이 보도되면서 폐지 여론이 확

32 〈PD 수첩〉은 특정한 여성 연예인의 피해를 대표 사례로 인용하면서 예고편 및 보도 자료를 냈고, 언론은 해당 여성 연예인의 이름을 거론한 제목으로 2차 가해에 가까운 기사를 쏟아냈다.

산되었다. 즉 명백한 범죄와 반윤리적 행위가 대중적 공분을 샀다. 2015년 12월 SBS 〈그것이 알고 싶다〉가 소라넷의 문제를 시각적인 충격으로 제시한 이후 소라넷 사이트 폐쇄에 대한 청원 서명만 8만 명을 기록했다. 소라넷은 그간 여성 단체 등에서 문제를 제기하고 폐쇄를 주장했음에도 불구하고 공권력의 해결 의지가 별로 보이지 않았다. 서버가 해외에 있어 불가능하다거나 일부 불법 게시물로 사이트 전체 폐쇄가 바람직하지 않다는 등을 이유로 들었다. 그러나 방송 이후 시민들의 청원과 함께 경찰 또한 폐쇄에 강력한 의지를 보였고, 진선미 국회의원 등이 이러한 불법화, 폐쇄 추진에 힘을 실었다. 이러한 과정에서 수사 당사자인 경찰이 의지를 보이면서 네덜란드 경찰과 협업하에 핵심 서버가 폐쇄됐고, 해외 도피 생활을 이어왔던 운영진 부부가 검거되면서 16년간의 소라넷 전쟁이 폐쇄로 귀결되었다.[33]

소라넷 폐쇄가 관련 문제를 해결한 것은 아니다. 유사 사이트들이 우후죽순 생겨나는 등 소라넷 폐쇄 이후 유사한 불법 영상물을 제공하는 사례들이 증가했기 때문이다. 또한 소라넷 폐쇄가 16년이 걸린 반면, 남성에 대한 미러링 사이트인 '강남패치,' '한남패치' 등의 운영자들이 빠르게 잡힌 것에 대해 그간 소라넷 폐쇄를 못 하는 게 아니라 '안 하는 것'이었으며 '남녀 차별 수사'라는 비판도 일었다.

RPO는 소라넷 폐쇄 이후 '디지털 성범죄 아웃(DSO)'으로 이

33 당시에도 언론은 소라넷 창립자이자 운영진에 대해 "서울대 출신"으로 "광고 수익만 100억 원"을 번 것을 강조하며 보도하였다(이민석, 2020. 7. 23).

름을 바꾸었다. 이후 DSO는 젠더 편향적 용어에 대한 문제 제기를 대중적으로 확산시키기 위해 카드 뉴스 제작, 페이스북 활용, 언론 담론에 영향을 미치기 위한 다양한 전략, 행정 부처와의 협업, 사법 판결 비판 등을 시도했다. 관련 부처인 여성가족부는 리벤지 포르노라는 용어가 가해자 중심의 용어로 '디지털 성폭력' 혹은 '디지털 성범죄'로 명명되어야 한다는 보도 자료를 내고 캠페인을 벌였고, '몰래카메라' 또한 '불법 촬영'이라는 용어로 사용되어야 한다고 주장했다. 이러한 용어의 전환은 DSO가 시도해 왔던 것이기도 하지만 이것이 주류 담론에 흡수되는 데는 정부 주도의 보도 자료 생산의 역할 또한 매우 컸다.

DSO는 "리벤지 포르노라는 말은 디지털 성폭력 범죄가 '집단'의 가해라는 개념을 희석하고, 유포자와 피해자 간 관계를 중시하거나 개인에게 책임을 부과하는 결과"를 낳는다고 지적하며 디지털 성폭력에 대해 구조적 접근이 필요하다고 강조했다(한수연, 2017. 9. 29). 김수아(2017. 7. 23)는 "몰카를 음란물로 소비하는 사회"를 비판하면서, "디지털 기술을 통한 이미지와 영상물 촬영, 유통 소비 구조가 여성에 대한 성적 대상화 관습에 기반을 두고 여성을 동등한 인격을 갖춘 시민으로 인정하지 않는 현재의 성차별적 인식 구조"를 보여 준다고 지적했다. 이와 같이 디지털 성폭력은 '젠더 기반 폭력'에서 가부장제와 여성에 대한 성적 대상화 문제로 확장되었다(김민정, 2017. 7. 30). "호기심에 찍었다"는 가해자 발언은 관련 사안을 장난이나 호기심으로 격하시키며, 가해자가 여성의 특정 부위 이미지에 "중독"됐다는 식으로 가해자의 정신적 상태를 거론하는 것 또한 가해자에게 면죄부를 주는 것이다. 해당 사안은 "추악한 관음 사회," "관음의 나라"로 여성을 대상화하는 사회의 남성 중심적 분위기에 대한 비판으로 확장된다(김혜영, 2017. 8. 5). "몰카 영상이 음란물과 뒤섞여 하나의 장르"가 돼 버리고 "심지어 제작된 성인 포르노보다 더 높은 조회 수를 기록하는 현실은 한국 사회가 앓는 관음의 병리"를 보여 준다(김혜영, 2017. 8. 5). 이와 같이 언어가 사회적 현실을 구성한다는 인식하에 언어적 전환과 젠더 폭력으로 확장시키려는 시도가 진행되었다.

디지털 성폭력의 사례들은 1990년대 인터넷 등장 이후 이어져 온 관습적인 여성 인권 침해임에도 처벌이 제대로 이루어지지 않아 왔다. 또한 기술 발전에 따른 다양한 가해 행위를 현행 법이 포괄하지 못해 왔으며, 그마저도 처벌이 미약해 별다른 문제의식 없이 장난이자 놀이문화로서 여성의 성적 이미지화가 정착해 왔다.

이러한 현실에서 현행법의 문제와 사법적 판단의 문제가 지적되었다. 앞서 키친(Kitchen, 2015)이 제시한 미국 사례와 유사하게, 한국에도 제삼자가 촬영한 불법 촬영물의 경우만 처벌이 가능했고, 자신의 신체를 직접 촬영했을 경우 의사에 반해 유포되더라도 처벌이 불가능했다. 또, 스스로 찍은 촬영물을 제삼자가 동의 없이 유포하는 경우 '명예훼손'은 적용될 수 있었지만 성폭력 범죄로는 처벌할 수 없었다. '카메라등이용촬영죄'를 규정한 성폭력처벌법 제14조에서 "다른 사람의 신체를 촬영하고 유포한 경우"로 그 대상을 명백히 한정했기 때문이다. 또 '불법 촬영'물에 찍힌 여성의 신체 부위에 따라 가해자 처벌이 결정돼 왔다. 실제 서울 지역 법원의 불법 촬영 범죄 판결 1심 선고에서 벌금형이 72%로 가장 많이 선고됐고 액수는 200만 원(26.6%)에서 300만 원(22%)에 몰려 있는 것으로 나타났다. 미약한 처벌과 무죄 선고가 반복되면서 검찰 기소도 하락하고 있으며 벌금 액수와 관계없이 40시간의 성폭력 치료 강의 수강 명령의 획일성에 대한 비판이 있었다(김혜영, 2017. 8. 5).

DSO는 특히 디지털 기기를 범죄에 이용하는 가해자의 행동 분류를 공급형 범죄인 제작 성폭력과 유포 성폭력, 수요형 범죄인 참여 성폭력, 시청 성폭력 및 시청 강간 등으로 나누어 가해자 유형을 제작에서부터 소비까지 세분화하고, '소비' 또한 가해 행위임을 강조했다. 한국사이버성폭력대응센터 또한 '소비' 행위도 가해임을 주장하며 유출 영상 삭제 등 운영 자금 확보를 위한 크라우드펀딩을 실시했다. 이러한 담론 전략은 소비가 유통과 제작의 동력이 되는 디지털 성폭력의 생태계를 고려한 것이며, 보통의 일반 시청자들의 '소비' 행위가 근절되어야 디지털 성폭력의 문제가 해결될 수 있음을 강조하는 것이다.

당시 진선미, 남인순 국회의원실과 이러한 단체들의 협업으로 리벤지 포르노를 성범죄로 규정하고 성폭력범죄의처벌등에관한 특례법 일부 개정안이 발의되었고, 여성가족부는 피해 촬영물의 삭제 비용을 가해자에게 부과하도록 하는 내용의 법안을 발의해 국회 여성가족위원회에서 통과되었다. 이와 같이 한국사이버성폭력대응센터, DSO 등의 운동 단체는 '의회적 권력'을 요청하기 위해 국회의원실과 협업하거나, 미디어 담론 개선을 위해 페이스북, 카드 뉴스, 행정부와 협업하는 등의 노력을 기울였다.

입법적 노력과 더불어 정부 주도로 문제를 해결하기 위한 시도가 이루어져 갔다. 방송통신심의위원회에 신고되는 사생활 침해 정보 중 개인 성행위 영상 등 초상권 침해 정보 시정 요구 건수가 2013년 9월 현재 전년 대비 36%가 증가하는 등 해마다 급증하는 것으로 나타났다(방송통신심의위원회, 2013. 10. 29). 문재인 대통령은 후보 시절 소위 리벤지 포르노에 대한 처벌 강화를 국민 10대 공약의 네 번째에 배치했고 당선 후 이행으로 시민적 관심을 환기했다. 2018년 경찰청은 '사이버성폭력전담반'을 꾸렸고, 방송통신심의위원회는 '디지털성범죄대응팀'을 신설해 긴급 심의 제도를 활성하고 편집, 변형된 불법 영상물 유통 차단을 위해 DNA 필터링 기술 적용을 추진한다고 밝혔다. 여성가족부는 디지털 성범죄 피해자를 돕는 방향으로 정책 기조를 설정하고, 디지털 성범죄의 특성상 유출된 영상 삭제를 피해자가 감당해야 하는 현실에서 삭제 비용을 정부가 지원하고 가해자에게 청구하겠다는 안을 발표했다. 정부와 더불어민주당은 디지털 성범죄의 피해 방지 대책을 마련하기 위한 당정 협의를 통해 리벤지 포르노의 유포와 관련한 처벌을 강화하고 몰카로 번 돈에 대해 전액 몰수 혹은 추징할 것을 밝혔다. 여성가족부, 경찰청, 방송통신심의위원회 등 관련 부처가 피해 촬영물의 추가 확산을 방지하고 피해자 보호, 해외 사이트 문제 등에서 적극 협업하기로 했다. 이처럼 정부 주도로 '피해자 지원'과 '가해자 처벌 강화'가 되어 가는 한편으로, 이 사안의 해결이 인식의 전환을 전제해야 한다는 점이 강조된다. 저널리즘의 담론도 단순 보도에서 여성 혐오적 문화에 대한 성찰 등을 강조하는 기획, 의견 기사 등으로 확장되는 경향을 보였다.

이처럼 불법 촬영 및 비동의 유포가 디지털 성폭력의 주요 유형으로 나타나면서 이를 불법화하려는 담론 전략이 적극적으로 전개되었다. 이는 피해의 심각성에 대한 강조부터 미디어 담론의 용어 문제와 사법 판결의 가해자 중심성을 지적하면서 우리 사회의 기술문화와 법 담론이 남성 중심적 입장에서 구성되어 있음을 드러냈다. 또한 강남역 살인 사건 이후 젊은 여성들을 중심으로 '페미사이드'에 대한 민감도가 높아졌다. 미투 운동 이후 사회의 성차별적 구조와 담론, 법 규제의 편향성이 소셜 미디어 중심으로 제기되었다.

디지털 성폭력의 불법화는 다양한 행위자들의 연합과 캠페인, 담론화 전략, 자원 동원 과정 등을 통해 역동적으로 구성되었다. 디지털 성폭력물이 포르노그래피 혹은 야동으로 남성 사회에서는 (시각적, 성적 쾌락을 충족시키는) 다양한 성적 표현물의 연장선상에서 소비돼 왔다는 점에서, 관련 행위자들은 이러한 디지털 성폭력물의 제작 및 유포뿐만 아니라 소비도 가해 행위임을 주장하고, 이러한 문화 자체에 대한 성찰을 유도하고자 했다. 이는 시민 단체의 담론화 작업, 의회 권력과 언론을 활용하는 자원 동원 전략 등으로 사회적 의제로 설정됐고, 정부 유관 부처의 협업, 정부 주도의 강력한 처벌 의지 등으로 확장되었다. 또한 달라진 미디어 환경에서 소셜 플랫폼을 통해 담론이 유통되면서 사법 처벌 강화와 전통 언론 담론의 시각, 용어의 문제를 개선하도록 요구하고 사건을 정치화하려는 시도가 이루어져 왔다.

디지털 생태계에서 여성의 몸이 유통, 거래되는 방식에 익숙해 있던 젊은 여성들은 자신들의 피해를 설명하는 언어를 개발하고, 디지털 생태계의 작동 방식에서 생산, 유통과 '소비'까지를 아우르는 행위자들의 문제들을 상기시키면서 디지털 성폭력의 '불법화'라는 사회적 설득을 이루어내고자 했다. 또한 자발적 결사체로서 디지털 기술에 대한 모니터링과 삭제 지원, 형사 고소 과정 지원 등의 과정을 수행하면서 기술적, 법적 전문성을 획득하게 되었다(백가을, 2021).

이 과정은 실제 입법, 행정, 사법부라는 구체적인 '국가 권력'을 요구하고, 입법과 집행, 담론의 변화 등 세부적인 전략으로 나타났다. 이러한 과정은 그 자체로 매우 의미 있는 액티비즘의 일환이었음에도, 그 자체로 가부장제 아래 '2등 시민'으로서의 여성 위치를 반영하였다. 여성의 인권이 침해되고 명성이 파괴되는 일상에 대해 구구절절 설명이 필요하다는 것은 인구의 절반을 차지함에도 주류의 권력을 갖지 못하고 있다는 의미기 때문이다. 이러한 디지털 성폭력의 불법화 과정에서 법 제도 개선을 위한 노력, 양형 기준 강화, 언론 담론 전환을 위한 노력에도 불구하고, 여전히 피해는 발생하고 있다. 오히려 더욱 미시적이고 기술적인 작동 방식을 통해 신종의 성 착취 형태가 지속적으로 발생한다는 점에서 아직 '끝나지 않은 전쟁' 중에 있다.

5장

디지털 생태계와 젠더 문화

1. 디지털 플랫폼의 기술문화적 조건

개인이 행위자성을 갖고 대중을 결집시킬 수 있는 디지털 미디어 환경은 상업적 의도의 기술적 디자인과 기존의 사회문화적 질서의 결합으로 특정한 방향성을 가진 행위와 문화를 유발하고 있다. 여러 행위자의 문화적, 경제적, 사회적 상호 작용을 매개하는 서비스를 통칭하는 "플랫폼platform"이라는 용어는 이제 개인, 기업, 공적 제도 등과 관련해 필수 도구가 되고 있다(van Dijck, Poell, & de Waal, 2018). 플랫폼은 이용자의 콘텐츠 공유나 사회적 상호 작용을 호스팅·조직·유통시키고, 그 콘텐츠에 대한 제작이나 후원을 하지는 않지만 고객 서비스·광고·이윤을 위해 데이터를 처리하면서 정보 유통 아래에 있는 하부 구조를 만드는 온라인 사이트나 서비스라고 탈튼 길레스피Tarleton Gillespie(2018: 18)는 정리한다.

"웹의 플랫폼화"(Helmond, 2015)는 전 지구적 차원에서 이용자들을 끌어들이며 이용자 생산 콘텐츠User-Generated Content(UGC)와 이용자 생산 데이터User-Generated Data를 통해 수익을 실현하는 "플랫폼 자본주의"(Sirnick, 2016/2020)의 도래를 알린다. 닉 서르닉Nick Sirnick(2016/2020: 51~52)은 이러한 플랫폼이 다양한 집단을 매개하는 인프라 구조를 제공하고 네트워크 효과[34]를 생산하며 그

34 네트워크 효과는 이용자가 늘어날수록 다른 모든 이용자가 더 많은 가치를 갖게 되는 플랫폼 경제의 운영 원리로 이용자가 이용자를 불러오는 순환 효과를 낳기도 하지만 플랫폼의 독점으로 이어진다. 이용자가 확보된 후에는 자연적 한계가 없기 때문에 플랫폼 기업은 매우 빠른 속도로 성장할 수 있다(Sirnick, 2016/2020: 51~52).

것에 의존하는 특징을 갖는다고 주장한다.

여기서는 유튜브 등의 인터넷 개인 방송, 카카오톡, 텔레그램 등의 사례를 통해 많은 이용자가 확보되어 대중화된 플랫폼 서비스에서 어떠한 기술사회적 조건이 구성되며, 친밀성의 구조화 방식은 어떻게 나타나는지 살펴본다.

인터넷 개인 방송: 수익화의 기술사회적 조건

인터넷 개인 방송은 "인터넷망을 통해 유통되는 양방향성이 강조된 실시간 동영상 콘텐츠 서비스"(윤영석 · 이현우, 2016)로서, 기존의 소셜 미디어나 커뮤니티, 카페와 달리 창작자의 말과 몸짓 하나하나가 '수익'과 연결되는 사업이라는 점에서 비즈니스 논리가 단적으로 드러나는 인터넷 미디어 영역이다. 유튜브, 아프리카TV, 트위치 등으로 대표되는 인터넷 개인 방송의 영역은 각 플랫폼이 우선시하는 가치와 그에 따른 이용자 행위의 유도 방식에 따라 미묘한 차이를 갖는다. 헥터 포스티고Hector Postigo(2016)는 유튜브가 비즈니스 이익을 제공하면서 이용자들에게 일련의 이용/의미/실천을 만들어 내는 "디지털 노동의 아키텍처architectures of digital labor"를 제공한다고 보았다. 그는 '어포던스' 개념을 통해 유튜브가 기술적이고 사회적인 어포던스를 산출한다고 주장한다. 어포던스는 '행위 유도성'으로 설명되는데, 기술의 설계가 특정한 행위를 유발하도록 의도된 편향성을 갖는다는 의미다. 그러나 어포던스는 기술 설계자들이 상상한 방식과 이용자들에 의해 이해되는 방식에 있어 차이를 보인다. 포스티고는 기술 어포던스technical affordance와 사회적 어포던스social affordance를 구분하면서 전자가 기술이 가능하게 하는 일련의 기능이라면 후자는 주어진 기술 구조와 관련해 형성되는 사회적 구조라고 설명한다.[35]

유튜브의 업로드 방식, 동영상 평가 체계, 댓글 시스템, 선호 동영상, 구독 시스템, 광고 시스템 등은 이용자들의 행위를 유도하는 기술적 아키텍처로서 작동한다. 또 대규모 팔로워 기반을 유지하고 성장시키는 네트워크 노드로서의 유튜브 스타, 기업과 스타의 수익 축적 및 사회적 보상(인기, 지위)을 제공하는 아키텍처에서 스타 간의 갈등이 있다 하더라도 이용자들이 플랫폼을 떠나지 않는 한 유튜브는 큰 타격을 입지 않는다(Postigo, 2016: 345).

이러한 기술적 요소와 사회적 요소는 인터넷 개인 방송에서 수익화를 위한 조건을 형성하고 실행시킨다. 이동후 등(2021)은 이를 참고로 인터넷 개인 방송의 수익화를 유발하는 기술적 요소와 사회문화적 젠더 구조를 분석한다. 기술적 요소는 유튜브, 트위치 등에서 별풍선, 광고 수익, 후원 등의 수익화 시스템과 룰렛 등을 통한 재미 요소들을 가능하게 한다. 한편 사회적 어포던스는 이러한 기술적 어포던스가 기존의 젠더 문화와 결합하여 특정한 행위와 문화를 유발하고 정착시키는 방식을 보여 준다. 예를 들어 게임을 좋아하고 게임 플레이를 스트리밍하는 여성 게임 스트리머

35 포스티고에 따르면, 기술적 어포던스는 전화의 발명이 장거리 대화를 가능하게 하고 항생제가 감염을 물리치게 하며 유튜브는 아마추어 비디오를 '방송'할 수 있게 하는 등의 기술로 인해 가능해진 실천을 말한다. 사회적 어포던스는 전화가 거리에 대한 우리 인식과 시장 관행을 재구성한 사례(Postigo, 2016: 335~336)처럼 기술로 인해 가능해진 사회적 인식 변화 혹은 사회적 활용의 측면을 의미한다.

들은 남성이 지배적인 게이밍 문화와 유튜브 알고리즘 환경에서 자신의 '가시성'을 어떻게 확보할지 고민한다. 게임을 주 콘텐츠로 삼지만 유튜브 섬네일의 관습적 여성 재현 방식을 고려해 노출의 정도와 계산된 성적 매력을 유지하고 자막 크기와 내용, 콘텐츠의 구성 방식 등에서 섬세한 고려와 고민을 이어간다. 여성 스트리머들은 플랫폼의 수익 구조와 끊임없이 협상하면서 자본으로 치환될 수 있는 정동 노동을 수행하고 플랫폼의 사회기술적 어포던스에 의해 제한된 선택지를 갖는다(이동후 외, 2021).

한국 사회에서 2017년 미투 운동 이후 온라인 공간에서의 페미니즘에 대한 백래시는 언론 및 정치 갈등의 소재로 활용되면서 젠더 갈등을 심화시켜 왔다(김수아, 2019). 이미 젠더화된 온라인 공간의 질서와 분화는 유튜브 등을 통해 더 극단화되며 비즈니스화했다. 김지수와 윤석민(2019)은 인터넷 개인 방송에서 창작자들의 여성 혐오 발언이 우연적인 것이 아니라 철저히 '수익 지향적'임을 밝힌다. 방송 조회 수, 구독자 수, 시청자 수, 별풍선 등의 후원금, 광고, 스폰서 등을 고려한 의도된 행위인 것이다.

또한 '실시간성'은 특정 발언과 행위를 통해 창작자와 시청자 사이에 '혐오의 정동'이라는 공통된 감정을 결집시킨다. 실시간 채팅을 통한 즉각적 반응으로 쌍방향성, 반응성, 개인 맞춤성 등의 상호작용성을 구현하는(김민정 · 최윤정, 2018) 인터넷 개인 방송은 여성 유튜버에게 특히나 취약한 환경을 제공한다. 유튜버끼리 다른 유튜버에게 시청자를 보내거나 실시간으로 다른 유튜버의 방을 탐색하는 '탐방' 문화는 무방비 상태에서 이루어지는 성적 공격, 실시간 모욕, 협박, 폭력 등에 여성 창작자를 노출시킨다. 또 피해의 증거를 남기지 못하게 하고, 특정한 상황에 대한 창작자의 통제력을 상실시킨다.

여성 혐오 문화와 유튜브의 기술적 속성은 수익화를 위한 비즈니스적 목적으로 결합된다. 2017년 8월 10일 남성 유튜버가 여성 유튜버를 살해하겠다고 협박하며 추적 과정을 생중계하기도 했다.

> 일례로 지난 2017년 남성과 여성 혐오 논쟁으로 시작된 '갓건배 사건'은 공개 살해 협박으로까지 이어졌다. (……) 한 유튜버는 "후원금이 모이면 갓건배를 죽이러 가겠다"고 말해 실제로 그의 주소로 짐작되는 곳으로 향하는 사건이 일어나기도 했다. (……) 혐오 발언이 성행하는 배경에는 조회 수가 돈이 되는 유튜브의 구조라는 지적이 나온다. 혐오 발언의 좋고 싫음을 떠나 일단 클릭하면 유튜버에게 돈이 되기 때문이다. (이진혁, 2019. 2. 9)

> 가짜뉴스와 혐오 콘텐츠가 판을 치는 것은 금전적인 이유 때문이다. 유튜브 내 동영상 광고 수익은 대략 조회 수 1000회당 1달러 수준이다. 조회 수가 100만 회라면 1000달러(약 110만 원)의 수익이 벌리는 셈이다. 자극적인 영상으로 '한방'을 노리는 유튜버가 늘어날 수밖에 없는 환경이다. (배태웅, 2018. 8. 1)

인터넷 개인 방송은 여성 혐오 발언 생산에 최적화된 환경이 된다. 첫째, 이용자들이 동일한 입장이나 의견을 가진 이들과 배타적으로 소통하게 하여 혐오를 공고히 하는 에코 체임버echo chamber[36]의 역할을 수행한다. 배타성, 시청자에 대한 충성 등을 통해 부적절한 언행이 쉽게 이루어지며 이를 교정할 수 있는 여지도 축소된다. 둘째, 적극적인 혹은 고정적인 시청 집단 확보는 광고 수익 등의 수익과 연관된다. 셋째, 제목과 섬네일을 통해 검색 조회 수를 높이는 전략을 위해 인터넷 개인 방송이 활용된다(김지수 · 윤석민, 2019: 54). 이러한 유튜브의 어포던스하에 '갓건배' 사건은 유튜브상에서 '놀이'가 되어 초중등생들의 연관 콘텐츠로도 생산되었다. 해당 영상의 최대 시청자 수는 약 7,000명이었다.

> 지난 9~10일자로 유튜브에서 '갓건배 저격'을 검색하자 영상이 총 176개가 나왔다. 이들 중 초등학생이나 중학생으로 보이는 얼굴이 공개된 영상은 17개였다. 제목에 '저격'이라는 단어를 쓰지 않은 영상도 있었던 점을 감안하면 초등 · 중학생이 얼굴을 공개한 채 '갓건배'를 비난하는 영상은 수십 개가 있었을 것으로 보인다. (윤승민 · 심윤지, 2017. 8. 11)

이러한 인터넷 개인 방송의 새로운 미디어 특성은 여성의 활동과 행위자성을 제약하는 데 활용된다. 그런데 위의 사건에서 방송을 진행한 가해자는 경범죄처벌법상 '불안감 조성' 행위로 범칙금 5만 원을 통고받고 귀가했다.

36 자신의 목소리가 울리는 '반향실'을 의미하는 '에코 체임버'는 소셜 미디어의 여론 극화를 의미한다. 동종의 의견만이 들리고 그리하여 기존의 편향된 의견이 강화되는 효과를 뜻한다.

> 법조계 관계자에 따르면 형법상 살인은 피해자가 특정되어야 하고, 범죄 방법이 구체화되어 있지 않으면 성립하기 어렵다고 한다. 또한 김윤태에게 후원금을 전달하거나 그를 부추긴 사람들 또한 그가 처벌받지 않는 한, 방조범으로 처벌받기 어렵다. (……) 유튜브에서는 "개별 채널에 대해 코멘트를 하지는 않습니다. 유튜브에서는 커뮤니티 가이드라인을 지키는지에 대해 신중하게 들여다보고 있습니다"라는 입장만을 내놓았다. 또한 방송통신심의위원회에서는 "직접 나서서 규제를 하는 것이 아니라 시정 권고를 할 수 있다. 국내 사업자의 경우 직접적으로 시정 요구를 할 수 있는데, 유튜브 같은 해외 사업자의 경우 우리 법이 그 사업자들에게 적용되지 않는다"고 밝혔다. (서지연, 2017. 8. 22)

또 일명 '왁싱샵 살인 사건'의 경우 2017년 3월 한 유튜버의 방송을 통해 피해자의 근무 형태와 매장 정보 등이 노출된 경우로 여성에 대한 신상 털기가 실제 여성에 대한 물리적 공격과 폭력, 심지어 살인까지를 유발한 사례다. 이러한 사례들은 개인 방송을 하는 여성 창작자들이 자기 얼굴을 드러내지 않고 방송하는 선택을 하게 하거나, 최대한 여성성이 드러나지 않게 털털한 모습으로 방송하는 방식, 혹은 자기 집이나 현실의 직업이 드러나지 않도록 조심하게 한다(이동후 외, 2021).

섬네일을 통해 수많은 창작자 중에서 압도적인 시각적 외양의 우위를 가져야 하는 유튜브 환경에서 여성 창작자들은 외모, 몸, 목소리 등의 '신체 자본'을 어떠한 방식으로 활용할 것인가를 두고 협상 및 타협해야 하는 상황에 직면하기도 한다. '여캠' 방송은 여성성과 성적 자극, 선정성을 강조하여 돈을 벌어들이는 음란 방송으로 비난받는가 하면, 캠을 이용해 자신의 재능을 발휘하는 여성이라는 확장된 의미로 수용되기도 한다(이동후 외, 2021: 64). 인터넷 개인 방송을 통해 여성을 소비하는 제한된 방식 내에서 여성 유튜버는 특정한 방식을 선택해야 한다. 한 여성 유튜버는 속옷 차림으로 승무원 유니폼을 입으며 소개하는 '승무원 룩북'으로 논란이 된 바 있다. 이 사례에서 여성 유튜버는 해외 플랫폼에서 유료 구독자를 위한 더 수위 높은 영상과 입던 속옷을 준다는 이벤트로 논란을 일으키기도 했다. 이는 여성 유튜버가 개인 방송 시장에서 자신의 몸과 벌이는 아슬아슬한 줄타기를 보여 준다(김서현, 2021. 12. 21).

여성의 몸이 인터넷 개인 방송에서 소비되는 방식은 실시간성을 바탕으로 더욱더 자극적이고 집단적 형태를 띤다. 인터넷 개인 방송은 범죄의 수단으로도 활용되는데, 앞선 사례들처럼 여성을 실시간으로 위협하러 가는 생방송으로 후원금을 모으는가 하면, 여성의 신상 정보를 범죄에 악용할 뿐만 아니라 일명 '벗방'(의상 노출이 심한 방송)에 여성을 동원하는 사례마저 다수 등장하고 있다. 김정혜 등(2021)에 따르면, 여성 청소년이나 젊은 여성을 술이나 약에 취한 '항거 불능' 상태로 만들어 계약서를 작성하게 한 후 개인 방송 채널을 통해 실시간 '벗방'을 하는 경우가 발생하였다. 유튜버에 대한 대중적 인기와 더불어 피해자 연령은 점차 낮아지고 있다. 한 남성은 2020년 8월부터 1년간 유명 유튜버의 영상에 구독자 많은 계정을 무료로 나누어 준다는 댓글을 달아 10세 안팎의 아동 4명을 유인했다. 이 남성은 유인한 아동들에게 스마트폰 원격 제어 앱을 설치하게 해 아동의 신체를 불법 촬영한 혐의로 붙잡혔다(이정하, 2023. 3. 8).

이처럼 유튜브 같은 인터넷 개인 방송을 통해 다양한 유형의 성 착취 및 젠더 폭력이 벌어지고 있다. 유튜브는 창작자 개개인이 깰 수 없는 다양한 독성 문화를 여성에게 부과한다. 여성 창작자들은 선정적인 콘텐츠로 돈을 벌 것인지, 어느 정도의 수위를 자신의 주력 콘텐츠로 삼을 것인지 선택해야 하는 상황에 놓이게 된다. 이는 지극히 제한적인 방식의 선택지 안에서 이루어지는 것으로 여성을 성적인 대상으로 환원시키는 방식을 손쉽게 채택하게 만든다. 또한 자신을 드러내고 자유롭게 표현할 수 있는 미디어로서의 유튜브는 적어도 여성에게는 허용되지 않는 듯 보인다. 유튜브가 전 국민의 일상적 미디어로 부상한 지금, 구체적인 사례들을 통해 플랫폼이 수행하는 '혐오 비즈니스'의 맥락을 파악하고, 이에 대한 사회적 책무를 기업에 부과해야 한다.

카카오톡: 동질적 단톡방 문화

카카오톡은 2010년 3월 서비스를 시작하였다. 아이폰이 국내 출시된 지 4개월여 만이었다. 스마트폰 시장에 발 빠르게 진입한 카카오톡은 한국의 모바일 채팅 시장을 점령한 후, 확보된 회원을 바탕으로 다양한 서비스를 확장했다. 카카오톡은 정부의 검열을 우려한 '텔레그램 망명' 전까지 대한민국 스마트폰 사용자 대부분이 쓰는 국민 메신저였으며, 일대일 채팅 서비스뿐 아니라 사회적 공동체를 기준으로 한 단톡방, 오픈채팅방 등으로 영역을 확장했다. 2014년에는 다음과 합병하여 2015년 다음카카오로 사명을 변경했다.

2014년 무렵부터 단체 채팅방을 의미하는 카카오톡 단톡방에서 불법 촬영물의 비동의 유포, 여성 지인에 대한 성적 비하 및 모욕, 외모 품평이 일어나는 사례가 드러나기 시작했다. 이러한 사례는 남성 기자, 대학생 단톡방에서부터 남성 연예인 단톡방에 이르기까지 사회에 광범위하게 퍼져 있었다. 공통점은 여성을 성적인 이미지로 공유하고 감상하며 품평했다는 것이다.

윤보라(2020)는 '단톡방 성희롱' 사건이 불법 촬영 중심의 디지털 성폭력 논의에서 주변적 혹은 잔여적 범주로 다뤄지긴 했지만, 이 사례야말로 디지털 성폭력 논의가 갱신되어야 할 지점이라고 지적한다. 카카오톡은 스마트폰 중심의 미디어 환경에서 노동, 일상, 문화를 아우르는 지배적인 모바일 메신저로 자리 잡아 왔으며, 그 과정에서 '디지털 거주지digital dwelling'로서 구성되어 왔다는 것이다. 윤보라는 이 과정에 주목하면서 젠더 권력이 재배치되는 과정을 체계적으로 읽어 내야 한다고 주장한다. 윤보라에 따르면 PC 환경은 PC 이용을 위해 이동해야 하는 과정, 전원을 켜고 접속하는 과정 등 현실과 다른 세계로 입장하기 위해 거쳐야 하는 관문이 있는 것처럼 느껴져 사이버 공간, 가상 공간, 익명성 논의가 이어졌지만, 모바일 스마트폰 환경은 실시간으로 몸에 지닌 스마트폰을 통해 지인과 대화가 이루어진다는 점에서 거의 '현실'로 인식된다고 본다. 이러한 논의는 현실과 분리된, 새로운 공간으로서 초기 인터넷을 '사이버' 공간 혹은 '가상' 공간이라고 불렀던 때와 최근의 디지털 환경에 대한 이해가 변화했음을 보여 준다. 실제로 스마트폰 보급 이후 초연결성과 이동성의 결합으로 현실과 인터넷 공간은 끊김 없는 공간이 되었다. 몸에 체화된 스마트폰 채팅 서비스로 지인과 실시간 대화를 하는 디지털 자아는 PC 기반의 '익명적 자아'와 다르게 디지털 공간 속 자아와 현실의 자아 간의 간극이 그리 크지 않다.

> 디지털 자아가 이른바 사이버스페이스 속 익명적 자아로 존재했을 때 그 거리는 제법 분명했으며 그 거리를 인지하는 것도 크게 어렵지 않았다. '컴퓨터를 끄면 사라지는' 자아로 여겨졌기 때문이다. 물론 과거에도 상황과 조건에 따라 이 거리는 개인마다 다르게 측정될 수 있었으나 스마트폰으로 인해 나-디지털 자아의 일치가 압도적인 현실로 전제되는 오늘날과 그 의미가 같을 수는 없을 것이다. (윤보라, 2020: 139)

또한 윤보라는 한국 사회 특유의 '단톡'이 모임의 특수성과 권력관계가 반영된 관계적 대화를 발생시키고, 권력 비대칭에서 오는 친밀성의 수행 방식에서도 차이가 있다고 지적한다. 학교 폭력의 일환으로 '카톡 감옥'[37] 등이 이루어지듯이 카톡은 가상 공간이 아니라 현실의 연장선상에서 이해되며, 특정 개인이나 집단을 공적으로 괴롭히는 '제도화된 수단'이 될 수 있다는 것이다. 또 윤보라는 단톡방에서 남성 간 놀이문화이자 연대의 하나로 여성에 대한 성적 대상화와 성희롱이 일상화되었다는 분석에 더해 미

37 '카카오톡 감옥'의 줄임말로 초대받은 그룹 채팅에서 빠져나올 수 없는 상황을 말한다. 채팅방을 나가도 계속해서 초대하는 식으로 상대를 괴롭히는 신종의 폭력이다.

디어 환경 변화 이후 남성 친밀성의 구조화 방식에 대한 분석이 미진했다고 보았다. 남성 공동체 중심의 폐쇄적 단톡방의 구조화된 성희롱은 친밀한 남성들 사이의 질 낮은 언어폭력 정도로 여겨져 왔다. 이러한 인식은 디지털 공간에 안착된 '제도로서의 디지털 성폭력'을 통합적으로 접근하기 어렵게 한다(윤보라, 2020: 152).

이와 같은 논의는 디지털 성폭력을 불법 촬영과 사적 영상의 비동의 유포에 한정해 사유하고, 피해 영상물을 '삭제'하는 방식만으로 접근하는 것이 단편적인 사고임을 드러낸다. 피해 촬영물의 빠른 삭제는 당연히 필요하지만, 이는 이미 피해가 발생한 이후의 수습일 뿐이다. 즉 디지털 성폭력, 나아가 기술 매개 성폭력이 젠더 폭력의 일환임을 연속적으로 사유하는 것이 필요하다.

> '단톡방 성희롱' 사건의 가장 중요한 특징은 아마도 이곳에서 일어난 폭력이 철저하게 그 방의 문턱을 넘어서지 않아야 한다는 규칙, 해당 대화와 이미지의 활용은 오로지 그 방에 거주하는 사람들에게만 복무하도록 제도화되었다는 것이다. (……) '단톡방 성희롱'은 다른 범주의 디지털 성폭력과 달리 '들키지 않는 한' 피해자에게 직접적으로 폭력의 내용과 행위가 수신되지 않는다. 상대방을 괴롭힐 목적이 없다는 믿음 덕분에 이곳의 거주자들은 폭력이라고 규정하려는 도전으로부터 비교적 자유롭고 훨씬 대범해질 수 있다. (윤보라, 2020: 154)

윤보라의 논의에서 추가로 주목할 것은 남성들의 '사진 찍기' 실천에 대한 관심이다. 디지털 환경 이후 여성의 기기 활용과 사진 문화에 비해 남성의 사진 찍기 실천은 주목받지 못한 경향이 있으나, 이미 남성은 오랜 시간 동안 '여성을 찍어' 왔다. SLR, DSLR 카메라 등을 통해 남성 중심의 사진 동호회는 여성 모델을 대동한 출사 문화, 여성 모델과 스튜디오를 공동으로 구매해 합동으로 촬영하는 스튜디오 촬영회 등으로 나타났으며, 이는 디지털 이후 남성의 주요 취미 문화 중 일부였다. 컴퓨터 화소가 높아지고 디지털 사진의 품질이 좋아지면서 네이버의 포토갤러리나 각종 사진 커뮤니티, 클럽 등이 태동하였다. 이 과정에서 여성을 대상으로 한 '촬영 문화'와 카메라를 들고 집단으로 특정한 대상을 촬영하러 이동하는 '출사 문화'가 등장했다. 또 사진의 디지털화는 인터넷 공간을 사진의 공개적인 전시 공간으로 삼게 해 사람들의 욕구를 부추겼다. 특히 여성의 누드, 성적인 포즈 등은 사진 갤러리의 이른바 '1면'을 차지할 수 있는 방식 중 하나였다.

또한 '사진 공유'의 방식으로서 단톡방은 성별화된 온라인 커뮤니티의 댓글을 통해 익명의 대중과 비동시적으로 수행해 온 여성 '밈'의 공유를 통한 놀이문화를 지인들과의 실시간 채팅으로 실천하게 한다. 그러므로 윤보라의 지적대로 단톡방 성희롱 사건은 디지털 성폭력의 역사와 전체적 맥락에서 이해될 수 있어야 하며 '디지털 거주지'로서의 단톡방의 미디어 특성과 거기서 형성된 문화적 구성물로 이해될 필요가 있다. 남성 문화와 남성의 사진 찍기 문화, 그리고 전송·저장 장치 및 클라우드 기술의 발전으로 사진의 영구적 저장과 공유, 복제가 손쉬워지면서, 여성의 사진을 빌미로 협박하거나 유포하는 방식의 범죄 또한 흔하게 발생한다.

텔레그램 성 착취 사건과 익명성의 조건

카카오톡 단톡방의 남성 친밀성 수행 방식이 매우 한국적인 남성 공동체 문화와 결부된다면, 텔레그램은 '익명성에 기반을 둔 해외 플랫폼'이 어떻게 성 착취의 수단으로 사용되었는지를 보여 준다. 일명 'N번방 사건'으로 불리는 디지털 성 착취 사건은 해외 메신저 텔레그램에서 운영되던 아동·청소년 성 착취 방을 말한다. 탐사 보도 기획안을 준비하던 대학생 '추적단 불꽃'은 해당 사례를 발견하고 텔레그램에 잠입하여 한국 10대, 20대 남성들로 이루어진 성 착취 방의 실태를 조사하고 주류 미디어를 통해 폭로함으로써 만연한 성 착취 문제를 사회적 의제화하는 데 기여했다.

이미 연예인 승리, 정준영 등이 연루된 일명 버닝썬 사건과 단톡방 사건은 여성을 대상화하는 성범죄가 문화로 만연해 있음을 보여 주었다. 불법 촬영과 디지털 성폭력의 문제가 사회적으로 담론화되는 한편으로, 텔레그램을 통해 아동과 청소년을 대상으로 한 성 착취 범죄가 드러나면서 텔레그램의 익명성 보장이라는 기술적 조건이 '잡히지 않는다'는 감각을 공유하게 하고 성범죄를 '안심하고' 저지를 수 있는 기반처럼 작동하였음이 드러났다.

텔레그램이 한국 사회에서 화제가 된 것은 2014년으로 당시 보수 정권이 카카오톡을 포함한 국내 SNS를 대상으로 한 '검열'을 실시할 우려가 있다는 공포감이 확산된 때문이었다(정진욱, 2014. 9. 22). 텔레그램은 러시아 개발자가 만든 독일 모바일 메신저로 당시 한글 지원이 되지 않았지만 검열에서 자유로운 '사이버 망명지'로 인기가 높았다. 카카오톡이 아이디 검색을 통해 수많은 이용자와 연결될 수 있는 한편 텔레그램은 사용자 연락처에 저장된 상대만

연결된다는 특징이 있으며, 대화 상대나 내용을 암호화할 수 있어 보안성이 높다는 점이 주목을 끌었다.

> 소셜네트워크서비스(SNS)상에서 '카카오톡을 모니터링한다'는 등의 보안을 우려한 루머가 떠돌자 이용자들이 '사이버 망명'을 택한 것이다. 인터넷 업계에서 우려했던 이 같은 사이버 망명이 현실화된 셈이다. 텔레그램은 보안성을 최우선으로 한 메신저로, 모든 메시지는 암호화 처리된다. 지정된 기간 이후에 메시지가 자동 삭제되고 기록으로 남지도 않는다. 이용자들은 "통신 비밀을 침해받지 않으려고 피난 왔다," "빠르고 간결한데 보안까지 철저하다고 하니 마음에 든다"는 등의 반응을 보였다. (고승희, 2014. 9. 27)

텔레그램은 한국뿐 아니라 러시아, 이란 등 정치적 검열이 심한 국가들에서 높은 보안성으로 인기를 끌었다. 한국에서도 텔레그램 망명은 카카오톡에서 완벽하지 않은 익명성 보장과 보안을 이유로 한 것이었다. 하지만 서비스의 이러한 특성은 성 착취 사건에 악용되었다. 김정혜(2020)는 메시지 암호화 전송과 전달 금지, 캡처 행위 기록, 메시지 삭제, 자동 삭제 등 보안 강화를 위한 기능들이 성폭력 증거 인멸에 수월한 수단으로 작동되고 있다고 지적한다. 플랫폼 기업 또한 범죄에의 이용이나 비윤리적 사용에 대비하지 않고 보안성만을 강화해 플랫폼 내 범죄 수사에 대한 협조에 소극적이거나 국가에 제공할 기록을 애초 보유하지 않도록 설계하고 있다는 것이다. 증거 수집이 어렵고 은폐가 가능하다는 기대는 디지털 성폭력 범죄의 지속적 발생 원인으로 작동한다. 하지만 범행이 특정 플랫폼이나 온라인에서만 발생하는 것만은 아니므로 개별 플랫폼의 보안성만으로는 완전 은폐가 불가능하다. 내부 고발이나 증언도 늘어나고 있으며, 범죄 추적 기술 또한 발전하고 있다(김정혜, 2020).

실비아 세멘진Silvia Semenzin과 루시아 바이노티Lucia Bainotti(2020)는 텔레그램 특유의 어포던스가 비동의 유포를 추동하는 데 활용된다고 보았다. 특히 익명성, 플랫폼의 약한 규제, 거대한 남성 커뮤니티의 조직 가능성이라는 미디어성은 남성 참여자 중심의 여성 혐오적 문화와 헤게모니적 남성성을 강화시킨다고 보았다. 먼저, 텔레그램은 채널과 그룹이라는 두 가지 유형의 사회성을 생성하는데, 채널의 경우 참가자 수가 무제한이며 정보가 일대다 논리로 전송되는 특징이 있다. 이는 특정한 정보의 광범위한 확산을 가능하게 한다. 또 분산과 암호화가 특징으로 익명성과 보안이 구현 가능해짐으로써 극단주의, 합의되지 않은 성적인 내용의 이미지, 기타 음란물 등의 유통이 자유롭게 이루어진다. 또한 주로 개인 신고에 의존하는 비동의 유포의 경우 플랫폼의 느슨한 규제로 인해 거리낌 없이 이루어지고 있다. 세멘진과 바이노티는 텔레그램의 이러한 특성이 "동성 사회적 유대"를 강화시킨다고 보았다.

텔레그램 음란물 유통 채팅을 운영했던 한 운영자는 "나 하나 잡힌다고 해결될 문제가 아니라고 느꼈다"라면서 해당 사안을 제보했다. 이 제보자는 처음 한 온라인 커뮤니티 댓글의 음란방 초대 링크를 보고 호기심에 들어가 본 것이 자신이 음란물 유통방 운영을 시작한 계기라고 말했다. 한 번 단체방에 초대받으면 다른 단체방 링크를 접할 수 있으며, 어떤 방에는 2만 2,000명이 넘게 모여 있다. 또 음란방을 개설하면 3,000명을 모으는 데 30분도 걸리지 않는다고 밝혔다(임우진, 2020. 1. 7).

N번방 사건을 의제화한 추적단 불꽃은 불법 촬영과 관련한 기사 주제를 토대로 취재를 하다가 이른바 '노예'라 불리는 초중등학생들로 보이는 어린아이들 대상의 성 착취 사례를 접했고, 언론 제보를 통해 사회적 의제화했다(추적단 불꽃, 2020). 이 사건이 일명 N번방 사건으로 언론에 보도되기 시작하자 사회적 분노가 확산되었다. 또한 텔레그램과 암호 화폐와 같은 새로운 기술을 통한 신종 범죄로서 담론화되었다. 피해자가 10대 아동·청소년이라는 점, 성 착취의 정도가 정상 범주를 넘어 끔찍한 가해 행위라는 점, 새로운 미디어와 기술을 이용했다는 점이 신종의 범죄로 대중의 분노가 확산된 계기였다. 그러나 김주희(2020. 5. 12)는 이러한 사례들이 새로운 것이 아니라 "익숙한 것들의 새로운 조합"이며 "기술에 대한 호들갑"이 "젠더는 탈역사적"이라는 인식만을 강화할 뿐이라고 지적한다. "이러한 호기심은 끝없이 여성을 '새로운 얼굴new face'로 소비하며 비인간화해온 동력"으로 일부의 주동자뿐 아니라 호기심을 가진 참가자들 역시 이 사건의 적극 가담자라고 비판했다(김주희, 2020. 5. 12).

김수아(2020. 1. 19)는 "처벌받지 않는다는 강력한 확신"이 이 사건의 핵심적인 원동력이며, 가담자, 방관자의 역할, 피해자에게 책임을 돌리면서 보는 행위를 정당화하는 것이 피해 영속화의 근본 요인임을 지적한다.

양형 기준 문제 및 처벌의 실효성 문제를 해결하는 것이 일차적이다. 이런 일을 해도 처벌받지 않는다는 강력한 확신이 유포의 공포를 활용하면서 피해자를 착취하는 원동력이 되기 때문이다. 또한 관련 영상물을 보는 것과 방관하는 것이 문제를 키운다는 문화적 인식 구조의 변화 역시 함께 가야 한다. 피해자에게 책임을 돌리면서 보는 행위를 정당화하는 것이야말로 피해를 영속화하는 근본적 요인이기 때문이다. (김수아, 2020. 1. 19)

미디어의 익명성, 해외 서버, 플랫폼 기업의 비협조적 태도 등에도 불구하고 텔레그램상 마약 거래나 다른 불법 사안에 대해서는 어떻게든 수사가 이루어지는 데 반해, 성 착취 문제에 수사가 어렵다고 하는 이유는 한국 사회에서 여성에 대한 성폭력 문제를 비중 있게 다루어 오지 않았기 때문이다. 아래 기사는 피해자가 직접 가해자를 특정하여 경찰 조사를 이끌어 낸 사례다.

경찰에 따르면 초등학교 여교사 A씨는 지난해 10월께 자신의 사진이 텔레그램 방에서 합성돼 유출된 사진을 발견하고 관할 경찰서에 신고했다. 하지만 해당지역 경찰 관계자로부터 "보안이 강해 잡기 어렵다"는 말을 들은 A씨는 직접 가해자 추적에 나서 용의자를 동창 B씨로 특정하는 데 성공했다. (이무헌, 2020. 1. 22)

N번방 사건으로 언론 지상을 뜨겁게 달군 텔레그램 성 착취 사건은 주요 피의자들의 신상 공개로 이어졌다. SBS는 단독으로 박사방 운영자 조주빈의 신상을 공개했다. 그러나 신상 공

개와 관련한 보도 방식에 대한 문제 제기도 뒤따랐다. 가해자가 졸업한 학교를 찾아가 학교생활 이야기를 듣고 가해자의 학보사 활동, 좋은 성적과 장학금 수혜 등의 일상이 보도되었다(김상민, 2020. 3. 23). 이후 보도에서도 '학보사 출신,' '장애인 돕던 오빠,' '낮엔 봉사, 밤엔 박사,' '보육원 봉사… 학내 성폭력 예방 강조도,' '봉사 활동에 장학금도' 등 '이중생활,' '두 얼굴,' '과거 행적' 등과 같은 어휘가 자주 등장하면서 오프라인에서의 삶과 온라인에서의 삶이 전혀 다른 모습을 보였다는 점을 강조했다.

이러한 보도 방식은 여전히 언론이 성폭력 보도를 할 때 행위의 선정성과 자극적인 측면을 강조하고, 가해자의 서사에 몰입하여 성범죄자가 매우 평범한 '청년'임을 내세우는 방식으로 비판받았다. "악마의 삶을 멈추게 해줘서 고맙다"라는 조주빈의 발언을 그대로 기사화하거나 개인을 '악마화'하는 방식은 문제를 개인의 일탈로 여기게 한다는 점에서 비판받았다(최영주, 2020. 3. 25). 이수범과 송민호(2020)는 N번방 사건 보도에 대한 보수지, 진보지의 담론을 분석한 결과, 보수지와 진보지 모두 사건의 진행과정을 피상적으로 보도하고 'N번방 방지법'이라는 후속 대책에 대해 유사한 담론 형태를 나타냈다고 밝혔다. 또한, 보수지는 보다 가해자 중심적, 진보지는 피해자 중심적 담론의 양상을 보임과 동시에 정파적 성향을 띠었다고 지적한다. 이는 언론 보도가 이 사건을 선정적인 뉴스 혹은 스트레이트성 보도로 사안을 다루고 있음을 보여 준다.

2019년 10월 16일에는 다크웹에서 성 착취 불법 촬영물과 아동 성착취물 사이트 '웰컴투비디오(W2V)'를 운영한 손정우가 한국에서 징역 1년 6월을 선고받았다는 사실이 보도되었다. 손 씨는 2015년 7월부터 해당 사이트를 운영하며 아동 성착취물 3,055개를 판매하고 4억 원 가까이 벌어들인 것으로 나타났다.[38]

> 미국은 W2V에서 영상을 1회 다운로드한 이용자에 징역 70개월을 선고한 반면 손씨는 1심 재판에서 징역 2년 집행유예 3년을 선고받았다. "범죄 전력이 없고 나이가 어리며, 범행을 반성하고 있다"는 이유였다. 그나마 2심 재판부에서는 "1심의 형량이 가볍다"며 징역 1년6월 형을 선고하는 데 그쳤다. 손씨는 2020년 4월 27일 형기를 마쳤지만, 출소하지 못하고 구속 상태로 범죄인 인도 절차를 밟는다. (심윤지 외, 2020)

이 사건 또한 한국에서 성범죄에 대해 관대한 판결로 비판을 받았다. CNN 등은 20대, 30대 남성이 가해자인 이러한 성 착취 사건을 "한국 사회가 여성을 존중하지 않고 성범죄에 관대한 모습"이라 지적하며 이러한 사건의 주요 원인이 "여성 혐오"라며 비중 있게 보도했다(박현익, 2020. 11. 27).

38 한편 미국 법무부는 2018년 아동 음란물 배포, 돈세탁 등 6개 죄명과 9개 혐의로 손 씨를 기소하고 범죄인 인도 조약에 따라 그를 강제 송환해야 한다고 요구했다. 하지만 한국 법원은 한국 수사에 차질이 생긴다는 이유로 이를 불허해 논란이 일었다(이하나, 2020. 11. 10).

2. 기술 매개 성폭력과 친밀성의 변화

기술 매개 성폭력의 관계적 특징

디지털 성폭력은 주로 야동 혹은 포르노그래피의 연장선상에서 소비되어 왔던 여성을 성적 대상화하는 이미지의 일환으로서, 디지털 공간에서 생산/유통/소비와 놀이/폭력의 경계를 허물고 있음을 보여 주었다(김소라, 2018). 그러나 윤보라(2020)는 불법 촬영 중심으로 형성된 디지털 성폭력 논의의 갱신을 요청한다. 여성 이미지 중심으로 구성됐던 디지털 성폭력을 더 넓은 젠더 폭력의 양상 속에서 파악해야 한다는 것이다.

헨리와 파월(Henry & Powell, 2015)은 기술 매개 성폭력(Technology-Faciliated Sexual Violence: TFSV)이 "신기술을 이용하거나 신기술의 도움으로 자행되는 형사, 민사, 기타 유해한 성적으로 공격적인 일련의 집합적인 행위"로 정의했다. 또 ① 동의 없이 성적 이미지를 제작, 유포, 유포 위협, ② 성폭력 이미지를 제작, 유포, 유포 위협, ③ 전송 서비스를 성적 목적으로 이용, ④ 온라인 성적 괴롭힘 및 사이버 스토킹, ⑤ 젠더 기반 혐오 표현, ⑥ 가상 강간 등의 6개 유형으로 범주화했다(Henry & Powell, 2014: 85). 이 개념은 이미지의 제작/유통/소비와 관련한 디지털 성폭력의 특성을 넘어 신종의 기술이 매개된 다양한 젠더 기반 폭력을 포괄한다. 또 디지털 성폭력이 단일한 사건으로만 발생하는 것이 아니라 현실의 폭력 혹은 신상 공개, 평판의 훼손 등 다양한 방식의 모욕, 비하와 함께 발생하는 여성을 대상으로 한 성차별적 혐오 표현의 일환임을 강조한다.

기술 매개 성폭력의 논의는 크게 두 가지 차원에서 쟁점을 제기한다. 첫째, 기술 변화에 따라 발생하는 새로운 종류의 젠더 폭력에 대한 유형화를 요구한다. 이는 법 제도적 공백을 메우기 위해서기도 하지만, 문화적 차원에서 성차별의 개선이 근본적인 해결책임을 시사한다. 둘째, 기술 매개 성폭력 논의는 기술 변화에 따라 친밀성의 양상들이 어떻게 변동하고 있는지, 여성의 사적, 공적 삶에는 어떤 영향을 미치는지를 살피게 한다.

기술 환경은 테크 기업 중심의 자본주의 심화와 역사적으로 구조화된 가부장제 속성으로 더욱 젠더화된 결과를 야기해 왔다. 네트워크 연결성의 확장은 친밀성과 인간관계, 사교의 새로운 방식을 가져왔고, 이는 특정한 유형의 피해, 실시간/글로벌 수준의 피해 확산, 피해의 계층화되고 젠더화된 결과로 나타났다. 기술 작동과 운영 방식이 무인화, 자동화되면서 저항 대상과 방식이 모호해지고 있는 문제도 제기된다. 기술 매개 성폭력의 다양한 사례들은 여성 혐오와 성 착취 산업이 결합된 젠더 폭력이자(김한균, 2020), 기술이 매개되어 전통적인 성폭력의 영역을 확장시키고, 결국 여성의 기본권을 침해하는 결과를 야기한다(김정혜, 2020).

특히 기술 매개 성폭력이 발생하는 관계 유형을 살펴봄으로써 동시대 기술 환경에서 친밀성이 어떻게 변화하고 있는지 분석해 볼 수 있다. 기술 매개 성폭력의 유형은 많은 부분 과거 혹은 현재의 데이트 상대, 부부 등 '친밀한 관계'에서 나타나고 있으며, 가해자는 남성, 피해자는 여성이라는 성별화된 가해와 피해의 관계를 갖는다. 변신원(2020: 173)은 친밀한 관계에서의 폭력(Intimate Partner Violence: IPV)이 연인, 가족관계에서 일어나는 언어적, 비언어적, 정서적, 물리적 폭력을 말하며, 친밀함을 이용한 강압과 통제가 특징이라고 설명한다. 특히 전통적인 가부장적 남성성 수행의 관점에서 여성을 소유물로 간주하고 그에 벗어난 행위에 대해 물리적, 정서적 폭력을 행한다는 점에서 친밀한 폭력의 행위는 전형적 젠더 수행과 일정한 상관성을 지닌다. 또 기술 발전에 따라 기술이 매개된 '스토킹' 방식이 가장 흔한 사례로 거론된다. 협박을 포함한 전화, 문자 메시지, GPS 등 모바일 위치 추적, 메일이나 문자 메시지 확인하기 등의 사례들은 애정으로 오인되거나 가정 내에서 해결되어야 할 가정의 문제로 간주되어 심각하게 다루어지지 않아 왔다. 또한, 반복적 문자 전송이나 위치 추적 등의 방식은 개인 정보가 유포된 경우 친밀한 관계가 아니더라도 발생하는 주요 유형으로 부상하고 있다(변신원, 2020: 173).

앞서 디지털 성폭력의 불법화 과정에서 주요한 이슈로 부상했던 '불법 촬영'이 길거리의 모르는 여성 대중을 향한 것이라면, 또 하나의 주요 이슈였던 사적 영상물의 '비동의 유포'는 친밀한 관계에서 발생하는 대표적인 사례로 주로 연인 간 성관계 영상의 유포나 거래를 말한다. 한국사이버성폭력대응센터 사례 분석에 따르면, 피해 유형의 37%가 비동의 성적 촬영물 유포로 나타났으며, 가해자가 대부분 전 애인 등 친밀한 관계인 것으로 나타났다(서승희, 2017: 64~65). 성폭력이 일반적으로 친밀한 관계에서 일어난다는 문제도 있지만, 성관계 영상의 유포라는 것이 여성의 사적, 공적 인간관계 및 일상을 붕괴시킬 수 있는 복수로 여겨지는 분위기에서 비동의 유포는 피해자인 여성의 공적·사적 관계의 단절로 이어지는 경우가 잦다. 김지현과 전종설(2021)에 따르면, 여성은 친밀한 관계를 유지하기 위해 어쩔 수 없이 성관계 및 누드 촬영에 임하거나 동조하는 '강제적 허용' 단계를 경험한다. 이후 이러한 상황에 문제의식을 느껴 신고 등의 조치를 취하는 대응의 과정을 거쳐, 조사 및 재판 과정에서 자신의 피해가 인정되지 않는 좌절의 단계를 거친다. 이내 피해 여성은 사회적 통념을 받아들이고 자신을 원망하거나 포기하는 '저항을 체념'하는 단계에 접어들고, 끝나지 않은 유포 등으로 피해가 영원할 것이라고 자각하는 '자각의 재생성' 단계를 거쳤다. 이 같은 과정은 여성의 피해가 사회적으로 담론화되지 않고 구제되지 못하는 현실을 보여 준다.

친밀한 관계에서 발생하는 기술 매개 성폭력 유형은 남성 가해자, 여성 피해자라는 매우 젠더화된 특성이 있으며, 이별 이후 비동의 유포가 이루어지거나, 합성 등을 통해 단톡방을 통해 공유되기도 했다. 또 모르는 사람에게 전송하여 유포를 방조하거나 해외 포르노 사이트에 직접 유포하는 경우, 다른 성 착취 및 불법 촬영 이미지와 거래하는 경우도 있었다. 피해 연령은 20대에서도 빈번하게 발생하지만 중장년층에서도 발생했으며, 동성 커플의 경우에도 발생했다(김정혜 외, 2021: 36).

비동의 유포를 피해자가 인지할 경우 (친밀한 관계였던 만큼) 피해자들은 우울감, 상실감, 불안감 등 정신적 충격과 함께 사회적 관계에 대한 신뢰감 저하, 추후 유포에 대한 불안감을 호소한다. 유포를 인지하면 추후의 유포가 발생할 것이라는 불안이 일상을 잠식하게 된다. 실제로 촬영을 인지하게 되면 끊임없는 유포 불안이 이어진다. 더군다나 이를 해결할 방안 또한 많지 않았다(김애라, 2022). 증거 수집을 위해 유포를 방치해야 하거나, 가해자에게 삭제 구상권을 청구하더라도 (디지털 장의사 업체가 폐업하거나 재유포하는 등으로) 삭제 자체가 제대로 이루어지지 않았다(김정혜 외, 2021: 36).

직장 동료의 자리나 직장 화장실에 카메라를 설치하거나 동료에게 카메라가 설치된 선물을 건네 가정 내 사적 일상을 감시하는 경우도 있었다. 이렇게 설치된 카메라를 통해 수집된 영상은 웹상으로 빠르게 퍼져나갔다. 이를 적발한다고 해도 직장 내에서 성범죄 처리가 적절히 이루어지지 않고 성폭력 피해가 인정되지 않아 피해자가 퇴사하는 경우도 있다. 피해자가 경제적, 사회적 피해를 추가적으로 입게 되는 것이다. 또 스튜디오 촬영의 모델로 활동하며 신체나 얼굴을 촬영한 경우 유포 피해가 이어지기도 한다. 가해자 남성과의 계약 관계로 인터넷 '벗방'에 동원되거나 모르는 사이에 실시간 방송에 참여해 규모를 가늠하기 어려운 피해를 경험하기도 한다. 채무 탕감을 빌미로 성적 이미지 촬영이 이어지고 촬영물이 협박 수단이 되기도 한다. 근로 계약서를 작성해 자발적인 촬영을 하게 하거나 성 착취에서 빠져나가지 못하게 하는 등의 사례도 있다(김정혜 외, 2021).

소셜 미디어나 채팅 앱 등을 통한 소통을 시작으로 알게 된 관계에서 발생하는 기술 매개 성폭력 유형도 잦았다. 이는 주로 10대, 20대 여성 피해로 나타나는데, 이는 온라인에서 젊은 여성을 오로지 '성적인 대상'으로 받아들이고 있음을 의미한다. 조건 만남, 스폰 만남 등을 통해 불법 촬영이 발생하거나 가출 청소년에게 거주지를 마련해 주는 대가로 영상을 요구하는 경우도 있었다. 특히 10대 피해자들은 성매매에 대한 처벌 우려와 사회적 비난을 두려워해 공론화를 어려워했다. 이를 이용해 강간, 촬영 및 유포 협박 등이 추가로 이어지기도 했다(김정혜 외, 2021).

유포와 재유포 단계에서 불특정 다수에 의한 피해가 확인되기도 한다. 유포 피해는 재유포 가능성으로 이어지는데, 실제로 수사 단계, 소송 단계, 재판 단계, 재판 이후 등의 과정에서 재유포가 발생하기도 한다. 진행 중인 사건에 병합이 어렵거나 추가적인 법적 조치를 취하기 어려워서 추가적인 유포 피해를 다루기 어려우며 온라인 환경에서 가해자 신상 특정이 어렵기 때문에 재유포의 경우 더욱 번거롭고 어려운 일이 된다. 유포 범위를 피해자가 확인하기 어렵다는 문제도 있다(김정혜, 2022. 4. 30).

이러한 다양한 사례들은 기술 매개 성폭력이 기술 시대의 새로운 친밀성을 다양한 방식으로 왜곡하고 악용하고 있으며 매우 젠더화된 폭력의 양상으로 나타나고 있음을 보여 준다. 김남미와 조상현(2020)은 젠더 폭력의 양상이 전통적 젠더 폭력인 페미사이드, 가정 폭력, 성폭력과 더불어 기술 매개 사회의 본격화와 더불어 넓은 범주에서 스토킹, 데이트 폭력, 디지털 성폭력 등의 신종의 젠더 폭력으로 나타나고 있다고 지적한다. 여성에 대한 폭력이라는 '젠더 폭력'의 연장선상에서 양상과 내용은 중첩되어 나타난다는 것이다. 김정혜(2020)는 기술의 특성이나 플랫폼 기업의 정책 및 대응, 법 제도 등이 가해자를 보호하는 데 악용되고 있음을 지적한다. 그는 최신의 기술 매개 성폭력 사례들이 행위자들의 불법성 인식이 낮아 위법 행위가 널리 발생하고, 디지털 콘텐츠 특성으로 인해 피해가 무한 확대될 위험이 있으며, 공간의 익명성, 플랫폼 보안성으로 증거 수집이 어렵고 은폐가 용이하며, 피해자 취약성을 이용한 범죄에 대한 발견이 어렵고 성인 여성 피해가 상대적으로 사소화되는 경향이 있다고 정리한다. 특정 사건이 발생했을 때 사회 여론에 따라 법을 개정하거나 추가해 온 한국 상황에서 기술 매개 성폭력은 젠더 폭력이라는 구조적 조건 속에서 논의되기보다는 단편적이고 파편화된 사건 중심으로 논의되고 있다.

김정혜(2020)는 가해자와 피해자의 다수가 10대, 20대이고 그 내용의 잔학성으로 인해 N번방 사건이 언론의 주목을 받았으나, 이러한 사례들이 피해 심각성이나 피해자의 취약성 정도, 사회 여론에 따라 파편화되어 다뤄지고 있다고 지적한다. 법체계에서도 '젠더 폭력'으로 통합되어 다뤄지거나 헌법상 기본권으로서 여성의 권리가 종합적으로 다뤄지지 못하다는 것이다.

이와 같이 오늘날 기술 매개 젠더 폭력은 친밀한 관계에서 주로 발생하고 있으나 온라인상 알게 되거나 업무상 관계에서도 빈번히 발생하고 있으며, 불특정 다수의 가담으로 공유와 확산, 유포가 이루어지는 특성을 보인다.

유포에 대한 끊임없는 불안

기술 매개 성폭력의 가해와 피해는 매우 젠더화된 양상을 드러낸다. 특히 여성들은 유포 가능성에 대해 불안해했다. 유포 피해를 실질적으로 겪었는지와 관계없이 많은 피해자는 가해자가 자신과 관련한 성적 이미지를 촬영, 소지했다는 것만으로도 극심한 유포 불안에 시달린다. 디지털 환경에서 유포는 실시간으로 광범위하게 일어날 수 있으며, 이미지 저장, 복원, 조작 등과 관련해서도 피해가 확산된다. 가해자 클라우드나 휴대폰이 해킹당해 피해자 이미지가 유출되거나, 외장 하드 등의 저장 장치, 휴대폰, 노트북 등의 디지털 기기 분실 및 파손을 핑계로 가해자의 기기를 압수하지 못할 경우 유포 피해가 추가 발생하기도 한다. 또 삭제했던 이미지를 복원하여 유포가 이어지거나 유포에 대한 불안 피해를 겪기도 한다. 이러한 불안은 피해로 인정되지 못하며, 범위를 짐작하기 어렵다.

기술의 발전으로 피해 촬영물의 영구적 삭제는 어려운 것으로 나타난다. 가해자는 이를 빌미로 협박을 행사하며, 피해자는 끊임없는 피해와 불안을 호소한다. 불안감, 우울감, 공황 장애, 외상 후 스트레스 장애 등의 정신적 피해를 겪을 뿐 아니라 유포 사실이 직장, 학교에 알려져 직장에서 해고되거나 학교생활을 이어가지 못하는 사례도 있다. 영상과 신상이 함께 유포되어 개명하기도 하고, 심지어 자해나 자살을 시도하는 일도 있다. 피해자들의 고통은 정신적인 수준에서 심각할 뿐 아니라 경제적, 사회적, 일상적 차원에서도 가늠하지 못할 피해를 겪는다. 하지만 이에 대한 해결책이 미흡해 개인 차원의 피해 경험으로 귀결된다.

김애라(2022)는 기술 매개 성폭력의 해악이 '음란성'에 있는 것이 아니라 개인 정보를 성애화한 수단화가 그 핵심이라고 지적한다. 기술 매개적 속성에 따라 피해자의 일상과 사회적 관계가 침해당하고 성적으로 통제되며, 피해가 종료되지 않고 영구적으로 이어지며, 피해 이후는 물론 피해 가능성으로 인한 불안과 공포의 심리 상태가 지속되는 등의 '실질적' 피해가 법 제도에서 인정되지 않고 있음을 지적한다.

이처럼 기술 매개 성폭력의 가해·피해 관계 유형은 디지털 기술 발전과 네트워크 환경 발전에 다른 상시적 연결성, 실시간성으로 여성의 일상에 매우 밀착된 형태로 진화되어 왔다. 가해자들은 디지털 기술이나 온라인 플랫폼 특성, 법의 취약성, 여성의 성에 대한 사회의 이중 잣대, 여성의 유포 불안을 노리고 신종의 가해 유형을 발전시키고 있다. 여성의 피해는 온/오프라인, 로컬/글로벌, 공/사 영역을 넘나들며 발생하며, 데이트 관계에서부터 온라인상 알게 된 관계, 직장/업무상 관계, 불특정 다수 등 공/사적 일상의 많은 사회적 관계에서 피해를 경험한다. 디지털 성폭력의 불법화와 관련 법 제도 정비가 있었음에도 여전히 포섭되지 않는 신종의 사례들과 여전히 차별적인 젠더 문화에 기반을 둔 피해 사례가 발생하고 있다.

3. 디지털 저널리즘 생태계에서 상품화된 젠더 뉴스

디지털 저널리즘 생태계에서 젠더 뉴스

미투 운동과 혜화역 시위는 언론을 중심으로 생산되는 담론의 성차별성을 지적하며 담론의 구조를 바꾸기 위한 노력으로 나타났다. 그러나 플랫폼 자본주의의 심화 과정에서 저널리즘 실천 또한 포털 및 소셜 플랫폼의 논리에 종속되어 왔다. 여기서는 디지털 저널리즘 '생태계'라는 차원에서 젠더 뉴스의 생산, 유통, 소비가 어떻게 이루어지는지를 비롯해 젠더 뉴스가 클릭 유발의 상품으로 자리 잡아 왔다는 점을 살펴본다.

새로운 기술을 매개로 형성되어 온 저널리즘은 광고를 매개로 뉴스 상품을 판매하는 작업이자 여론 형성의 주요한 수단으로 교통, 통신 기술의 발달과 더불어 원거리까지 뉴스 및 정보가 빠르게 확산되면서 '동시대인'이라는 인식과 '뉴스 대중'을 형성해 왔다. 이러한 과정은 저널리즘이 태생부터 상업적 이윤과 공적 가치 사이에서 저울질을 해야 하는 운명이며, 저널리즘이 '우리'와 '타자'의 구별짓기를 통해 갈등을 유발, 구성하는 역할을 수행해 왔다는 점을 보여 준다.

이러한 속성은 디지털 환경에서 상업적 이윤 추구의 일환으로 갈등을 뉴스 상품화하는 과정으로 이어져 왔다. 특히 '젠더 뉴스'는 클릭 유발의 상업적 뉴스로서 가치를 가지며 동시에 한국 사회 정치적 맥락에서 젠더 갈등으로 구성됐다. '젠더 뉴스'는 (디지털) 성폭력, 성매매, 가정 폭력 등의 젠더 폭력에 대한 뉴스, 여성(연예인)의 몸과 신상에 대한 뉴스, 여성가족부, 여성 경찰 및 군인 등에 대한 무용론, 성별 할당제, 페미니즘 이슈, 동성애 이슈 등 '젠더 갈등'을 유발하는 뉴스를 포괄한다. 이는 단순히 이분화된 성별 갈등을 유발하는 의미를 넘어 지배적인 남성성과 관련해 고정관념, 편견을 재생산하거나 그것에 도전하는 뉴스다. 디지털 저널리즘 생태계에서 이러한 이슈들은 높은 조회 수와 많은 댓글 수를 유발하는 어포던스로 기능한다.

온라인 이후 디지털 저널리즘 발전 과정에서 젠더 뉴스는 클릭 유발 콘텐츠이자 '독성화'의 주요 수단으로 자리 잡아 왔다. 디지털 저널리즘 생태계에서 독성화란 언어폭력이나 분노, 적대성 등의 반시민적 행위나 부적절한 표현에 국한되기보다 사회적 소수자를 향한 편견과 고정관념에 입각한 온라인상 괴롭힘, 혐오 표현을 포함해, 커뮤니티 내 구성원들의 동조, 지지, 주목을 얻기 위한 콘텐츠의 유통, 특정 대상의 비하 및 희화화 등을 포함한다. 노골적 배제와 혐오의 언어 외에도 미묘한 차별을 존속시키는 다양한 형태의 창작물, 편향된 뉴스 콘텐츠의 공유, 유머를 목적으로 한 밈의 공유 등이 대표적이다. 이러한 독성 문화는 특정한 기술 배경의 문화 공동체를 바탕으로 더욱 확장, 증폭되는 "독성 기술문화"(Massanari, 2017)를 구성한다.

2017년 무렵부터 부상한 미투 운동은 상품으로서 젠더 뉴스의 문제를 부각시킨 계기였다. 박영흠(2018: 169~171)은 디지털 저널리즘 형성 과정에서 뉴스 상품이 저널리즘 가치와 산업 가치의 균형을 도모하고 민주 사회와의 조화를 추구하는 "경합적 상품contested commodity"에서 수익 논리와 상업적 가치 중심의 "비경합적 상품"으로 변모해 왔다고 진단했다. 젠더 뉴스는 개별 언론사 조직 및 디지털 저널리즘 생태계에서 이러한 비경합적 상품으로서 중요한 역할을 수행하는 아이템으로 부상했다. 이는 언론사 차원에서 젠더 뉴스 위상이나 전문성이 높아져서가 아니라 디지털 생태계에서 젠더 갈등이 주목과 수익을 극대화하는 콘텐츠로서 위력을 갖는다는 것을 실감했기 때문이다.

한편 미투 운동 보도와 관련하여 언론 윤리의 문제는 언론사 의사 결정권 집단의 다양성 강화, 언론인 재교육, 보도 가이드라인의 강화 등의 대안으로 제시되었다(김세은·홍남희, 2019). 일선 현장에서는 젠더 데스크 설치, 젠더 전담 기자 및 전담 TF 조직 구성, 성평등 연구소 등 성 인지적 보도를 위한 다양한 시도가 이어졌다(최이숙 외, 2020; 장은미 외, 2021). 그러나 미투 운동 이후 언론은 해당 사안을 '성별 갈등'으로 담론화하며 더욱 적극적으로 상품화하면서 다양해진 창구를 통해 백래시를 조장하고 유통, 두둔하는 주요 행위자가 되고 있다(김수아, 2019). 또한 대선을 거치며 세대 갈등, 젠더 갈등이 정치적 맥락과 결부되어 젠더 뉴스는 주목 경제의 주요한 수익화 수단으로 자리 잡았다(홍남희, 2022b).

디지털 이후 뉴스 상업화와 젠더 뉴스

한국 사회에서 인터넷 이후 저널리즘 구성 과정은 뉴스 생산, 유통, 소비에서의 변화와 맞물린다. 특히 2005년 무렵부터 네이버 중심의 뉴스 '유통'을 기반으로 하는 한국 특유의 '포털 저널리즘'이 형성되었다(김경희, 2020: 66~67). 포털 환경에서 뉴스는 이용자들이 포털 사이트에 체류하는 시간을 유지시키는 대표적인 상품이 되어 왔다(김위근, 2014).

포털 이후 저널리즘의 위기 담론은 특히 뉴스 연성화와 관련하여 나타났으며 대표적인 사례는 여성 연예인 관련 뉴스, 성폭력 관련 보도 등의 '젠더 뉴스'의 양산이다. 포털을 통한 뉴스 유통은 상업적, 선정적, 연성적 보도의 확장으로 나타났으며(송해엽 · 양재훈, 2017), 주목 끌기 위한 어뷰징 기사의 양산으로 나타났다.

포털만이 저널리즘 가치 실종의 유일한 원인은 아니다. 각 언론사 또한 기술과 이윤 추구적 선택을 통해 포털에 종속되어 갔다. 포털의 제목 어뷰징 기사 관행은 영세한 인터넷 언론사 난립으로 발생한다기보다 전통 언론사의 디지털 조직 중심으로 주도되고 있다(김위근, 2014). 포털 환경에서 언론은 자체 닷컴 조직으로 상업적, 선정적 보도를 생산해 왔으며, 특히 젠더 뉴스를 통해 클릭을 유도해 왔다. 각 언론사는 뉴스룸 디지털화를 포함해 디지털 전담 조직 마련, 디지털용 기사 작성 등을 실시하고 조직 내 평가 체계 또한 PV(페이지뷰) 수치에 기반을 두어 구성한다. 또, 제목, 내용, 소재 등에 있어서 대중적 호기심과 선정적 관심에 입각한 기사로 클릭을 유발했다. 이러한 기사의 생산은 수용자의 선택과 포털의 편집 알고리즘과 밀접한 관계를 갖는다. 지금까지 포털이 배치해 온 알고리즘은 수용자들의 행위와 선택에 기반해 발전해 왔으며 제목 편집, 기사 배치, 실시간 검색어 순위, 댓글창 등을 통해 구조화되어 왔다.

유튜브 저널리즘과 젠더 뉴스: 여경무용론의 사례

2010년대 스마트폰 중심의 모바일 환경 구축과 소셜 미디어의 대중화로 포털 중심 뉴스 생태계는 변화를 겪는다. 디지털 저널리즘은 "끊임없이 변화하는 디지털 미디어 환경의 사회, 문화, 경제적 논리를 반영하고reflect 그것에 반응하며respond, 그것을 형성하는shape 뉴스 수집, 보도, 텍스트 생산, 부가적인 커뮤니케이션의 실천"(Burgess & Hurcombe, 2019: 8)으로 이는 디지털 미디어 기술과 인터넷의 상호 작용적 멀티미디어 어포던스를 채택하는 스토리텔링의 새로운 방식과 장르들을 의미하며, 디지털 및 데이터 기반의 취재, 보도 및 이용 방식을 포함한다. 특히 최근 디지털 저널리즘 논의는 플랫폼 중심의 유통 환경에서 생산되는 허위 정보와 알고리즘에 기반을 둔 유통의 문제, 조직화된 반反사회적 분열 등을 포괄하는 등 전통 언론사 조직과 기자와 같은 일부 생산자들의 저널리즘 생산 및 실천에 한정되지 않는다. 이미 소셜 미디어 플랫폼에 적합한 일명 "소셜 뉴스"(Burgess & Hurcombe, 2018)는 정론지적 퀄리티 저널리즘의 지향보다는 친구나 지인들 간 공유되기 쉬운 가십이나 연성 뉴스를 담고 있거나 밈, GIF의 사용 등으로 내용, 형식의 측면에서 소셜 미디어의 논리를 따르고 있다(Burgess & Hurcombe, 2019: 7).

2019년 무렵부터는 유튜브를 통해 정치, 시사 등의 공적 이슈가 논의되는 '유튜브 저널리즘' 현상이 주목받기 시작했다(닐슨미디어리포트, 2019). 유튜브는 노골적이고 공개적인 "공표된 정파성"(정금희, 2021)과 편향성으로 정파적 동원의 새로운 수단으로 부상했다. 기성 언론의 유튜브 진출과 정치 인플루언서의 유튜브 진출로 유튜브 저널리즘의 칭호를 얻게 되었다.

이러한 환경에서 젠더 기사는 그 자체로 행위자들의 즉각적이고 자극적인 반응을 유도해 왔다. 젠더 뉴스는 포털 생태계에서부터 소셜 미디어까지 스포츠, 연예 뉴스의 증가와 더불어 여성 연예인의 몸이나 신상 관련 뉴스에서 외모 평가 및 악플을 유도하는 데서부터 성폭력 등의 젠더 폭력 기사에서의 성차별적 혐오 표현, 피해자 탓하기, 2차 가해 등을 유도했다. 또한 여성가족부 무용론 및 폐지 주장, 정치권의 젠더 갈등 이용 선거 전략, 페미니즘 리부트와 백래시 등의 사회적 맥락과 온라인 커뮤니티의 성별 분화 등과 결합하여 '갈등'으로서 조회 수를 높이고 댓글을 유도해 왔다.

예를 들어 일명 '대림동 여경 사건'은 결혼, 출산, 취업 등을 포함한 젠더 갈등과 관련하여 이용자들의 폭발적인 반응을 유도해 왔다. 이 사건은 온라인 커뮤니티상에서 영등포구 대림동에서 벌어진 것으로 알려졌으나 실제 구로동에서 벌어진 사건이며, 처음에는 중년 남성 취객을 여성 경찰이 제대로 제압하지 못하고 일반 시민에게 제압을 요청하는 동영상으로 온라인 커뮤니티에 전파되었다. 〈한겨레〉 기사에 따르면 이 사건이 '대림동 여경' 사건으로 명명된 이후 청와대 국민청원 게시판에 "여경을 없애주세요"라는 글이 올라오기도 했고, 하태경 의원은 페이스북에 이 사안을 '여경에 대한 사회적 불신' 때문이라고 틀 지으며 경찰 채용시 체력 검정을 방식을 문제삼았다(이주빈, 2019. 5. 19).

여경무용론은 대림동 여경 사건이나 '인천 흉기 난동 사건' 등 물리적·신체적 제압이 필요한 사건들에서 여성 경찰의 업무 수행 능력을 비난하며 대두된다. 이들은 여성 경찰이 경찰 조직 내에 필요하지 않다는 논리를 편다. 이는 경찰, 군인, 소방관과 같은 신체적 능력이 필요하고 물리적 위협에 자주 노출되어 남성 중심적이라고 여겨지는 직업 집단에 여성 인력이 필요하지 않다는 논의로 확장됨과 동시에 다양한 '젠더 갈등' 요소와 결합하여 확산되었다. 대림동 여경 사건이 촉발한 갈등 요소는 다음의 세 가지로 정리해 볼 수 있다.

첫째, 이 사건은 2021년 양평과 인천에서 있었던 흉기 난동 사건까지 이어지는 여경무용론을 촉발한 사건으로 기록된다. 경찰의 직무 특수성과 여성 경찰의 업무 관련 비난, 성별에 무관한 능력(체력 검증) 기반 선발 기준 마련 등의 논의가 부상했고, 선거 맥락에 따라 정치권을 중심으로 다양한 젠더 갈등 요소와 결합하였다. 예를 들어 성별 할당제, 직장 내 성별 역할 갈등, 군 복무 가산점 관련 논란 및 여성 군 복무 의무론, 취업 및 결혼 관련한 성별 갈등, 여성가족부 폐지론 등과 결합하여 젠더 이슈로 확산되었다. 둘째, 온라인 커뮤니티에서 시작되어 언론의 받아쓰기로 사회적 의제화되었으며 유튜브 콘텐츠를 통해 다양한 방식으로 유통된 사례로 디지털 저널리즘 생태계의 독성화 논의를 잘 보여 줄 수 있는 사례다. 셋째, 이 사건은 악의적인 편집, 허위 정보를 담고 유통되었고, 해당 여성 경찰에 대한 신상 털기가 이어졌으며, 다양한 젠더 갈등적 댓글과 공격을 유발하였다. 또한 밈이나 '오또케'[39]와 같은 비하적인 용어로 이후 여성 경찰 전반에 대한 조롱을 유발하였다.

MBC의 유튜브 채널 '엠빅뉴스'(2019. 5. 21)의 "대림동 여경 동영상 후폭풍? 공정성 문제 제기된 '경찰 체력 검정'"이라는 제목의 영상은 여경 채용 방식의 공정성을 문제 삼으면서 여성 경찰 선발 방식으로 알려진 '무릎 꿇고 팔 굽혀 펴기'가 성별 동일한 체력 검정 방식으로 통일되어야 한다는 방향으로 나아간다. 이러한 방향성은 특정한 댓글의 반응을 유도하며 높은 조회 수를 나타냈는데, 해시태그 또한 '#대림동여경동영상,' '#경찰관체력검정,' '#무릎꿇고팔굽혀펴기'로, 여성 경찰관 채용이 쉬운 방식으로 이루어져 문제가 발생했다는 커뮤니티발 논리 구조를 따른다.

댓글의 주요 유형은 다음과 같다. 첫째, 이 문제는 '차별'의 문제가 아니라 경찰 직업 자체의 '특수성'을 고려해야 하는 사안

39 여성 경찰이 현장에서 제대로 대처하지 못하는 모습을 비하하고 조롱하는 말로, '오또케'는 비슷한 발음의 AutoK라는 단어로도 유통되면서 농담과 유머의 일환으로 유통되었다.

이며 따라서 성별 동일하게 '같은' 기준의 체력 검정이 필수적이다. 체력이 곧 경찰 업무의 수행 '능력'이라는 주장이 강조되었다. 둘째, 댓글에서는 '능력주의' 담론이 지배적으로 나타났다. ① 현재 체력 검정 시험, 즉 성별로 다르게 구성된 시험의 절차가 성별 무관하게 동일하게 구성되어야 하며, ② 능력도 안 되는 사람에게 할당제를 해선 안 되며, ③ 과거 더욱 소수였던 여성 경찰의 능력(체력, 학력 등)을 과장되게 묘사하며 현재의 선발 절차 및 직무 수행 능력을 비교하는 방식으로 나타났다. 셋째, 출산, 육아 등 돌봄 노동을 여성의 일로 한정하며 여성이 경찰 전문성과 직무 수행에 문제가 있다고 주장한다. 넷째, 여성 경찰에 대한 비하 용어를 사용하는 댓글 등으로 나타났다. 댓글의 유형은 본 영상의 섬네일, 제목, 내용, 해시태그 내용 등의 전제와 유사하게 나타났다. 대림동 여경 사건은 한국 사회 젠더 갈등의 맥락에서 여성할당제, 능력주의, 공정성, 여성 혐오적 표현 등과 결합되어 유튜브상 조회 수와 댓글을 유도했다(홍남희, 2022b).

주목 경제와 젠더 뉴스

이슈 유튜버와 전통 언론의 유튜브 콘텐츠 모두 대중의 주목을 끌기 위한 경쟁에 적극 참여한다. 노골적인 편향성을 보이는 이슈 유튜버의 경우 제목과 섬네일에서 '오또케,' 'K-여경,' '여경 실체 고발' 등 젠더 갈등의 운영 방식을 따르고 여성 경찰에 대한 비하와 혐오의 용어를 직접적으로 게시했다. 또한 현직 경찰 인터뷰, 내부 고발 방식, 편향된 기사 인용 등으로 발언의 신빙성을 높이는 구조를 취한다. 전통 언론사 유튜브 콘텐츠는 이슈 유튜버와 같은 노골성은 덜하다 하더라도 여경무용론을 부각하거나 편향된 인물 인용, 젠더 갈등을 유발하는 해시태그 활용 등으로 온라인 주목 경제의 운영 방식을 적극 따랐다. 특히 1위와 9위를 차지한 MBC의 동영상은 해시태그, 제목, 섬네일 등을 통해 여성 경찰 체력 검정이 불공정하다거나 시위자 1명 진압에 9명 여경이 출동했다는 뉴스로 여성 경찰 비하와 여경무용론의 프레임을 제시했다. 두 동영상 모두 댓글이 1만 건 이상으로 나타났다. 전통 언론은 성별 갈등을 부추기는 보도 양태를 통해 '주목 경쟁' 당사자로 행위하고 있다고 비판받아 왔는데(김수아, 2019: 3), 유튜브 분석에서도 전통 언론은 유튜브의 어포던스를 무비판적으로 다루면서 수익화와 주목을 유도하는 등 주목 경제의 일환으로 적극 참여하고 있다.

기술의 어포던스 또한 젠더와 젠더 뉴스를 소비하는 데 영향을 미친다. 예를 들어, '사이버렉카'라고 불리는 이슈 유튜버들의 사례는 노골적인 성차별과 여성 혐오를 기반으로 여러 가지 '젠더 갈등' 이슈에 대해 콘텐츠를 생산, 유통하면서 특정 여성에 대한 공격, 비방까지 독성 기술문화를 주도한다. 이슈가 된 여성 경찰, 기자, BJ 등의 신상이 특정한 이슈 유튜버의 콘텐츠에서 공개되어 성차별과 괴롭힘, 혐오 표현의 공격 대상이 되고, 광고 수익, 후원, 댓글 등 다양한 경제적, 정서적 반응을 유도하며 특정한 집단의 결집을 강화하고 있다. 또, 유튜브의 연관 검색어에서 실명, 신상, 근황이 공개되거나 여성 경찰 비하적 용어가 함께 검색되는 등 특정한 디자인 결정들이 젠더 갈등을 부추기고, 여성을 더욱 취약하게 만드는 결과로 나타나고 있다. 플랫폼의 알고리즘과

정책, 일반 커뮤니티의 구조가 성차별적 문화를 존속, 강화시킨다. 예를 들어, 플랫폼의 콘텐츠 관리 결정은 콘텐츠를 홍보하려는 다수의 사용자 무리를 선호하고 가해자들은 기술에 능숙하여 여성을 더욱 취약하게 하는 고급 기술을 악용한다(Masssanari, 2015). 이러한 논의는 대림동 여경 사례에서도 마찬가지로 나타나며 단순히 콘텐츠의 내용뿐 아니라 연관 검색어, 해시태그, 섬네일 등의 주목화 방식에서도 여성 비하의 논리와 방식을 따르고 있다.

갈등과 극화의 수단으로서 젠더 뉴스

언론은 본래 '갈등'을 주요 수단으로 삼아 왔지만 온라인 공간의 성별 분화와 양당 정치의 한국적 정치 맥락에서 젠더 뉴스는 점차 지역 갈등을 대체하는 주요한 갈등으로 구성되어 왔다. 전통 언론에서 젠더 뉴스는 원래부터 주변화된 소재였는데 이는 사회 전반의 젠더에 대한 무관심과 언론의 가부장적 조직 문화와 연관된다. 언론사의 남성적 문화, 결정권자 집단의 남성 중심성은 젠더 뉴스를 중요 뉴스 소재로 판단하지 못하는 결과로 이어져 왔다(유선영, 1999; 김세은 · 홍남희, 2019; 최이숙 · 김은진, 2019; 홍지아, 2017). 그러나 강남역 살인 사건, 메르스 갤러리, 미투 운동과 혜화역 시위 등은 페미니즘에 대한 사회적 관심을 불러일으키고 다양하고 폭발적인 사회 운동으로 나타나 젠더 뉴스가 사회적으로 중요한 이슈로 설정되는 계기가 되었다. 실제로 미투 운동 취재 보도 맥락에서 언론 조직 및 취재 보도 문화의 남성 중심성이 여실히 드러났지만, 여성 기자들의 문제의식과 사회적 흐름에 힘입어 미투 운동은 적극적으로 의제화되었다. 하지만 데스크급의 여성 기자

부재와 가부장적 조직 문화 등으로 미투 운동에 대한 심층적이고 장기적인 보도로는 이어지지 못했다.[40]

게다가 미투 운동은 성폭력 보도의 일환으로 선정적 방향으로 보도되기도 했다. 가해자가 정치인인 안희정 전 지사 사건의 경우 유명인으로서의 뉴스 가치와 성범죄의 선정성, 피해자 인권의 무시 등으로 언론 보도가 이어졌으며, 특히 재판 과정의 생중계식 보도와 객관주의 저널리즘 원칙에 입각한 가해자 입장 보도 등이 문제가 되었다(최이숙 · 김은진, 2019; 홍주현, 2018). 또한, 혜화역 시위 등은 언론사 내부의 다양한 반발과 중년 간부들에겐 '너무 먼 이슈'로서 이후 페미니즘 및 젠더 이슈에 다양한 백래시를 언론 스스로 만들어 가는 과정으로 나타났다(김세은 · 홍남희, 2019).

김수아(2019)는 언론이 '워마드WOMAD'의 기행을 적극 보도하고 혜화역 시위의 '남성 혐오' 플래카드를 이슈화하는 등으로 성별 갈등 혹은 젠더 갈등을 담론화하면서 갈등 보도의 일환으로 젠더 갈등을 구성해 왔다고 지적한다. 또한 한국 사회의 정당정치의 맥락에서 젠더 갈등이 구성되면서 다수 기사가 젠더 갈등을 의제화하고 여성에게 책임을 돌리는 프레임을 구성해 왔다(김수아, 2019: 115). 정사강과 홍지아(2019)는 여성가족부를 젠더 갈

40 여성 기자 수 증가와 여성의 간부급 진출이 완전한 해결책이라고 볼 수는 없다. '기자'의 사진과 이름이 공개된 디지털 저널리즘 환경에서 젠더 뉴스가 기자에 대한 공격으로도 이어지기 때문이다. 또한 언론사 규모나 인구학적 특성, 영향력 등에 따라 여성 기자가 주류 남성 문화에 순응하는 정도가 다를 수 있다(Rodgers & Thorson, 2003).

등 주범으로 지목하거나 여성가족부의 업무 및 여성가족부 장관에 대한 부정적 재현이 여성가족부 폐지론 및 공격 담론의 양상으로 나타난다고 분석한다.

선거 국면에서 젠더 갈등은 정당 정치의 갈라치기 전략과 유튜브 중심의 새로운 미디어 생태계 구성, 언론의 보도 등으로 더 심화된 갈등으로 구성되어 왔다. 언론은 성별화된 커뮤니티, 인플루언서의 SNS, 댓글 등을 받아쓰기식으로 보도하면서 갈등을 증폭시켜 왔다. 포털 중심의 저널리즘 생태계에서 어뷰징 목적의 기사 양식이 주요 언론의 디지털 전담 팀을 중심으로 도입되고, 카드 뉴스, 댓글 보도, SNS 인용 보도 등이 온라인 여론을 전한다는 명목하에 주요하게 도입되면서 성별 갈등은 언론을 포함한 디지털 생태계에서 주된 정서로 구성되었다. 여성 연예인의 일상이나 사생활, 갈등을 부추길 만한 사례를 보도하면서 이를 젠더 갈등으로 프레임하거나 커뮤니티나 유튜브 등의 "지엽적인 유통"을 "보편적인 유통"으로 확산시킨 것이 바로 주류 언론이다(금준경, 2022. 2. 19). 온라인상 이슈가 되는 의제들에 대한 기사 및 댓글을 정리해 빠르게 전달하는 사이버렉카 혹은 이슈 유튜버의 방식 또한 언론 보도를 소스로 하여 갈등을 의제화하고 있다.

대림동 여경 관련 콘텐츠 중 주요 주요 언론사의 콘텐츠들은 공정성, 경찰에 대한 신뢰 추락, 여경무용론 등의 내용이 중심이 된 정치권 및 온라인 커뮤니티의 주요한 문제 제기를 인용하여 젠더 갈등을 구성해 갔다. 이슈 유튜버들의 경우 현직 (남성) 경찰 인터뷰를 통해 경찰 내부의 젠더 갈등을 강조하고, 여성 경찰의 무능력을 강조하는 인용이나 이미지, 비하 용어를 통해 비하와 조롱의 대상이자 무능력한 집단으로서의 '여경'과 강하고 능력 있는 공권력과 경찰을 원하는 정당한 '우리'를 대립시켰다.

언론은 편향된 커뮤니티발 주장을 인용하거나, 해시태그, 섬네일, 콘텐츠 구성 방식에서 유튜브 방식을 따름으로써 젠더 갈등을 수익화 및 여론 극화의 수단으로 삼았다. 주요 언론의 유튜브 활용 방식은 사회 전반의 성차별 개선보다는 젠더 갈등을 기반으로 한 수익화를 유도하면서 디지털 생태계의 독성화에 편승하는 방식으로 나타난다. 또, 이슈 유튜버는 갈등과 여론의 극화를 다양한 방식으로 조장하는데, 여기서 전통 언론의 보도가 편향된 의견을 뒷받침하는 근거로 활용된다. 이러한 환경에서 성차별의 구조적 맥락을 심층적으로 분석하여 보도하는 기사나 콘텐츠는 전체 보도의 흐름을 바꾸거나 주목을 받기가 어렵다. 이것으로 디지털 저널리즘 생태계에서 담론의 흐름을 주도하는 것이 더 이상 전통 언론에 해당되지 않는다는 점을 확인할 수 있다. 또, 구조적이고 심층적인 분석을 시도한 저널리즘적 실천이 주류 담론에서 배제될 수 있음이 확인된다(홍남희, 2022b).

젠더화되고 성적인 밈과 허위 정보

니나 얀코비츠Nina Jankowicz 등(2021)은 디지털 환경의 '악의적인 창작물'에 주목한다. 이것은 코드화된 언어나 반복, 맥락에 기반을 둔 시각적/문자적 밈 등을 포함해 소셜 미디어 플랫폼이나 규제 당국에 감지detection되는 것을 피하고자 하는 여러 가지 전략들을 말한다. 밈은 이미지 합성 및 짤방(짤막한 영상) 형태로 온라인 공동체 내 유머의 공유 수단으로 활용된다. 그러나 이는 동질화와 구분, 타자성에 대한 비하와 차별을 통해 구성되는 경향이 있다는 점에서 성찰이 요구된다(김수아, 2021). 밈은 유머에 기반을 둔 가벼운 발화로 보이지만 특정 정서 구조를 적극적으로 강화하게 하고 혐오가 유머로 받아들여지게 하면서 차별적 의미를 부가시킬 수 있기 때문이다(연지영 · 이훈, 2020). 밈 사례들은 텍스트 중심의 내용 규제 제도가 갖는 허점을 드러내고 유머와 재미로 창작물을 공유하면서 공동체 감각을 구성하는 특수한 정서 구조의 문제를 제기한다.

또한 이러한 밈들은 매우 젠더화되고 성적인 성격의 허위 정보disinformation 성격을 갖는다(Jankowitz et al., 2021). 유럽연합(EU)은 허위 정보를 '가짜 뉴스'와 구분하여 "경제적 이익을 위하여 또는 의도적으로 대중을 기만하기 위하여 생산·제시·유포된 그리고 공공의 해악을 초래할 수 있는 검증 가능한 거짓의 또는 오해를 일으키는 정보"로 정의한다(European Commission, 2018. 4. 26). 이정념(2019)은 "의도적으로 해를 끼칠 목적으로 가짜인 내용 또는 사실과 가짜가 혼합되어 있는 내용"의 정보를 허위 정보로 정의한다. 얀코비츠 등은 최근 미국에서 여성 정치인 등 여성 공인을 향한 "젠더화되고 성적인 허위 정보gendered, sexualized disinformation"의 개념을 규정하는데, 이는 기존의 사이버상에서 여성을 대상으로 한 성적인 농담이나 괴롭힘, 강간 위협, 스토킹, 성적인 사진의 전송, 성적인 목적의 사진 합성 등의 성적 학대와 구분된다. 이는 온라인상에서 발생하는 젠더화된 학대의 하위 범주로, "여성이 공적 영역에 참여하는 것을 주저하게 만드는 것을 목표로 하는, 어느 정도 합의가 된, 여성에 대한 잘못되거나 오도된misleading 젠더 및 섹스 기반 내러티브를 이용"한다. 온라인상 허위 정보가 거짓의falsy, 악의적인 의도malign intent, 합의coordination의 정의를 갖는다면, 이러한 젠더화되고 성적인 허위 정보 또한 이러한 세 가지 특성을 공유한다(Jankowicz et al., 2021: 7).

대림동 여경 사례에서도 이슈 유튜버의 목적에 맞는 영상의 인용, 여성 경찰 비하적 용어의 사용, 편향된 뉴스 및 댓글을 재구성하여 특정한 편향성을 갖는 여성 경찰 비하적 여론의 구성 등은 결국 여경무용론을 확정하는 허위 정보로 구성되어 갔다. 여성 경찰관이 현장에서 뒷짐을 지거나 방관하는 모습, 남성 시민에게 도움을 요청하는 모습, 주차를 연습하는 모습, 도망가는 모습 등은 맥락 고려 없이 짤막한 밈의 형태로 유통되면서 여경무용론을 확산시켰다. 또한 동영상과 이미지 중심의 디지털 생태계에서 맥락이 잘린 영상의 유통이 편향된 정보와 결합하여 여경무용론의 주요한 근거로 작동했다. 대림동 여경 사례에서도 커뮤니티발 영상이 여경무용론을 확정하는 근거로 유통된 이후 경찰이 공개한 전체 버전은 이미 유통된 여경무용론을 되돌릴 수 없었다. 또한 이후 여성 경찰과 관련한 다른 사건의 발생에서도 대림동 여경이 소환되면서 여경무용론을 기정사실화해 갔다.

밈과 같은 '악의적인 창작물'은 플랫폼 수준에서 규제되지 못하는 한계가 있다. 밈은 유머 형태로 공유되면서 젠더 관련 정책 및 여성의 사회 진출, 남성 지배적 집단에서 여성 경찰과 군인의 사례 등을 희화화시키고 해당 직업 집단에서 여성에 대한 실질적인 괴롭힘, 허위 정보와 관련한 불필요한 논쟁 및 사실 검증을 요구하는 식으로 이어진다. 또 규제 시스템에서 감지가 어렵고 심층적인 상황적 지식을 요구한다. 플랫폼의 정책이 '타깃화된 괴롭힘'을 명시한다고 하더라도 일관된 정의가 부재하며, 가해자들의 행위를 멈추게 하기 어렵다(Jankowicz et al, 2021). 예를 들어 여성 얼굴에 대한 괴롭힘, 밈의 형태로 만들어진 창작물은 자동화된 탐지 시스템에 선입력할 수가 없으며, 이용약관에 명시될 수가 없다. 또한 표적 집단 혹은 개인이 이러한 미묘한 차별과 괴롭힘에 대응해야 하는데, 이것이 일상생활에 영향을 미칠 만큼 부담이 되는 일임에도 사회적으로 인정받지 못한다.

전통 언론이 생산한 뉴스는 악의적인 창작물의 출처가 되기도 한다. 이슈 유튜버의 경우 자신의 창작물보다는 기사 논평이나 나열로 콘텐츠를 제작하는데, 소재로서 젠더 이슈는 주목을 끌 수 있는 주요 콘텐츠가 되고, 관련 허위 정보에 대한 언론의 편향이 유튜브 콘텐츠의 공적인 증거로 제시된다(홍남희, 2022b).

디지털 저널리즘의 생태계

온라인 이후 디지털 저널리즘의 발전 과정에서 젠더 뉴스는 '클릭 유발' 콘텐츠이자 독성화의 주요한 수단으로 자리 잡아 왔다. 저널리즘에 디지털 기술이 주요한 행위자로 작동하면서 저널리즘 윤리 문제가 뉴스 상품화 심화와 더불어 생산, 유통, 소비, 기술의 문제와 얽혀서 구성되어 왔다.

한국 사회의 맥락에서 미투 운동 이후의 백래시가 젠더 갈등으로 담론화되고 이것이 정당 정치의 갈등 영역으로 포섭되면서 정치 맥락에서 젠더 갈등은 지역 갈등을 대체할 수단으로 기능했다. 또 여성 시민을 정치적 유권자로 포함하지 않는 다양한 정치 지도자들의 발언이 온오프라인을 통해 유통되었다. 전현직 정치 인플루언서들이 유튜브를 저널리즘 영역으로 포섭하는 가운데, 정치 맥락에서 여성 혐오적 발언이 '공인'되고 플랫폼 맥락에서도 제대로 규제되지 않으면서 젠더 뉴스는 디지털 저널리즘 생태계의 주요한 수익화 수단으로 순환되고 있다. 대림동 여경 사건과 관련한 뉴스 유통은 공정성, 능력주의, 여성할당제, 여성가족부 폐지 등의 젠더 갈등적 이슈들과 여성 경찰에 대한 허위 정보, 악의적인 밈으로 구성되어 온라인을 지배하는 주류 여론으로 언론에 의해 비중 있게 다뤄진다. 이 과정에서 여성 혐오는 온라인상 담론만이 아닌 여성을 정치적 시민에서 배제하고 여성의 신체적, 정신적 피해를 야기하는 효과를 갖는다. 기술과 정치가 매개한 여론의 동학, 미투 운동 이후의 백래시와 함께 젠더 뉴스는 언론, 포털, SNS 등 디지털 저널리즘 생태계의 상품이자 클릭 유발 어포던스로 작동하는 것이다. 디지털 저널리즘 '생태계'에 대한 강조는 저널리즘의 윤리 실천이 언론사, 기자의 실천을 포함해 기술과 대중 등 다양한 행위자들의 상호 작용으로 구성되고 있음을 이해하게 한다.

디지털 저널리즘 발전 과정에서 젠더 뉴스가 뉴스 상품화의 심화 과정과 함께 디지털 생태계 독성화의 주요 수단으로 자리잡아 온 방식과 맥락을 통해 디지털 저널리즘 생태계의 이해를 시도해 볼 수 있다. 즉 개별 뉴스의 내용 분석, 뉴스가 여성을 어떻게 재현하는지를 넘어 기술이 매개된 디지털 환경에서 여성을 상징하거나 나타내는 기호, 여성과 관련한 뉴스, 여성의 몸과 성 관련 뉴스 등의 젠더 뉴스는 기술이 매개된 디지털 저널리즘의 작동 방식을 보여 준다. 디지털 기술의 진화 과정에서 뉴스의 상품화는 심화되고 있으며, 특히 젠더 뉴스는 전통 언론사 또한 뛰어드는 클릭 유발 상품이 되고 있다. 오히려 전통 언론은 디지털 전담팀이자 자회사를 통한 '투 트랙 전략'을 통해 상품으로서의 뉴스와 정통 언론으로서의 뉴스를 따로 생산해 내고 있다. 따라서 성평등 저널리즘의 실천은 언론에 특정 사안에 대한 보도 가이드라인을 제공하는 것을 포함해 기술 환경에 대한 맥락적 이해와 적절한 개입을 통해 이루어질 수 있다. 젠더 뉴스의 상품화라는 현상에 개입하기 위해서는 저널리즘이 작동하는 언론사 내·외부의 구조적 조건을 검토해야 한다. 기술과 상업적 요소가 침투하며 저널리즘 가치를 훼손해 가는 과정이 가속화되고, 기술의 작동 방식 또한 비가시화되면서 문제의 해결을 위한 적절한 개입이 점점 어려워지기 때문이다. 또한 자극적인 보도를 더 많이 클릭하는 독자들의 행위는 뉴스 생산에 중요한 영향을 미친다.

젠더 뉴스는 디지털 생태계 전반에서 서로를 공인하고 유통시키는 "플랫폼화되고 폐쇄적인"(Burgess & Hurcombe, 2019) 생태계를 구축해 가고 있다. 여기에 균열을 내기 위해서는 저널리즘 장의 다양한 인간-비인간 행위자들이 구성하는 디지털 '생태계'에 대한 복합적이고 맥락적인 이해가 선행되어야 한다(홍남희, 2022b).

6장

끝나지 않은 전쟁

1. 데이터 감시 사회와 취약성

데이터 사회의 젠더화된 양상

기술 매개 성폭력 논의는 기술의 발전이 매개하는 다양한 젠더 폭력의 새로운 양상에 주목하게 한다. 이러한 차원에서 "현대 사회의 독특한 산물"(Lyon, 2003: 161)인 감시surveillance와 데이터 사회의 특성이 어떻게 젠더화된 양상으로 나타나는지 살펴본다.

정보통신 기술은 감시의 일상적 실천을 확산시켜 왔다. 안전, 관리, 보호 등의 명분으로 감시는 보통의 시민에게도 저항을 일으키지 않는 일상의 일부가 되어 왔다. 기술의 발전과 감시 사회의 확장을 연구한 데이비드 라이언David Lyon(2017)은 21세기 전환에서 감시 국가와 감시 사회에 대한 논의에 이어 '감시 문화'가 가시화되고 있다고 보았다. 특히 소셜 미디어의 발전은 대중이 감시 체제에 의문을 제기하지 않고 준수한다는 특징을 가지며, '재미'와 '오락'의 측면에서 감시 문화에 통합된다는 특징을 갖는다. 쇼샤나 주보프Shoshana Zuboff(2019/2021: 31~33)는 "인간의 경험을 공짜 원재료로 삼아 행동 데이터로 번역"하는 "감시 자본주의surveillance capitalism"의 작동 방식에서 디지털 네트워크는 "다른 사람들의 상업적 목적을 위한 수단"이 되었다고 보았다. 이는 데이터 추출과 분석, 더 나은 모니터링을 위한 새로운 계약 형식, 개인화와 맞춤화, 지속적인 실험 등으로 나타난다(Zuboff, 2015: 75).

감시 문화 혹은 감시 자본주의에 대한 논의는 스마트폰, 사물 인터넷, 웨어러블 기기 등의 확장과 관련된다. 이러한 기기들은 일상의 시공간을 모두 데이터화한다. 데이터화datafication란 "이

전에는 결코 수량화quantified된 바 없던 세계의 많은 측면들을 데이터로 만드는 모든 과정"(Mayer-Schöenberger & Cukier, 2013)으로, 개인 정보를 포함해 "우정, 관심, 일상 대화, 정보 검색, 취향 표현, 감정적 반응 등의 소셜리티와 사회적 행위를 수치화하고 코드화하는 새로운 과학적 패러다임"으로 간주된다(van Dijck, 2014: 198). 다양한 디지털 기기들의 일상적 사용으로 상품 구매, 건강 및 생체 정보, 위치 정보 등 개인의 일거수일투족이 데이터화된다.

일상 모든 것의 '데이터화'는 역사적으로 주변화된 집단들에게 특히나 부정의injustice 문제를 야기한다(Crawford, Gray & Miltner, 2014: 1666). 또, 데이터를 통제하고 다루는 집단과 수동적으로 수집을 당하는 집단 간 데이터 격차는 물론 프라이버시 침해 문제와 그 해결에 있어서도 차별의 구조와 역사를 지속, 강화한다. 라이언(Lyon, 2003)은 기술이 감시와 사회적 분류sorting, 차별discrimination을 존속시키는 수단으로 활용되는 사례를 보여 준다. 직장 내 기술의 도입은 생산성 향상을 위한 도구로 기존의 성별 분업과 공/사 영역에 대한 인식, 직장 내 성차별을 공고히 해 왔다. 또 기술을 받아들이는 입장에서 성별 차이가 존재한다. 이는 프라이버시가 성별에 따라 다르게 받아들여지기 때문이다. 이희은(2020: 172)은 프라이버시가 "사회 계층에 따라 다르게 확보되는 불균등한 삶의 조건"이라고 보면서 감시 사회에서 여성이 경험하는 프라이버시 침해를 "비가시화된 고통invisible suffering"으로 개념화한다. 기술의 발전에 따라 전반적으로 감시에 무감해지고, 프라이버시 문제가 개인적인 문제로 치부되기 때문이다. 가해자를 특정하기 어렵거나 침해를 입증하기 어려운 기술 환경, 그러나 침해되었을 때 사회적 모욕에 노출되는 상황은 프라이버시가 여성에게 힘들게 확보되어야 할 생존의 조건이면서도 그것이 침해되었을 때 드러내기 힘든 이중의 고통이라는 의미다.

데이터화는 젠더 폭력의 범주 또한 확장시킨다. 네트워크 환경에서 온라인상 성적 괴롭힘, 스토킹, 불법 촬영, 비동의 유포, 신상 공개 등은 주로 여성을 피해자로 하는 젠더 폭력 사례로 나타난다. 여성의 성에 대한 이중 잣대와 성차별적 사회문화, 해당 사안을 심각한 범죄로 규정하지 않는 법 제도 등과 결합하여 여성의 피해는 비가시화된 고통으로 개인화된다. 앨리스 마윅Alice Marwick(2017)은 디지털 성폭력과 해킹으로 인한 사적 사진의 유출, 스토킹 등을 "구조적 불평등으로 인해 특정 젠더에게 더 잘 발생하는 프라이버시 위반의 유형"으로서 "젠더화된 프라이버시gendered privacy"로 개념화한다.

지안클라우디오 말기에리Gianclaudio Malgieri와 글로리아 곤살레스 푸스터Gloria González Fuster(2021)는 데이터화와 관련한 유럽의 개인 정보 보호 입법안에서 전제되는 주체는 주로 백인의 성인 남성이라고 주장하며 여성에게 발생하는 다양한 데이터 관련 피해 사례들을 통해 볼 때 여성을 "취약한 데이터 주체vulnerable data subject"로 보아야 한다고 주장한다. 삶의 영역 전반으로 확장되는 기술은 사회적, 개인적 감시를 보편화하며, 이러한 상황에서 감시 연구에 젠더 관점의 도입은 필수적인 요소가 된다(홍남희, 2022a).

'취약한 데이터 주체'의 개념과 젠더

디지털 공간에서 프라이버시와 관련한 취약성은 매우 복합적이고 다층적일 수 있다. 데이터 감시 사회는 인구 모두를 취약하게 만들지만, 어떤 주체는 다른 이들보다 더욱 취약할 수 있다. 또한 데이터 처리 과정과 결과라는 구분에서, 어떤 데이터는 2차 피해를 야기하는 등 예기치 못한 결과로 나타난다(Maltieri & Niklas, 2020). 예를 들어 성폭력의 피해자가 언론에 스스로를 노출할 때 예기치 않은 공격과 외모 품평, 악플 등에 휘말리게 되거나, 디지털 성범죄와 관련한 정보가 일부 언론에 보도되는 경우 피해자의 신상이나 관련 정보가 다양한 소스를 통해 퍼즐처럼 끼워 맞춰져 신상이 노출될 우려가 있다. 또 댓글이나 검색 창을 통해 피해자 신원이 노출되는 사례를 예로 들 수 있다.

이러한 관점에서 젠더는 취약성 요소로 고려되어야 한다. 유엔의 〈프라이버시 보고서Special Rapporteur on the Right to Privacy〉는 '젠더'가 민족, 신념, 문화, 사회적 출신, 연령, 경제적 만족, 법적/정치적 프레임워크 등의 다른 요소들처럼 "프라이버시 경험을 주조하는" 요소라고 언급한다. 온라인상 여성에 대한 디지털 성폭력, 사이버 괴롭힘, 혐오 표현의 빈번한 대상이 되는 젠더는 프라이버시와 관련해 취약성을 갖는 요소로 고려되어야 한다.

또 취약성은 '회복성' 관점에서도 논의되어야 한다. 프라이버시 침해가 발생했을 때, 누군가는 그러한 침해에서 쉽게 일상으로 회복할 수 있으나, 누군가는 그렇지 못하다. 예를 들어, 네트워크화된, 대용량 데이터 보관 시스템으로 자리 잡은 클라우드 저장 시스템은 계정 해킹에 취약하고 타인과 공유도 가능하여 영상물 및 이미지의 비동의 유포가 이루어지는 공간이 되고 있다. 스마트폰의 사진 앨범과 클라우드 서비스의 연동으로 무언가를 찍으면 실시간으로 저장되는 클라우드 공간은 스마트폰의 사진이 온전히 개인의 것이 아니라는 점을 보여 준다. 김애라(2022)가 지적했듯이, 디지털 사회에서 이미지 유포는 일단 발생하면 거의 삭제 불가능한 영구적 피해를 남기는 것으로 인식된다. '유포 불안'은 법적으로 보장되지 않고 있는 개인 심리의 영역으로 취급되지만 여성 피해자들에게 매우 유사하게 나타나는 현상이다. '회복성' 관점에서 취약성을 고려하는 것은 같은 유포의 사례에서 그 피해나 회복이 개인적, 사회적으로 동일하게 이루어지지 않는다는 것을 의미한다. 그러므로 취약성은 특정 피해에 대한 "감수성 그 이상"을 의미하며, 또한 그 피해가 "미리 결정되지 않았음을 의미"한다. 이에 따라 취약성은 "실질적 피해"가 아니라 "피해의 가능성"을 의미한다(Goodin, 1985).

데이터 액티비즘의 의미와 사례

미디어 환경 변화와 주체로서 대중의 역량을 강조하는 액티비즘 논의는 정의를 회복하고 대중을 환기시켜 평등한 기술 환경을 조성하려는 적극적 시도이자 개입이다. 데이터 액티비즘은 데이터화에서 발생하는 특수한 피해에 주목하고 그것을 사회화하는 데서 시작하며, 당면 문제를 해결하고자 하는 당사자들의 액티비즘에 복합적으로 접근할 것을 요구한다.

데이터 액티비즘은 데이터화에 비판적 입장을 갖는 사회적 실천이자 데이터화에 대한 풀뿌리 반응으로 특정 행위를 위해 사람과 정보, 기술을 한데 모으고 사회적, 정치적으로 동원을 하기 위한 실천이다. 이는 데이터, 기술을 활용해 사회를 개선하려는 구체적 목적을 가진 정치적 행위로 기업이나 국가의 감시에 저항하기 위해 암호화encryption나 해킹 등의 실천을 추구하고 시민을 대상으로 캠페인이나 트레이닝을 실행하거나 소프트웨어를 배치하기도 한다(Milioni & Papa, 2022: 2).

여기서 중요한 것은 데이터 액티비스트라는 매개자의 역할이다. 데이터 액티비스트는 알고리즘 미디어의 데이터 권력에 이용자를 종속시키지 않기 위해 데이터 작동을 개선하고자 한다. 여기서 데이터 액티비즘은 첫째, 데이터를 도구로 삼고, 둘째, 데이터와 기술에 능숙한 '전문가'가 매개된 행동주의로 정리된다. 특히 캐서린 디냐치오Catherine D'Ignazio와 로런 클라인Lauren Klein(2020)은 '데이터 페미니즘'을 제시하면서 젠더화된 데이터 공백과 편향이라는 기술문화에 대한 이해를 바탕으로 데이터와 기술을 페미니즘 실천 도구로 사용할 것을 주장한다. 이들은 데이터 수집, 분석, 결과 제시 등 전 과정에서 권력관계가 반영되어 있다고 주장하며, 데이터 페미니즘이 권력의 작동 방식을 문제 삼고 데이터가 사회적 산물임을 인식하는 데서 출발해야 한다고 주장한다. 또한 데이터 페미니즘은 불평등한 구조에 도전하고 정의를 향한 행동주의의 성격을 가지며, 데이터와 관련해 감정과 체화embodiement의 문제를 정교화할 수 있어야 한다(D'Ignazio & Klein, 2020). 또 데이터 페미니즘은 성별 이분법에 도전하여 다양한 위계 관계와 교차성을 인식할 수 있어야 한다. 이들은 데이터화된 세계가 플랫폼과 기술로 서로 연결되어 있음을 인식하고 이를 가시화할 수 있어야 한다고 주장한다.

데이터 액티비즘은 특정 사건의 발생 이후 나타나는 사후적,

반응적인 '리액티브' 액티비즘과 선제적이고 캠페인적인 '프로액티브' 액티비즘으로 나눌 수 있다(Kannengießer, 2020). 그러나 이러한 구분은 쉽지 않으며, 특히 젠더적 관점에서 액티비즘은 이미 젠더화된 기존 질서에 대한 사후적이면서도 앞으로의 일을 예방하기 위한 선제적인 성격을 띤다. 이는 대중에게 현재 기술 체제 및 문화의 문제를 각성시키려는 의도와 함께 데이터화의 결과가 모두에게 똑같지 않다는 점을 상기시키면서 기술 디자인 및 알고리즘 재배치, 개선 등과 함께 의식, 담론의 전환, 법 제도 변화 등으로 나아간다.

2010년대 이후 다양한 기술 매개 성폭력의 만연으로 디지털 네이티브 청년 여성에게 이미 '기울어진 운동장'이었던 디지털 공간은 다양한 피해와 차별 경험에 대한 반응적인 액티비즘으로 나아갔다. 특히 기술에 능숙한 청년 여성의 기술문화 리터러시와 이른바 "페미니즘 리부트"(손희정, 2017) 이후의 의식화 등이 데이터 액티비즘의 기술문화적 배경으로 작동했다.

이러한 배경에서 데이터 액티비즘의 주체로서 여성은 디지털 성폭력 문제를 혜화역 시위를 통해 의제화하면서 새로운 운동의 방식을 보여 준 바 있으며, 이는 이전부터 DSO, 한국사이버성폭력대응센터, RESET 등 젊은 여성들이 주축이 된 단체들의 액티비즘 역사에서 비롯된다. 이들 단체는 소라넷 폐지 운동을 포함하여 디지털 성폭력의 피해자 지원 운동 등을 주도해 왔고, 용어의 전환, 불법 촬영과 비동의 유포의 범죄화, 이것을 생산, 유통하는 것뿐 아니라 '소비'도 공범이라는 점을 강조함으로써 담론적, 문화적 전환을 시도해 왔다. 무엇보다 주목할 점은 이들 단체가 젊은 여성들로 구성된 자발적인 조직으로서 기술문화의 부정의의 문제를 해결하기 위해 직접 기술적 해결책을 마련하고자 한 시도에서 출발했다는 점이다.

이들은 피해 영상물을 모니터링하고 이에 대한 삭제를 기술적으로 지원한 것에서부터 시작하여 국가 차원에서 기술적 삭제 시스템을 정착시키는 데 기여했다. 또 글로벌 미디어 환경에서 피해가 영구적이고 전 지구적이라는 점을 강조하면서 가해자에게 구상권을 청구하는 입법안을 마련하는 데 일조했다. 이러한 사례들은 이후 'N번방 사건'으로 알려진 전국 규모의 성 착취 사건의 전모를 밝힌 '추적단 불꽃'의 활동으로도 이어진다. 이들은 텔레그램 잠입으로 거대 규모의 성 착취 범죄의 증거를 포착한 동시에 이를 주류 언론을 통해 사회적 폭발력을 갖는 의제로 전환시켰다. 이러한 활동은 애초에 반응적 액티비즘의 성격을 띠지만, 주류 담론에서 소외되어 있던 청년 여성의 문제를 기술적, 사회문화적인 방식으로 역전시키고자 했다는 의미가 있다. 개별적 활동들이 서로 연관되며 상호 보완되며 발전해 왔다.

소셜 미디어를 통한 여성 혐오적 담론의 개선 운동, 아카이브를 통한 문제적 기사의 '박제' 등 담론의 전환을 위해 기술의 어포던스를 활용하기도 한다. 이는 트위터를 통한 액티비즘 역사와도 연관되는데, 해시태그 액티비즘은 트위터 등의 소셜 미디어 공간의 수많은 데이터 중에서 정보의 빠른 분류와 연대를 표하기 위해 트위터의 어포던스를 활용한 운동의 일환이다. 성폭력과 성적 괴롭힘의 구조적 차별 문제와 담론적 배치의 문제를 제기한 미투 운동은 대표적인 전 세계적 규모의 해시태그 운동으로 볼 수 있다. 이는 그러나 갑자기 발생한 것이라기보다 그동안의 해시태그 페미니즘 운동의 공력이 쌓여 나타난 것이며, 전 지구적 규모의 소셜 미디어 네트워크가 연대적 여성 운동으로 나타난 바 크다. 하지만 여전히 각 지역별로 미투 운동의 영향력이 다르고, 로컬 미디어의 주목이 해시태그 운동의 확산에 큰 영향을 미치는 것으로 나타난다(이희은, 2018).

또 다양한 여성 혐오 현상과 성차별적 기사, 프로그램을 '박제'하는 '아카이브' 액티비즘의 사례가 주요한 방식이 되어 왔다. 2016년 리우 올림픽에서는 스포츠 선수에 대한 성차별적 표현을 익명의 네티즌이 아카이빙해 화제가 되었다. 그러나 방송통신심의위원회에 의해 자체 모니터링은 이루어지지 않고 2건에 대해서만 심의가 이루어져 비판받았다(김세옥, 2016. 9. 12). 트위터 '여혐방역대' 사례는 데이터 환경에서 특정한 성격의 데이터를 축적하여 대중의 각성을 유도한다. 2021년 9월 생겨난 트위터의 여혐방역대는 현재는 '화로'라는 이름으로 활동하면서 트위터상에서 여성 폭력 사건 기사를 공유하고, 성범죄 기사에 대한 댓글난 폐쇄를 포털에 요구해 왔다(진혜민, 2022. 1. 13). 이는 온라인에서 성폭력 뉴스가 이용자들의 특정한 반응(피해자 비난 등의 2차 가해, 성차별적 혐오 표현 등)을 유도하는 어포던스라고 보고 알고리즘의 과정 및 결과를 이용자가 인식하게 하는 동시에, 댓글난 폐쇄 등을 통해 주어진 공간의 어포던스를 아예 새롭게 만들 것을 제안한다. '언론이 또' 라는 제목의 사이트도 트위터 계정 운영은 물론 홈페이지를 통해 성차별적 뉴스 보도를 유형별로 모아 제시하였다. 성범죄 보도에서 축소/은폐, 악마화/비일상화, 몰카, 미투(나도 당했다),

리벤지 포르노, 아동 포르노 등의 부적절한 관점과 용어를 사용하는 언론 보도를 아카이빙했다. 또한 부적절한 기사를 가장 많이 보도하는 언론사의 순위를 제시하고((불)명예의 전당), 성폭력 사건 보도 수첩, 성폭력 보도 가이드라인, 성폭력 범죄 보도 세부 권고 기준 등을 함께 제시했다.

한편 한국 사회에서 여성 연예인, 인플루언서, 기자, 정치인 등은 데이터화와 함께 일상적인 프라이버시 침해 대상이 돼 왔는데, 2018년 무렵 여성 아이돌의 잇따른 자살 사건은 미디어 시대 여성 유명인의 특수성과 여성 혐오 문제가 디지털 공간에서 어떻게 증폭되어 왔는지 드러낸 계기였다. 아이돌 산업에 대한 팬덤과 기술로 무장한 새로운 세대의 액티비즘은 좋아하는 연예인에 대한 온라인상 부정적 이미지를 개선하기 위한 팬들의 활동으로도 나타난다. 여자 연예인은 성적 이미지 합성, 성적 괴롭힘 등에 취약한데, 청년 여성은 '여자 연예인 총공봇' 등을 트위터상에 마련하여 특정 여성 연예인과 관련한 부정적 연관 검색어를 다른 긍정적인 연관 검색어로 정화하는 작업을 벌였다. 해당 트위터 계정에서 정화를 위한 내용은 공유되고 캡처되어 다른 커뮤니티로 홍보돼 왔다.

이러한 사례들은 여성 혐오적 폭력이나 악플, 디지털 성폭력의 피해 등으로 인한 여성 연예인들의 자살 사건 등의 극단적인 사건에 대한 사후적 성격을 갖는다. 기술적 배치를 변치 않는 구조로 받아들이고 일시적인 저항성을 산출했다는 점 또한 한계라고 볼 수 있다(홍남희, 2022a).

하지만 디지털 네이티브로서 청년 여성이 경험하고 있는 젠더화된 부정의를 기록하고 그에 대항한 사례들을 기억할 필요가 있다. 젠더 부정의를 가시화하고 기술과 산업, 언론의 담론을 제어하기 위한 저항의 산출은 사회적 효과를 갖는다. 이러한 사례들은 청년 여성을 가시화하고 주류 담론에 균열을 내면서 젠더 폭력 사례를 규정하고 법 제도적, 담론적 변화를 야기한다. 〈한겨레〉의 "젠더 데이터, 빈칸을 채우자"(2022. 3. 17.) 〈경향신문〉의 "여성 서사 아카이브 플랫FLAT" 등은 젠더 폭력 혹은 젠더 데이터의 사라진 부분을 채우는 것을 목표로 젠더 폭력 통계의 편향성을 지적하고, 아카이브 속에서 여성 서사를 발굴하는 방식의 데이터 저널리즘을 실행시키면서 디지털 저널리즘 생태계에 균열을 내고자 한다.

이처럼 데이터 사회의 젠더화된 부정의와 젠더적 관점에서 데이터화를 이해하는 작업은 개인 및 집단의 권리 수호와 사회의 변화를 위해 데이터와 기술을 활용하는 행동주의로 진척됐다. 디지털 성폭력의 범죄화에 기여한 청년 여성 중심의 다양한 조직들은 삭제 지원 모니터링이나 기술적 해법을 실천하면서 국가가 이러한 기술적 해법을 직접 수행하도록 했으며, 기술 사회의 작동 원리를 이해하고자 증거 기반 아카이브를 축적하고 있다. 트위터를 기반으로 한 해시태그 운동은 수많은 데이터의 포화 속에서 특정 운동의 가시성을 높이고 연대를 가능케 하는 데이터 액티비즘의 대중적 사례다. 또 포털의 연관 검색어 삭제 운동은 '기술-인간-문화'의 연합 환경에서 데이터 환경이 시민들의 반복된 검색과 참여로 이루어진 것임을 드러내며 동시에 데이터 환경 개선 또한 시민의 참여로 이루어질 수 있음을 보여 준다.

2. 한국의 인터넷 내용 규제와 자동화 거버넌스

디지털 이후 편향된 기술문화의 구성은 다양한 인간-비인간 행위자 간의 상호 작용으로 이루어졌다. 콘텐츠의 생산, 유통, 소비와 관련한 행위자들과 알고리즘 등의 기술 요소들, 플랫폼 기업의 정책과 가이드라인, 국가 기관의 내용 규제 및 플랫폼 규제 등 다양한 거버넌스 요소들이 기술문화의 편향을 구성해 왔다. 질리언 요크(York, 2021/2022)는 디지털 시대 테크 기업들이 우리 표현과 발언의 "새로운 문지기들"이며, 이들이 "준공공 영역"으로서 우리 일상과 문화를 주조하고 통치하는 새로운 권력이 되고 있다고 보았다. 기술 기업 구성원들의 편향성은 콘텐츠 관리와 관련한 내부 결정과 자동화 콘텐츠 탐지 기술에서 "편향된 시스템 아웃풋"으로 나타나고 있다. 요크는 사회적, 정치적, 성적으로 "취약한 입장에 놓여 본 적 없는" 이들의 가치관과 플랫폼 자본주의의 무한 확장이 주변화된 다른 인구 집단의 존재를 상상하는 데 제약이 되고 있다고 본다(308).

한국의 맥락에서 인터넷은 통신 규제의 일환으로 방송통신심의위원회 중심의 내용 규제와 소셜 플랫폼 중심의 콘텐츠 모더레이션으로 규제된다. 기술의 진화에 따라 인터넷 내용 규제는 '자동화'를 향해 가고 있다. 그러나 마크 안드레예비치(Andrejevic, 2020/2021)에 따르면 자동화는 주체를 "결핍의 존재"로 보고 "사실상 주체를 완전히 없애고 정치와 사회성과 안전을 자동화된 시스템으로 대체하여 그 결핍을 채우려는 시도"(60)다. 사회적인 것의 자동화를 통해 "불쾌한 노동을 생략"하려는 시도(54)가 자동화 거버넌스automatic governance의 형태로 나타난다. 자동화 거버넌스 체제는 플랫폼 기업의 콘텐츠 관리 체제에서 AI의 도입과 국가 중심의 인터넷 내용 규제 제도의 기계적 적용으로 나타난다(홍남희, 2023).

플랫폼의 자동화 거버넌스

혐오 표현과 가짜 뉴스 등의 허위 정보, 불법 촬영물 및 다양한 비동의 유포 사례, 스토킹, 계정 사칭 등의 사례가 유통 및 확산되는 공간으로 디지털 플랫폼이 지목되면서 플랫폼의 사회적 책임에 대한 요구가 높아져 왔다. 각국은 디지털 플랫폼에 해당 정보를 삭제하고 차단해야 하는 책임을 지우고, 이에 실패할 경우 벌금을 부과하는 등으로 플랫폼을 내용 규제 주체로 내세우고 있다. 플랫폼의 내용 규제 시스템은 디지털 플랫폼에서 유통되는 방대한 정보량, 정보 판단에 따른 어려움, 플랫폼의 끊임없는 기술 개발 및 확산의 욕망 등을 이유로 AI 등의 기술을 통한 '자동화 거버넌스' 체제로 구축되고 있다.

탈튼 길레스피(Gillespie, 2010: 347)는 유튜브 등의 온라인 콘텐츠 제공업체online content provider들이 자신들을 '플랫폼'이라는 용어로 규정하면서 정보 환경에서 그들의 위치를 이해하는 방법에 대한 전략적인 주장을 대중적으로 펼치고 있다고 비판한 바 있다. 플랫폼이라는 용어는 이용자를 매개하는 '중립적impartial'인 호스트로 기술적 요소를 강조하며 직접 콘텐츠를 생산하는 것이 아니라 '중간in the middle'의 유통망이라는 점을 강조한다. 이용자 생산 콘텐츠의 직접적인 생산자가 아니라 단순한 전송자conduit로서 스스로를 규정하며 플랫폼을 매개로 벌어지는 다양한 문제적 행위에 대한 책임에서 벗어나고자 하는 담론 전략이라는 것이다(Gillespie, 2018).

그러나 사실상 다양한 일탈과 병리 현상들이 필연적으로 발생하는 플랫폼 환경에서 콘텐츠 관리 및 중재moderation는 핵심적인 기업의 의무가 된다(Gillespie, 2018). 소셜 플랫폼의 상황에서 콘텐츠 모더레이션은 플랫폼 기업의 주요 임무로 부상하기 시작했으며, 이는 이용자 상호 간 혹은 모니터링, 정부에 의한 신고flagging 제도, 모더레이션을 담당하는 인력 증원, 자동화된 AI의 도입, 플랫폼의 디자인 변화 등으로 정리된다(홍남희, 2018b: 163). 이러한 방식은 단독으로 실행되는 것이 아니라 인간-비인간 사이의 다양하고 복잡한 상호 작용에 의해 구성되는 "기술-문화적 구성물"(van Dijck, 2013)로 실질적으로는 이용자, 신고, 알고리즘, 콘텐츠 모더레이터, 플랫폼 등에 의한 복잡하고 고도로 전략적인 과정이다(Crawford & Gillespie, 2016).

특정한 콘텐츠의 '자동' 삭제를 위해 AI 기술을 도입하는 과정은 저작권 위반에 대한 자동 삭제에서 유래한 것이다. 이 방식은 저작권 관련 콘텐츠 식별을 위해 데이터베이스에 등록된 콘텐츠를 감지해 자동 삭제하는 방식이다. 이러한 방식은 상업적 이용이 아닌 개인적, 교육적 이용이나 패러디 등 여러 맥락을 고려하지 못하는 결과로 나타났다(Burk & Cohen, 2001). 실제로 콘텐츠 모더레이션에서 이러한 자동화는 결정 및 결과의 투명성 결여, 편향된 결정으로 정의justice의 문제 야기, 맥락과 역사가 결여된 탈정치적 결정으로 이어질 수 있다(Gorwa et al., 2020). 또, 자동화를 기술적, 기계적, 과학적, 중립적 과정으로 여기면서 인간이나 기술의 편견과 편향 문제를 입증하기 어려워진다. 여기에 기술 설계 및 콘텐츠 결정 과정의 인구학적 다양성이 반영되어야 한다는 점이 제기되고 있다. AI 도입을 통한 콘텐츠 관리는 사회적이고 정치적인 문제를 "기술적 솔루션이 필요한 기술 문제로 보는 실리콘밸리에 만연한 사고방식"(Geiger, 2016: 791)으로 길레스피(Gillespie, 2020)는 이러한 AI 모더레이션이 인간 모더레이터의 더 많은 고용과 기술 기업의 지속적 성장을 위한 기술 개발을 촉진하는 식으로 기술 기업의 사회적 역할을 강화한다고 본다. 방대한 콘텐츠 양과 많은 이용자 수가 AI 도입을 정당화하면서 기술을 통한 자동화가 여러 맥락을 동일한 과정으로 절차화하고 있다. 이러한 과정에서 복잡하고 맥락적인 인간-기술-문화의 상호적 과정으로서 콘텐츠의 관리가 기계에 의한 차단/삭제 등의 단순한 결정으로 환원되고 있다. 길레스피(2022)는 자동화가 머신러닝 방식으로 이루어지며 이것이 기존의 모더레이션 결정들을 데이터 삼아 설정된 인공물로서 복제물을 식별하는 데 탁월하지만, 미묘함을 포착하는 데는 무감각하다고 지적한다. 이러한 방식은 데이터 세트data set[41]을 활용한 욕설 중심의 규제 체계를 정착시키고 있다(홍남희, 2023).

41 여러 개의 정보를 담고 있는 데이터를 추상적인 하나의 정보 단위로 간주하고, 이러한 정보 단위인 데이터를 여러 개 모아 놓은 집합을 의미한다.

한국의 자동화 거버넌스: 클린봇 서비스와 젠더 관점의 부재

자동화 거버넌스 방식은 AI를 통한 동일 콘텐츠의 자동 삭제 및 차단 방식을 의미한다. 자동화 거버넌스 체제의 구축 과정에서 도입되는 기술적 도구는 새로운 종류의 미묘한 혐오/차별 표현, 기술이 매개된 다양한 괴롭힘 행위, 밈 등의 시각적 표현 등을 제대로 거르지 못하는 한편, 공격성이나 욕설의 강도, 나쁜 말 중심의 규제를 확장시킨다. 다양한 역사적, 사회적 맥락이 부가된 문제들을 미디어의 문제로 환원시키거나, 개인 상호 간 분쟁 및 법적 문제로 제한해 해석하게 해 이러한 문제들을 개인화, 사법화시킨다.

AI를 도입한 자동화 거버넌스 체제는 혐오 표현의 표적 집단으로 누구를 인정하느냐의 문제를 수반한다. 여성에 대한 차별이 존재하지 않는다는 인식에 기반을 둔다면 성차별에 근거한 여성 혐오는 받아들여지지 않게 된다. 다만 온라인 환경에서 정보의 빠른 확산과 광범위한 유포가 갖는 영향력에 기반해 욕설 등 표현 강도에 기반을 둔 규제가 강화되고 있다. 자동화 거버넌스는 온라인에 유통되는 방대한 정보량으로 인해 정보를 빠르게 처리하기 위한 방식이자 사회적 문제의 기술적 해법 방식이다. 이는 일반적으로는 AI 등을 도입하여 기술적, 기계적 장치에 의해 거버넌스를 '자동화'하는 의미에 더해, 인간에 의해 이루어지더라도 욕설, 표현의 강도를 기준으로 기계적으로 수행하는 내용 규제를 의미한다. AI의 데이터 세트 구성 과정, AI 작동 과정, 최종 판단 과정 등 각 수준과 단계에서 인간-비인간 행위자의 지속적인 상호 작용과 그에 의한 구성이 이루어진다는 점에서 '자동화 거버넌스'를 사유할 수 있다.

한국 맥락에서 네이버 '클린봇'은 특정 표현을 자동 탐지해 숨기는 방식으로 2020년 도입되었다. 악플 문제는 한국 사회에서 연예인의 자살 등의 원인으로 지목되는 등 사회적 문제로 부상해 왔으나, 뉴스와 댓글 창을 활용한 포털의 사업 영역 확장으로 지속되어 왔다. 그러나 고 설리, 고 구하라 등 젊은 여성들의 자살 사건 등을 계기로 네이버, 다음은 연예 뉴스의 댓글난을 폐쇄하고, 이용자의 댓글 활동 이력을 공개하는 등의 조치를 취하였고, 최근에는 스포츠 뉴스에도 댓글난을 중단시켰다. 이어 개발된 네이버의 AI 클린봇은 악성 댓글의 판단 기준을 욕설 단어에서 문장 맥락으로 확대하고, 비속어가 없어도 문장의 맥락을 고려해 모욕적이거나 무례하다고 판단되면 블라인드 처리하는 능력을 갖추게 되었다고 선전한다(정유림, 2020. 6. 14).

이신행(2021)은 네이버 클린봇이 혐오 표현을 판별하는 방식을 분석했다. 클린봇은 단순 욕설과 라벨링에 해당하는 혐오 댓글 탐지에는 뛰어난 성능을 보이지만, 스테레오타이핑, 분리하기 등을 악플로 판별하는 데는 부진함을 보이고 있음을 발견했으며, 혐오 표현 탐지가 대상과 유형에 따라 편향된 방식으로 나타나고 있음을 보여 주었다. 양혜승(2022)의 네이버 범죄 뉴스 댓글 분석에 의하면, 여성, 이주민, 노인 혐오성 댓글은 이러한 클린봇의 작동에도 여과 없이 게시되어 있다. 여성 혐오적 댓글에서 '페미,' '한녀,' '맘충,' '메갈' 등이 상위 빈출 단어로 나타나고 '여성이 이기적이고 열등하다는 인식 기반 혐오,' '여성은 꽃뱀이라는 인식 기반 혐오,' '기혼 여성과 페미니스트 활동에 대한 혐오,' '각종 정책이 남성 차별적이라는 인식 기반 혐오' 등 네 가지 주제가 도출되었다. 이러한 표현은 AI에서 차단되지 않고 혐오를 정당화하는 표현으로 유통된다. 또한 이신행 등(2022)의 사이버렉카 채널 댓글 연구는 사이버렉카 유튜브 콘텐츠가 욕설, 비속어보다는 외모 비하, 조롱 목적의 멸칭이나 모욕적 상징이 함축된 고유 명사 중심의 악플을 양산하는 등 다양한 언어적 변이로 나타나고 있음을 보여 준다. 기계 학습 방법을 통한 악플 탐지 시스템은 이러한 언어적 변이를 포착할 수 없다.

김수아(2020)는 한국에서 플랫폼 자율 규제의 경우 단순한 기계적 적용으로 나타나고 있다고 지적한다. 이용자 신고제는 다수자에 의한 약자 괴롭힘 수단으로 작동하고 있고, AI를 적용한 욕설 규제는 소수자 목소리 제한의 수단으로 작동하고 있다는 것이다. 예를 들어, 위근우(2021. 8. 26)는 클린봇이 포착하지 못하는 성차별적 표현의 문제를 지적했다. 2021년 8월 '신남성연대'는 익명 메신저 디스코드를 통해 포털 내 젠더 이슈 기사 링크를 걸어 반여성주의적 내용의 댓글로 베스트 댓글을 점유하는 활동을 했으며, 2021년 8월 올림픽 여자 배구 8강전에서 터키 여성 선수들에게 '케밥녀'라는 표현이 사용된 데 대해 네이버 측은 이를 "욕설로 봐야 할지, 그 기준이 사람마다 다르다. 누군가에겐 표현의 자유"라고 해명했다는 것이다(위근우, 2021. 8. 26).

기술을 통한 자동화 거버넌스는 성별에 근거한 차별을 혐오 표현 및 악플 범주에 넣지 않고 있으며,[42] 기계를 통한 자동화로

42 네이버 측은 사용자 반응의 모니터링과 악플 관련 학술 연구, 방송통신심의위원회 기준 등을 통해 악플을 유형화하고 그에 기반을 둔 데이터를 구축했다고 밝힌

나타나지만 사람의 분류와 세팅이 기반이 된 작동 방식이다.[43] 이용자 댓글을 통한 유형화, 분류, 이를 근거로 한 기계 학습을 통해 다시 악플 탐지에 활용하는 방식이다. 실제 사례에서 나타나듯이 혐오 표현에 대한 사회 전반의 인식 부족은 기술의 기계적 적용으로 나타나며, 악플, 저속한 표현, 욕설 등의 표현의 '무례함'에 대한 규제로 나타나고 있다. 또한 자동화 거버넌스는 주로 언어적 표현에 국한되어 있다. 밈과 같이 온라인상 특정 대상을 비하하고 그것을 유머로 공유하는 '시각적' 콘텐츠 방식은 저속한 '말' 중심 규제에서 배제된다.

자동화 거버넌스는 혐오 표현의 문제를 신기술로 인해 유발된 문제로 보면서 그 해결책을 기술적 방식에서 찾고자 한다. 자동화 거버넌스가 사회적 소수자와 약자의 피해에 대한 통합적 인식과 혐오 표현의 역사적 맥락에 대한 구조적 인식 없이 실행된다면, 기존의 빈출 단어를 기반으로 한 데이터 세트의 설정으로 특정한 욕설 중심의 규제나 피해 사례의 삭제만으로 실행된다는

다(https://d2.naver.com/helloworld/7753273). 악플은 욕설, 저속한 표현, 선정적인 표현(성적으로 자극적인 표현), 폭력적인 표현(신체적 위협에 대한 표현), 차별적인 표현(지역/인종/국가/종교 등에 기반한 차별 표현), 비하적인 표현(상대방에게 모멸감과 수치심을 주는 비하 표현) 등으로 분류된다. 해당 유형의 표현 여부가 주어진 댓글이 악플인지를 가늠하는 기준이 된다.

43 이와 관련해 다음 기사를 보자. "운영진은 클린봇 2.0을 준비하면서 출근부터 퇴근까지 악플만 모아 놓은 엑셀 뭉치를 종일 들여다보곤 했다. 오랜 기간 악플에 집중적으로 노출된 셈이다. 황 매니저는 "클린봇 운영팀에 '악플과의 전쟁'은 괴로운 감정 노동"이라며 "중간중간 바람을 쐬고 머리를 식힌다. 팀원들에게는 '귀가하면 좋은 생각을 하고 마음이 따뜻해지는 책을 보라'고 권한다"고 했다." (박돈규, 2020. 11. 10)

점을 확인할 수 있다(홍남희, 2022b).[44]

기계적 자동화: 방송통신심의위원회 사례

자동화 거버넌스는 인공 지능 등을 도입한 기술적 자동화technical automation를 의미하는 동시에, 통신 심의 절차에서도 빈출 단어나 욕설의 강도 중심의 기계화된 적용을 모두 포괄한다. 즉 최종의 판단자가 인간인지 아닌지와 관계없이 한국의 '자동화 거버넌스'가 매우 유사하게 나타나고 있다.

한국의 인터넷 내용 규제는 방송통신심의위원회에 의한 통신 규제의 영역에서 다루어져 왔다. 그 명칭에서 미루어 볼 때 한국의 인터넷 내용 규제는 방송과 통신이라는 이분화된 미디어 구분에 근거하며, 편지, 전신, 전화 등의 통신 미디어의 발전 과정과 더불어 우정국 산하의 통신 내용 규제의 역사에서 연원한다(홍남희, 2017). 작동 방식에 있어서도 식민지적 잔재와 권위주의적 국가의 내용 규제를 따라 왔으며, 심의위원 구성에서도 정치적 편향성 시비나 인구학적 편향성에 따른 심의 결과의 문제가 지적되어 왔다(김수아 외, 2020).

방송통신심의위원회 통신 심의는 건전한 문화 창달과 올바

44 여성 혐오와 성차별이라는 구조적, 역사적 맥락에 대한 이해가 전제된 기술 매개 성폭력의 규제는 호주 인터넷안전국에 의한 이미지 기반 성폭력의 규제 체계에서 검토할 수 있다. 호주 인터넷안전국은 '여성'이 온라인에서 경험하는 특수한 형태의 피해에 주목하며, 이를 젠더 기반 폭력(가정 폭력, 데이트 폭력 등)의 맥락에서 사유하며, 다양한 기술 매개 피해 사례를 통합적으로 접수한다(https://www.esafety.gov.au/key-issues/domestic-family-violence/how-to-identify-tech-abuse)

른 이용 환경 조성을 목표로 '정보통신망 이용촉진 및 정보보호 등에 관한 법률'(이하 망법)에 의해 불법, 유해 정보[45]를 규제하는 방식으로 이루어진다. 통신 심의는 일반인 신고, 관계 기관의 심의 신청, 방송통신심의위원회 자체의 모니터링 등으로 이루어진다(이설희 외, 2020). 이설희 등(2020)은 한국 온라인 환경에 만연한 여성 혐오의 맥락과 문화 속에서 2015년 무렵 일베의 표현 방식으로서 '여성 혐오'가 주목받았고(윤보라, 2013; 김수아, 2015) 2010년 중반 이후 강남역 살인 사건과 미투 운동, 혜화역 시위 등으로 여성 혐오에 대한 사회적 민감성이 증가했으며 여성 혐오 표현에 대한 미러링 전략이 등장했다고 정리한다. 이 과정에서 성차별에 근거한 '여성 혐오' 현상과 그에 기반을 둔 표현이 사회적으로 이해되기 시작한 한편, 메갈리아, 워마드 등의 미러링 표현이 언론 등에 의해 이슈가 되면서 성차별 맥락에서 이해되는 여성 혐오에 대한 이해는 희석되고 여성 혐오가 남성 혐오와의 대립쌍으로 위치하게 되었다. 특히 신고, 민원 제기 방식의 통신 심의는 다수의 여론이라는 이름으로 소수자를 억압하는 수단으로 활용되어 왔다.[46]

45 음란물, 명예훼손, 공포심이나 불안감을 유발하는 정보의 반복적 전송, 청소년 유해매체물, 국가 기밀 누설, 국가보안법 위반 정보, 범죄를 목적으로 하거나 교사 또는 방조하는 정보 등과 (청소년) 유해 정보 심의를 수행한다. 또한 건전한 통신 윤리 함양을 위해 심의가 필요하다고 인정되는 정보도 심의 대상이 된다(방송통신위원회법 제21조 제4호)(김수아 외, 2020: 75).

46 예를 들어, 특정 단어나 극단적 발화를 방송통신심의위원회에 남성 혐오로 신고하면서 일베와 대응하는 성별화된 커뮤니티로 워마드를 부상시키는 등으로 여성 혐오의 성차별적 특성을 희석시키는 효과를 가져온 것이 대표적인 사례다.

'정보통신에 관한 심의규정' 제8조 3호 바목의 '차별, 비하 표현' 조항은 '사회 통합을 저해하는 정보' 중 "합리적 이유 없이 성별, 종교, 장애, 나이, 사회적 신분, 출신, 인종, 지역, 직업 등을 차별하거나 이에 대한 편견을 조장하는 내용"을 대상으로 하며 실질적으로 혐오 표현을 규제하는 조항으로 작동해 왔다. 하지만 역사적 차별의 맥락과 소수자성에 대한 이해가 아니라 여성 혐오와 남성 혐오를 등치하며 '성별'에 따른 '혐오적인' 표현과 욕설 중심의 규제로 나타났다(전창영 외, 2018). 전창영 등(2018)의 사례 연구에서는 2016년 강남역 살인 사건으로 촉발된 여성 혐오에 대한 논의 활성화와 더불어 '남성 혐오' 심의 건수가 부상한 것으로 보인다고 언급한다.

성차별주의에 기반을 둔 여성 혐오 표현의 사례는 외모, 성과 여성성, 나이, 능력 등의 내용과 신체적, 성적 폭력 표현을 포함하는 차원에서 나타나고 있다(김수아, 2015). 또한 여성과 인종적 소수자, 성 소수자, 탈북민 등 다른 소수자성과 여성 혐오 표현이 교차하고 있다(이설희 외, 2020). 특히 여성에 대한 혐오 표현은 강간 위협이나 폭력 및 살해 위협 등으로 나타나고, 이는 실제로 빈번히 발생하는 젠더 폭력 사례라는 점에서 실질적인 효과를 갖는다고 볼 수 있다.[47]

47 2017년 발생한 강남역 살인 사건이 여성 혐오에 의한 범죄로 페미니즘에 대한 사회적 인식 및 여성들의 의식화 계기가 된 한편, 이후에도 스토킹에 의한 여성 살해, 연인 관계에서의 여성 대상 폭력 및 살해 사건이 사회적 공분을 자아냈다. 실제 여성 혐오적 표현들이 여성에 대한 성폭력 및 강간 위협, 살해 위협 등을 '말'로 표현해 온

이러한 사례들을 종합하면, 한국의 혐오 표현에 대한 통신 심의는 광범위하고 포괄적인 표현 규제로 이루어지며 혐오 표현을 '소수자 집단을 표적 집단'으로 하는 '차별, 증오, 폭력을 선동하는 유형'의 일반적인 '혐오 표현'의 정의로 보고 있지 않다. 또한, 통신 심의 구성, 절차 등에 있어서 성차별에 대한 구조적, 역사적 맥락에 대한 인식과 성인지 감수성의 부족으로 나타나며 따라서 '나쁜 말' 단속이나 모욕의 규제, 선량한 풍속 유지, 사회 통합 등의 도덕적 차원에서 규제가 이루어지고 있다(이설희 외, 2020).

한편 홍주현과 나은경(2016)은 혐오 표현의 표적 집단으로서 사회적 약자로 분류될 수 있는 여성, 성 소수자, 장애인, 이주민(홍성수 외, 2016)에 더해 외국인(조선족, 이주 여성, 이주민), 특정 지역(전라도, 경상도), 사건·사고 피해자(위안부, 세월호 희생자, 유족, 메르스 확진자, 성폭행 피해자) 등을 분류함으로써 특정 사건 발생 이후 부상하는 혐오 표현 증가에 주목하였다. 사회적 참사나 재난 이후 해당 집단에 대한 모욕적 언사와 비난 등이 혐오 표현 범주로 심의된다.

2022년 10월 29일 이태원에서 발생한 10·29 참사 이후 방송통신심의위원회의 통신 심의 회의록(2023)에서는 해당 사건의 적나라한 영상의 공유, 피해자에 대한 비난 등의 게시물이 심의 대상에 올랐다. 플랫폼 사업자를 통한 자정 강화 요구와 더불어 관련 게시물이 혐오 표현을 규제해 오던 '정보통신심의규정' 제8조 3호 바목 '차별, 비하' 정보의 일환으로 심의되었다. 모니터링 및

것을 포함한다고 보았을 때, 이러한 현실의 젠더 폭력 사례들은 '단지 말'뿐인 것으로 간주하기 어렵다는 것을 보여 준다.

민원에 의한 심의 사례들에서는 사회적 참사의 원인을 개인에게 돌리고("이태원××나서놀던애들이깔려죽은걸추모하래," "××터진새끼들이깔려×××왜추모를처해야되냐고," "××빨고놀다가××같이간애들,""이태원가서×××새끼들"술처먹고×××하러나온애들×××사건,"'거기간것부터가××에동참한거지,'), 죽음을 비하하거나(154명이 아니라 154,000명이 ×××야함, 잘○○거맞음,""뒤진○○들한테조의를표합니다."공짜로xx세계로도가고얼마나좋노) 성 소수자 비하("게이××들은 말살시켜 야 할 쓰레기 이하"), 여성 혐오적 표현("피××들은 기생충 멸종시켜야 할 대상," "피××년들 ×× 사진 볼 때마다 빵터지노," "알파남 × 한번 받아보려고 × 빼물고 ××있으면…" 김치×××들죽여버리고싶다. 김치×들을족치고," "전쟁나면칼빵넣으면서," "××개들은튀겨죽여야한다"양남한테함××볼라고," "성적으로××한한녀,한남," "남자앞에서성깔드러내는년은×××야함," "××들은분쇄기로×갈아버려야함") 등이 뒤섞여 있다.

이는 혐오 표현 규제와 관련해 새로운 쟁점을 부상시킨다. 첫째, 혐오 표현 정의와 관련한 논의다. 혐오 표현은 주로 "역사적, 사회구조적으로 차별받아온 소수자 집단"으로 주로 "성별, 인종, 민족, 성 정체성 등에 기반한" 차별의 역사를 반영한다(홍성수 외, 2016). 정보통신심의규정의 제8조 3호 바목 '차별, 비하' 조항이 적용되는 대상은 확장되는데, 예를 들어 계급, 연령(틀딱, 틀니 등) 등이 새로운 구조적 차별 요소로 '인정'되는 동시에, 사회적 대규모 참사나 재난에서의 피해자 비난과 모욕적 언사가 해당 조항으로 심의가 이루어지고 있다. 둘째, 혐오 표현을 역사적 소수자성이나 사회 구조적 차별에 근거해 규정하기보다는 '차별, 비하' 조항으로서 뭉뚱그려 심의함으로써 여성 혐오적 표현과 함께 남성을 대상으로 한 나쁜 말 또한 규제하고 있다. 이는 역사적, 사회 구조적으로 차별받아 온 소수자 집단으로 특정 집단을 인정하는 데 있어 사회적 합의가 어려워지면서 나타나는 현상이기도 하다. 다양한 '나쁜' 말을 모두 규제하다 보면 혐오 표현 또한 규제될 가능성이 높아지기 때문이다. 또한 보다 미묘해지는 언어적 표현, 즉 욕설이나 나쁜 말이 없어도 여성에 대한 차별 효과를 지속시키는 신종의 언어 표현을 배제할 수 있다. 언어 표현을 넘어선 다양한 시각적 표현, 행위 등이 규제에 포섭되지 못하는 것이다(김수아, 2023).

실제로 이태원에서 발생한 10·29 참사 피해자 다수가 20대 여성이고, 심의 사례 상당수가 여성 혐오적 표현을 동반하고 있다. 여성을 성적 대상으로 묘사하고, '피XX,' '김치X,' 'XX년' 등의 여성 혐오적 표현 및 욕설이 동반되며, 이들의 죽음이 정당하다는 서사 구조가 이어졌다. 재난이나 참사 원인을 개인 책임으로 귀인시키고 죽음을 비하하는 등은 한국 사회가 최근 몇 년간 겪어온 재난에 대한 대응 방식의 연장선상에서 발현된다. 즉 역사적 소수자성이나 구조적 차별과 같은 혐오 표현의 정의에는 들어맞지 않지만 능력주의와 경쟁 지향적 사회 구조, 그에 기반을 둔 일상 속에서 혐오와 차별이 정당성을 획득해 왔다(오찬호, 2016: 251).

3. 끝나지 않은 전쟁: 심화되는 '독성 기술문화'

기술을 역이용하고 담론의 구조를 바꾸고자 하는 액티비즘은 다양한 영역에서 담론의 전환을 이루어왔다. 1990년대 인터넷이 한국에 도입된 이래 여성은 성적인 대상 혹은 페미니스트로 비하되어 왔다. 성별로 분리된 커뮤니티 문화에서 남성 중심적 커뮤니티는 여성에 대한 성차별적 혐오 표현과 성애화된 밈의 공유 등을 통해 공동체 의식을 형성해 온 한편, 여성 중심의 커뮤니티는 가입 절차를 꼼꼼하게 만들어 더 폐쇄적인 공간이 되었다(김수아, 2015).

2010년도 이후 스마트폰 도입과 여성 일상의 포르노화가 진전되고 디지털 성폭력, 기술 매개 성폭력의 사례가 범주화되기 시작했다. 현실의 여성을 대상으로 한 무차별 불법 촬영과 유포는 온라인에서 포르노그래피나 야동의 일환으로 유통, 소비되었고, 현실 여성의 삶에 직접적인 영향을 미쳐 왔다. 한편으로 기술에 익숙한 디지털 네이티브 세대로서 젊은 여성 또한 사회에 존재하는 성차별적 제도와 담론, '동일 범죄 동일 처벌' 등의 의제화를 통해 사회적 담론을 변화시키고 입법, 사법 권력을 동원하고자 했다. 디지털 성폭력을 불법화시키고자 한 여성들의 운동은 여성가족부, 법무부 및 언론 담론의 변화에 영향을 미쳤다.

2021년 법무부는 내·외부적으로 성범죄 관련 간행물 발간 시 2차 피해 예방과 성범죄 피해자 인권 보호 취지에서 성인지 감수성을 담은 용어를 사용하는 '성폭력·성희롱 간행물 제작 가이드라인'을 심의·의결해 법무부에 권고했다. 이미 여성가족부 등의 취재 보도 가이드라인에서 나온 내용을 담았으나 법을 다루는 법무부에서 나온 가이드라인이라는 데서 의미가 있다. 해당 가이드라인에는 '몰래카메라,' '리벤지 포르노' 등의 단어 사용을 자제하고 '불법 촬영물,' '불법 유포물' 용어를 사용하며 '몹쓸 짓,' '악마, 짐승, 늑대' 등의 표현은 성범죄 심각성을 약화하거나 잘못된 편견을 갖게 만드는 용어로 꼽았다. 또 피해자를 지칭하는 '○○녀,' '여○○' 도 가해자 관점 용어이며 '음란물'이라는 단어는 피해자가 존재하는 영상물에 사용해선 안 된다고 제시한다(구승은, 2021. 11. 23).

그러나 다양한 유형의 기술 매개 젠더 폭력이 연일 발생하고 있다. 여전히 언론 보도는 '몰래카메라'와 같은 용어를 사용한다. 지하철에서의 여성 신체 불법 촬영, 병원에서 수면 마취 환자 신체를 몰래 촬영한 사건, 가출 청소년 대상으로 성착취물 제작, 수십 명의 여성과의 성관계 영상을 수년에 걸쳐 불법 촬영한 재벌 2세, 탈의실에 촬영 장비 설치, 운전 교습 받는 피해자 상대로 신체 혹은 성관계 영상 몰래 촬영 및 타인에게 전송한 운전 강사, 동료 여직원 책상 밑에 카메라를 설치한 은행 직원, 발가락 사이에 카메라를 장착해 치마 밑을 찍은 남성, 모텔 객실에 카메라를 설치해 투숙객을 엿본 주인, 싱가포르, 영국 등에서 화장실 및 길거리 불법 촬영이 적발된 20대 한국인, 연인과의 성관계 영상을 다양한 불법 촬영 영상과 거래하려던 남성, 여교사 화장실에 카메라를 설치한 초등학교장 등등 여전히 계속되는 디지털 성범죄에 대한 보도가 끊이지 않고 있다. 그뿐만 아니라, 여성이 혼자 사는 집에 침입하거나 침입하기 위해 출입문 비밀번호를 알아내고자 카메라를 설치한 사건도 있었다(하수영 · 최모란, 2021. 12. 7).

언론에 의한 '젠더 갈등' 담론 또한 다양한 차원에서 여성 인권을 예전으로 되돌리는 방향의 백래시로 작동한다. 디지털 성폭력의 대응과 관련한 https 차단이나 오픈채팅방에서의 동영상 차단 조치에 대해서도 이를 국가 검열이자 '포르노를 볼 권리'로 주장하기도 한다. “정부가 불법유해 사이트 접속을 전면 차단”하겠다며 이전보다 더욱 강력한 “웹사이트 차단 기술”을 적용했다는 데 대해 “인터넷이 발칵 뒤집혔다”(김상기, 2019. 2. 12)는 여론의 전달은 여성 인권보다는 ‘야동 볼 권리’와 검열, 사생활 침해, 표현의 자유 등을 거론한다(최효정 · 박소정, 2019. 2. 16).

디지털 성범죄에 대한 사회적 공감대가 높아지고 N번방 사건 등의 디지털 성 착취 문제가 심각하게 공론화되면서 현재의 기술 매개 성폭력의 핵심은 피해 영상물의 빠른 삭제 지원과 유포 차단이라는 방식으로 해결책이 마련되어 왔다. 새로운 플랫폼들이 피해 영상물의 유통 경로로 활용되고 있어 관련 대책이 필요한 가운데, 최근에는 카카오톡 오픈채팅방을 대상으로 한 불법 촬영물 유통이 심각하다는 논의가 제기되었고, 이는 공개된 공간이므로 차단이 이뤄져야 한다는 주장이 설득력을 얻었다. 오픈채팅방은 ‘익명’으로 누구나 별도 인증 절차 없이 쉽게 개설할 수 있고, 익명의 다수와 소통할 수 있다. 야생 동물을 잔인하게 죽이거나 학대하는 영상, 불법 촬영물 등의 유통 경로가 되고 있으며, 미성년자 대상 범죄 통로로도 악용되고 있다(권구성, 2020. 1. 12).

또 미성년자 대상 성 착취 범죄에 해당하는 ‘N번방 방지법’은 네이버, 카카오, 웹하드 등을 불법 촬영물 ‘유통 방지 책임자’로 지정하고 자신의 서비스 내에서 문제를 발견하면 신고 의무가 있으며 문제된 불법 촬영물을 걸러 낼 수 있는 기술적 조치를 마련해야 한다는 내용을 포함한다. 또 매년 불법 촬영물 조치 관련한 투명성 보고서를 제출해야 하는데, 이를 어길 경우 연평균 매출의 최대 3%까지 과징금을 물 수 있다. 그러나 이 법안이 텔레그램과 같은 해외 메신저에 적용되지 않는다는 점이 지적되면서 '역차별' 문제가 제기되기도 했다(오로라, 2020. 7. 23).

> 국내외 사업자에 대한 역차별 문제도 여전합니다. 방통위는 이번 시행령의 적용 대상자를 네이버·카카오 등 국내 사업자뿐 아닌 페이스북·구글 등 해외 사업자에게도 똑같이 적용하겠다는 방침입니다. 문제는 법의 구속력입니다. 한 인터넷업계 고위 관계자는 "페이스북이나 구글 같은 대형 사업자는 그나마 국내에 지사가 있는데다, 워낙 큰 기업이기 때문에 자체적으로 마련된 불법 게시물 관련 검열 시스템이 잘 작동하는 상태"라며 "진짜 문제는 텔레그램 같은 불분명한 사업자인데, 이들은 본사 소재지도 불분명해 사실상 법의 테두리 안에 가두기가 어렵다"고 말했습니다.
>
> 방통위측은 텔레그램에 법을 적용하기 어렵다는 점은 인지하고 있으면서, 문제가 생기면 경찰청을 통해 수사를 하는 등 별도의 방식을 모색하겠다는 입장입니다. 사실상 'n번방 방지법'으로는 당초 n번방 사건이 발생했던 텔레그램에서의 사건 재발을 방지하지 못한다는 것입니다. 인터넷 업계에서는 "텔레그램 방지법이 나와야 할 판국에 엉뚱하게 다른 인터넷 기업들이 매를 맞는 것"이라는 말도 나옵니다. (오로라, 2020. 7. 23)

'역차별' 담론은 국내법이 미치지 못하는 해외 기업에 대해 실효성이 없다는 것을 전제로, 국내법이 적용되는 국내 기업만 피해를 볼 것이라고 주장한다. 물론 모든 플랫폼에 규제가 적용되어야 실질적 효과가 크겠지만, 국내 기업의 경우 국내 유통이 더욱 손쉽기 때문에 불법 촬영물 피해 또한 더욱 심각할 수 있다(임재우, 2021. 12. 14). 이 법안이 2021년 12월 10일 본격 시행되면서 정치권과 언론은 이를 '검열'로 프레이밍하는 등 "실효성 논란"으로 규정지었다. "정작 문제의 발단이 된 디스코드, 텔레그램 등 해외 서비스에 대해서는 적용되지 않으며 실효성 논란이 일고" 있다는 것이다. 또 이를 '사적 검열' 혹은 '사전 검열'로 담론화하기도 했다. 시행 첫날 카카오톡 오픈채팅에서는 '검열 테스트'라는 이름의 그룹 채팅방이 수십 개 만들어졌다. 어떤 영상이 필터링되는지 시험해 보기 위해 음란 사진이나 동영상을 마구 올리는 경우도 있었다.

> "어느 수위까지 안 잘리나요?," "수위 높은 몰카 좀 올려봐라." 10일 카카오톡 오픈채팅에선 '검열 테스트'란 이름의 그룹 채팅방이 수십 개 만들어졌다. 이곳에서 이용자들은 어떤 영상이 필터링되는지 시험해보겠다며 음란 사진 및 동영상을 마구잡이식으로 올렸다. 사진은 필터링 대상이 아닌 데다, 대부분의 영상도 '불법 촬영물 등 디지털 성범죄물'은 아닌 탓에 19금 콘텐츠가 여과 없이 공유됐다. 이 중에는 여성 아이돌의 특정 신체 부위를 클로즈업한 동영상과 일반인의 과도한 노출 사진, 외국 성관계 동영상, 유사성행위 GIF(움직이는 이미지) 등이 포함됐다. (윤지혜, 2021. 12. 10)

시행 당일 카톡 오픈채팅방에서 동영상 전송 버튼을 누르면 전기통신사업법에 따라 방송통신심의위원회에서 불법 촬영물 등으로 심의·의결한 정보에 해당하는지 검토 중'이라는 메시지가 뜨면서 수 초간 검토 작업이 진행되고 이를 통과해야 동영상 전송이 가능했다. 이를 사전 검열, 사찰 등으로 담론화하는 것은 선거 맥락에서 '이대남' 청년을 끌어들이고자 한 정치권과 일부 언론의 프레이밍 전략이라고 볼 수 있다. 진보 신문의 경우 오픈채팅방 규제가 디지털 성범죄를 근절하기 위한 최소한의 방안으로 검열이 아니며 반드시 필요한 사안임을 강조했다(임재우, 2021. 12. 14).

여성 혐오를 축으로 하는 편향된 기술문화

인터넷 이후 포르노그래피의 문제와 인터넷 규제 담론을 통해 현재까지 디지털 기술을 매개로 발생하는 다양한 '기술 매개 성폭력'까지의 역사를 그려 내고, 기술 진보와 상업화 맥락에서 여성의 '몸'과 인격이 어떠한 방식으로 다루어져 왔는지 맥락을 살펴보았다. 인터넷에 대한 사회적, 국가적 개입의 필요성은 포르노그래피 유통과 관련하여 시작되었는데, 이것이 여성의 인격권 침해나 표현의 자유 침해로 담론화되기보다는 성도덕의 차원에서 '음란물'인지, 청소년의 성적 자극을 불필요하게 자극하는 '유해물'인지, (성인 남성의) 표현의 자유를 침해하는지 여부가 논의돼 왔다. 인터넷은 1987년 한국의 정치적 민주화 이후 성의 자유 담론과 함께 권력과 중심이 없는 자유의 미디어로 여겨져 왔다. 여기서 만연해 가는 성적 표현물, 주로 여성을 성적 대상으로 삼는 시각적 재현물, 음란물, 포르노그래피 등이 표현의 자유라는 주장을 바탕으로 오랜 시간 인터넷을 통해 여성 이미지를 거래, 공유하는 방식으로 이어져 왔다.

한국 사회에서 여성의 '몸'은 성적 대상으로서 소비되어 왔으며, 청소년기를 거치면서 남성 누구나 소비할 수 있는 문화로 취급되어 왔다. 점차 개인화된 미디어 환경에서 네트워크 연결성을 통해 "따로 또 함께"(김소라, 2018) 소비하는 포르노그래피 문화는 모바일 기술 발전, 와이파이 환경 조성과 스마트폰, 카메라 성능 강화 등으로 남성 중심의 커뮤니티, 소라넷, 카카오톡 등을 제약 없이 오가며 실시간으로 길거리, 지하철, 화장실의 여성 얼굴과 몸을 찍고 올리고 잘라내고 '움짤'로 만드는 등 일련의 과정으로 나타났다. 실시간 평가가 이어지고, 서로 더 여성을 모욕하는 이미지를 공유하며 정서적 소속감을 갖고, 플랫폼이 제공하는 포인트나 등업을 위해 혹은 더 강한 자극을 주는 실제의 소녀와 여성을 대상으로 한 불법 촬영물을 얻기 위해 여친, 와이프, 아는 여사친 혹은 길거리의, 지하철의, 화장실의 모르는 여성을 업로드한다.

오늘날 '디지털 성폭력' 혹은 '기술 매개 성폭력'으로 범주화되는 신종 기술을 기반으로 한 여성을 모욕하는 방식은 포르노그래피라는 여성 재현의 원형을 바탕으로 하는 역사적 맥락을 갖고 있다. 또, 네트워크성과 모바일 환경에서 여성에 대한 폭력적이고 모욕적인 포르노그래피의 재현과 여성 혐오적 정서에 기반을 둔 다양한 커뮤니티, 단톡방, 유튜브 동영상 등을 포함해, 소라넷류의 사이트와 웹하드 등의 공유 사이트가 '여성의 몸'과 사생활을 포르노화하며 소비해 왔다. 이러한 시각에서 기술 발전 초기의 다양한 가능성의 서사가 작동하지 않는, 여성을 더욱 취약하게 만드는 기술적, 상업적, 문화적, 법적 구조를 들여다보았다.

특히 인터넷에 대한 규제 담론의 시작이 포르노그래피의 만연에서 비롯된다는 점에 주목하여 인터넷과 포르노 관련 담론의 역사를 살피면서 한국 사회에서 사회를 보호하기 위해 중시했던 가치의 변화 과정을 확인하고자 했다. 성도덕과 이성애적 정상 사회를, 청소년의 정서를 보호하기 위한 사회적 담론의 배치 과정에서 포르노그래피가 여성의 시민권을 위반하는 재현 방식임을 간과해 왔고, 특히 연예인 및 일반 여성의 사적 생활에 대한 비동의 유포나 불법 촬영은 함께 즐기는 콘텐츠로서 유통, 소비되어 왔다.

인터넷은 사람들이 물리적 공간에 모이지 않더라도 비슷한 목적으로 결집하고 연대하는 문화적 장이 되었으며 동시에 다양한 자극적 행위를 유도하고 유발하는 기술과 상업적 환경은 현실의 여성과 아동에 대한 성 착취로 이어져 왔다. 기술은 여성 해방의 도구보다는 다양한 맥락에서 여성에 대한 일상적이고 만연한 위협으로서 "독성 기술문화"를 형성한다. 인터넷 플랫폼 생태계에서 여성의 몸과 관련한 이미지와 텍스트는 여성 혐오적 비하와 모욕을 바탕으로 수익과 관심을 얻는 정보 생태계를 구축했다. 이러한 독성 생태계는 PC 통신과 인터넷 게시판 초기의 페미니즘과 페미니스트에 대한 여성 혐오적 표현에서부터 일반인 여성까지 확장되어 왔으며, 다양한 파일 압축 기술, 영상 합성 기술의 발전과 파일 공유 기술에 따라 이미지 파일을 실험하는 과정에서 구성되어 왔다.

법은 문화에 비해 지체된다는 것을 핑계로 새로운 성적 폭력과 모욕을 '접촉이 없는' 것으로 보아 피해로 인정하지 않아 왔고, 음란의 의미와 적용을 남성적 관점에서 해석해 왔으며, 피해자의 피해보다 가해자의 의도를 이해하는 방식으로 한국은 기술 매개 성폭력이 만연한 나라 중 하나가 되어 왔다. 아동과 여성에 대한 성 착취에 대한 인식의 부족과 성폭력에 대한 성인지 감수성의 부족은 N번방 사건이 '판결을 먹고 자랐다'는 비판으로 이어지게 했다.

기술 환경의 변화는 '디지털 네이티브'라 불리는 새로운 세대의 출현으로 이어졌고, 이들이 경험하는 일상과 문화, 현실이 이전 세대와 다를 것이라는 분석으로 이어졌다. 과도한 학업 경쟁 위주의 아동·청소년기를 경험하는 한국 아동·청소년은 디지털 미디어를 사용하는 능력과 역량 면에서는 매우 뛰어난 리터러시를 갖추고 있지만 '비판적 사고'와 사회관계 중심의 디지털 시민성은 제대로 발전시키지 못하고 있다. 스마트폰 보급으로 많은 아동·청소년이 인터넷에서 소비자이자 상품으로 존재한다. 미디어 리터러시는 새로운 언어를 읽고 쓰는 것을 포함하여 다양한 관계적 측면, 특히 기술과 인간, 문화의 관계성을 파악하여 디지털 시민이 되는 길을 고민하는 것으로 확장된다.

디지털 시민성은 디지털 기술과 함께 창작이나 작업, 공유, 사교, 놀이, 소통, 학습 등에 적극 참여하고, 공동체에 적극적, 책임감을 갖고 참여하며, 평생 학습의 과정에 참여하면서 인간 존엄성을 수호하는 것을 말한다(EU, 2016). 이는 디지털 환경에서 우리가 기술을 통해 환경과 문화를 구성해 가고 있음을 인식하고, 병리 현상을 생산, 유통, 소비하는 과정에 누구나 관여할 수 있음을 성찰하는 과정을 동반해야 한다. 적절한 정보를 어떻게 가려서 찾아낼지, 어떻게 새로운 미디어 환경에 적극 참여할 수 있을지, 어떻게 디지털 시민으로서 윤리적 참여를 할 수 있을지를 고민하면서 '알고리즘 미디어 환경'에 연결되어 있는 인간–비인간 존재들을 인식할 수 있어야 한다. 이러한 과정은 젊은 세대는 물론 디지털 공간에 참여하는 모든 구성원들이 경험해야 하는 윤리적 과정이다. 그러므로 디지털 시민성은 부단한 '교육'의 과정을 통해 습득되는 것이다.

디지털 네이티브에는 당연히 청년 여성도 포함되어 있다. 이들 또한 기술 환경의 변화 속에서 디지털 문화에 익숙하며 여성이 재현되고 여성 이미지가 공유되는 방식에 익숙해져 왔다. 이들은 트위터와 페이스북과 같은 글로벌 SNS에서 해시태그를 통해 자신의 경험을 공유하면서 성차별의 현실이 나만의 것이 아님에 위안받고, 거기서 나아가 현실을 바꾸기 위한 다양한 시도들을 해 왔다. 20대 여성이 주축이 된 디지털 성폭력 관련 삭제 지원 단체는 국회, 언론, 행정부 등 한국 사회 담론 형성의 주축을 공략해 디지털 성폭력을 사회적 문제로 부상시켰고, 비동의 유포, 불법 촬영 등의 언어적 전환을 시도했다.

언론도 1990년대 이래 네트워크상 여성 이미지를 가십거리이자 뉴스 상품으로 생산해 온 주범이다. 미투 운동 이후 한국 사회의 구조적 성차별에 대한 문제 제기가 이어지면서 언론의 책임과 역할에 대한 성찰이 요구되었고, KBS, 〈경향신문〉, 〈한겨레〉 등에서 성평등을 위한 조직의 실험들이 이어지고 있다.

청년 여성의 액티비즘과 일부 언론의 성평등적 보도를 위한 노력에도 불구하고, 여전히 법 제도적 관점에서의 변화는 더디고, 저널리즘 생태계에서 언론 환경은 악화되는 듯하다. 오히려 기술 환경은 여성을 향한 '독성 기술문화'를 공고히 하는 데 활용되고 있다. 김수아와 김세은(2016: 27)은 페이스북의 여성 혐오 페이지 분석을 통해 소셜 미디어에 내재한 기술적 조건이 여성 혐오적 정동의 결집을 위해 활용되고 있음을 확인하였다. 즉 청년층의 일상적인 참여와 유머의 공유가 정동 경제 속에서 여성 혐오를 필두로 결집하고 있다는 것이다. 해당 페이스북 페이지에서는 '일베'와의 거리두기를 기준으로 개념녀와 된장녀/김치녀를 구분 짓는 등 여성을 이분화하여 평가하는데, "일베는 어디에나 있다"(윤보라, 2013)는 논의를 증명한다고 이들은 진단한다.

기술문화의 진화는 '탈진실post-truth'의 시대를 열었다. 세라 바넷와이저Sarah Banet-Weiser(2021)는 탈진실과 대중화된 페미니즘 시대에 허위 정보와 여성 혐오는 같은 포장지를 갖고 있다고 본다. 디지털 공간에서 여성 혐오적 허위 정보 캠페인에 대해 플랫폼이 거의 모니터링을 하지 않고, 봇이나 개인, 웹사이트들이 여성과 페미니스트들에 대한 여성 혐오적 허위 정보를 순환시키는데, 가짜 뉴스 담론이 폭발하는 와중에도 여성 혐오적 가짜 뉴스의 유통은 별로 주목받지 못해 왔다. 탈진실 담론이 정치권의 가짜 뉴스 논란으로 이어지며 큰 주목을 받고 정책적 대응으로 이어진 반면, 여성 혐오적 허위 정보는 비가시화되면서 진실로 정당화된다.

유튜브를 통해 저널리즘 환경이 조성되면서 여성 혐오적 허위 정보는 진실로 유통되고 있다. 이미 개인 유튜버에 의해 여성 혐오적 정보가 수익화와 명성 확보에 뛰어난 아이템이라는 점이 확인되어 왔다면, 시사 정보와 뉴스 채널이 확장된 유튜브 저널리즘 생태계에서 여성과 관련한 정보는 편향적인 저널리즘 담론과 더불어 진실로 확정된다. 특히 유튜브 저널리즘의 인기는 대선 국면에서 확인되었는데, 정치권을 중심으로 젠더 갈등을 구성하고 담론화하는 작업은 기술과 인간, 문화가 결합된 복합적인 기술 생태계에서 알고리즘을 훈련시키고 활용하기 위해 혐오 콘텐츠를 노골적 혹은 암시적으로 사용하는 방식으로 나타난다. 미투 운동은 젠더 폭력에 대한 대중적 인식을 확산시키는 한편으로 언론 보도의 성차별성을 제기하기도 했는데, 기술 생태계에서 젠더 관련 뉴스는 대중의 높은 관심을 토대로 클릭을 유발하는 미끼이자 수익화의 직간접적 수단으로 기능한다. 특히 극화된 소셜 미디어 공간에서 젠더화되고 성적인 밈과 허위 정보가 결합되어 유통된다. 주된 내용으로는 여성가족부의 무용론, 여성 경찰 및 군인 무용론, 여성할당제 등과 관련하여 허위 정보 혹은 특정 뉴스를 편향적 인용하는 방식과 함께 여성 공인의 성애화, 여성 경찰 및 군인의 비하, 모욕 등이 있다. 또 규제 제도에서 자동화된 거버넌스 체제의 구축은 AI 도입을 통한 규제의 자동화와 인권 감수성의 반영 없는 규제의 기계화로 나타난다. 이러한 방식의 규제 제도하에서 기술은 인터넷상 떠도는 비슷한 영상물을 자동으로 찾아 삭제한다. 삭제, 차단은 더 이상의 유포를 막는 중요한 규제 방식이지만, 여성을 성애화하고 여성을 대상으로 한 다양한 언어적, 물리적 젠더 폭력의 맥락에서 사유될 필요가 있다. 규제의 자동화는 사회의 여성 혐오 맥락을 고려하지 못하고 욕설이나 표현의 강도 중심의 '나쁜 말'만을 포착하거나 디지털 성폭력을 단독의, 신종의 기술 환경을 매개한 젠더 폭력으로 고립시키는 문제가 있다.

지금까지 1990년대부터 인터넷상 포르노그래피의 등장과 함께 부상한 규제 담론을 통해 사회의 보호 법익이 어떻게 구성되어 왔으며, 미디어 환경과 관련한 특성은 어떻게 규정되어 왔는지 살펴보았다. 포르노그래피는 여성을 재현하는 특정한 방식의 시각 문화를 고착시켜 왔고, 이것이 소셜 미디어 환경에서 정착되면서 남성 사회화의 수단이자 남성 연대를 확인하는 여성 혐오적 밈과 기술화된 젠더 폭력의 양상으로 유통되어 왔다. 이러한 '독성 기술문화'가 형성된 맥락과 역사를 살펴봄으로써 개선과 성찰의 시간을 갖지 못했던 과거를 돌아보고 미래를 상상해 보고자 했다. 맥락과 역사를 살펴봄으로써 이러한 문제를 기술이 매개하는 인간 경험과 문화의 관점에서 살펴보면서 개입의 구체적인 지점과 통합적인 시각을 제안하고자 한다.

'서버가 해외에 있어서' 혹은 '가해자를 찾지 못해서' 어차피 안 될 것이라고 했던 말들, '조심 좀 하지 그랬냐,' '그러게 왜 그런 계정을 운영했냐,' '왜 그런 알바를 했냐,' '왜 그런 사진을 찍었냐'라며 피해자를 탓하는 말들. 이러한 말들을 바꾸고자 노력했던 젊은 청년 세대 여성들을 응원한다. 디지털 생태계에 대한 이해, 기술 기업에 대한 구체적이고 명확한 요구, 국가의 법적, 제도적 지원에 대한 요구 등으로 성차별적 기술문화와 담론을 개선해 나가야 한다. 특히 10대, 20대 청(소)년들의 문화와 섹슈얼리티의 추구, 미디어 환경에 대한 이해를 바탕으로 기술이 매개된 섹슈얼리티의 경험을 보다 상호적이고 건강한 방향으로 진전될 수 있도록 사회가 노력해야 한다.

1990년대부터 인터넷 규제 담론을 불러일으킨 포르노그래피의 문제와 규제 담론을 살펴보면서, 성차별적 디지털 문화와 기술의 편향성이 매우 구조적이고 역사적인 것임을 확인할 수 있다. 또한, 기술 매개 사회에서 평등한 경험과 일상이 어떻게 구성될 수 있을지, 국가, 플랫폼, 교육, 문화, 그리고 각각의 행위자에게 무엇을 요구해야 할지, 우리 각자는 여기서 어떤 역할을 할 수 있을지 함께 고민해 봐야 한다. 기술 환경에서 취약한 인구 집단의 구체적인 경험에 대한 이해, 이들의 동등한 참여를 막는 장벽의 제거, 기술 맥락에서 미묘한 차별의 상황을 포착하는 감수성 등이 기술 시대 우리가 키워야 할 정의에 대한 요구일 것이다.

참고 문헌

강석운 (1992. 7. 2). 공부방 컴퓨터에 '음란 독버섯'. 〈한겨레〉.

강준만 (1994). "마광수를 위한 변명," 〈실천문학〉, pp.320~338.

강진구 (1995. 2. 5). 「음란물」. 새 기준마련/"과다노출 무조건 처벌은 표현자유에 어긋나". 〈경향신문〉.

〈경기일보〉 (1990. 9. 20). "[해외토픽] 펜트하우스誌 蘇진출.

〈경향신문〉 (1990. 2. 7). 음란물 제조 · 판매 18명 구속/2명 입건 · 5명 수배.

〈경향신문〉 (1996. 4. 27). PC통신 음란물 장사/부유층자녀 · 명문대생 등 23명 구속.

〈경향신문〉 (2012. 9. 4). [사설] 아동포르노 이참에 뿌리 뽑아야.

고미석 (1994. 9. 7). 「미란다」 알몸연기 부분 "예술로 보기엔 저속". 〈동아일보〉.

고승희 (2014. 9. 27). '텔레그램'이 뭐길래… 대화창까지 암호화, 해외서버 장점? 〈헤럴드경제〉.

고한솔 (2017. 9. 6). 내 영상이 돌다니… "몰카, 지워도 지워도 끝나지 않는 지옥". 〈한겨레〉.

구승은 (2021. 11. 23). 몰카 · 몹쓸 짓 · 짐승 등 표현 자제해야. 〈국민일보〉.

구원모 (1995. 6. 24). 정통부, 인터네트 음란물 하반기부터 차단. 〈전자신문〉.

〈국민일보〉 (1994. 6. 18). 청소년탈선 · 성윤리 왜곡 "불보듯"/"「펜트하우스」 한국판 발행안된다".

〈국민일보〉 (1994. 7. 27). 「펜트하우스」 "판금" 요청/음대위/발행인, 검찰고발.

〈국민일보〉 (1994. 8. 16). 음란 · 퇴폐척결 파수꾼 되자/권장희 기윤실 간사(목소리).

〈국제신문〉 (1995. 7. 12). 국내서도 음란물 규제 공방… 인기자료 100選 중 대부분 상위 차지.

〈국민일보〉 (2001. 11. 29). 한국 등 19개국 '아동 포르노' 공조수사.

〈국제신문〉 (2000. 3. 17). 정통부, 사이버범죄 특별법 제정키로.

권구성 (2020. 1. 12). 익명 기댄 일탈 창구… 성매매 · 동물학대 등 범죄온상 된 오픈채팅방. 〈세계일보〉.

권명아 (2013). 《음란과 혁명: 풍기문란의 계보와 정념의 정치학》. 책세상.

권오주 (1995. 10. 6). 「섹스 혁명」인가 「전자 마약」 인가. 〈경향신문〉,

김강호 (1995. 4. 10). 인터넷 性정보 홍수… 오용 위험. 〈문화일보〉.

김경희 (2020). "한국 사회에서의 인터넷 뉴스 생태계의 진화: 역사적인 주요 사건을 중심으로 한 탐색적 접근," 〈커뮤니케이션이론〉, 16(1), pp.49~106.

김광일 (1995. 6. 9). 펜트하우스플레이보이 등 미 음란물 여과없이 국내 유입. 〈한국일보〉.

김남미 · 조상현 (2020). "젠더기반폭력의 피해자 맥락성에 관한 담론," 〈한국치안행정논집〉, 17(3), pp.21~39.

김도헌 (2001. 1. 5). 어린이 포르노 한글사이트 적발. 〈매일경제〉.

김두상 (2013). "아동청소년이용음란물의 단순소지 처벌에 관한 비판적 고찰," 〈서울법학〉, 21(1), pp.135~166.

김득균 (2009. 8. 22). [인터넷에선 무슨일이] 김본좌 "음란물 유통 계속될 것". 〈문화일보〉.
김민정 (2017. 7. 30). "젠더폭력 더는 안돼" 울림 커진다. 〈서울경제〉.
김민정 · 최윤정 (2018). "인터넷 개인방송의 상호작용적 특성이 온라인 관계와 시청 행태에 미치는 영향," 〈방송과 커뮤니케이션〉, 19(3), pp.84~126.
김보명 (2016). "페미니즘 정치학, 역사적 시간, 그리고 인종적 차이," 〈한국여성학〉, 32(4), pp.119~155.
김상기 (2019. 2. 12). "우린 답을 찾을 것이다" 강력 웹사이트 차단 인터넷 발칵. 〈국민일보〉.
김상민 (2020. 3. 23). [단독] '박사방' 운영자 신상 공개… 25살 조주빈. 〈SBS 뉴스〉.
김서현 (2021. 12. 21). '승무원 룩북' 유튜버, 성매매특별법 위반 혐의로 고발 당해. 〈아시아경제〉.
김세옥 (2016. 9. 12). "보기엔 야들야들" 성차별 논란 올림픽 중계, 심의는?. 〈PD 저널〉.
김소라 (2017). 〈1987년 이후 성표현물 관리정책의 구성과 변동에 관한 연구〉. 서울대학교 사회학과 박사 학위 논문.
김소라 (2018). "디지털 성폭력의 변화 양상과 '음란성(obscenity)'을 근거로 한 규제의 한계," 〈아시아여성연구〉, 57(1), pp.163~199.
김수아 (2011). "한국 사회 사이버공간과 젠더정치." 한국언론학회 심포지움 및 세미나.
김수아 (2015). "온라인상의 여성 혐오표현," 〈페미니즘 연구〉, 15(2), pp.279~317.
김수아 (2017. 7. 23). 몰카를 음란물로 소비하는 사회. 〈경향신문〉
김수아 (2019). "미투 운동 이후 한국 신문에 나타난 성별 갈등 보도 분석," 〈미디어와 인격권〉, 5(1), pp.95~139.
김수아 (2020). "지식의 편향 구조와 혐오: 국내 위키 서비스 '여성혐오' 논란을 중심으로," 〈미디어, 젠더 & 문화〉, 35(1), pp.141~183.
김수아 (2020. 1. 19). [미디어 세상] 처벌받지 않을 것이라는 '확신'을 깨야. 〈경향신문〉.
김수아 (2021). "밈이라는 공동체 감각," 〈릿터Littor〉 10/11월, 민음사.
김수아 (2023). "젠더 기반 온라인 폭력의 개념화와 규제 패러다임의 전환," 〈다문화사회연구〉, 16(1), pp.33~62.
김수아 · 김민정 · 이동후 · 홍성일 (2020). "온라인 혐오표현 규제 쟁점과 대안 : 규제기관담당자, 시민단체 활동가, 연구자 및 피해 경험자 심층 면접을 중심으로," 〈한국언론정보학보〉, 101, pp.203~230.
김수아 · 김세은 (2016). "'좋아요'가 만드는 '싫어요'의 세계," 〈미디어, 젠더 & 문화〉, 31(2), pp.5~44.
김수아 · 장다혜 (2019). "온라인 피해 경험을 통해 본 성적 대상화와 온라인 성폭력 문제," 〈미디어, 젠더 & 문화〉, 34(1), pp.89~130.
김수연 (1995. 6. 9). 인터넷기업에도 "기회의 바다"(언론혁명 뉴미디어). 〈한국일보〉.
김수정 (2018). "ASMR의 감각적 친밀감과 젠더/섹슈얼리티에서의 함의," 〈사회과학연구〉, 29(4), pp.171~196.
김애라 (2022). "기술매개 성폭력의 '실질적'피해와 그 의미," 〈한국여성학〉, 38(1), pp.1~36.
김양희 (1997. 11. 1). 현대판 노예 「어린이 착취」. 〈세계일보〉.
김영철 · 조현욱 (2016). "성적 욕망 또는 수치심을 유발할 수 있는 다른 사람의 신체부위 해당여부," 〈법학연구〉, 57(3), pp.151~177.
김영환 · 이경재 (1992). 《음란물의 법적 규제 및 대책에 관한 연구》. 한국형사정책연구원.

김예니 (2021). "1990년대 여성 섹슈얼리티 재현의 문제: 장선우의 〈너에게 나를 보낸다〉를 중심으로," 〈반영과 재현〉, 2, pp.1~25.

김외현 (2007. 6. 3). 인터넷 덕 본 포르노, 인터넷에 발목 잡혀. 〈한겨레〉.

김위근 (2014). "포털 뉴스서비스와 온라인 저널리즘의 지형," 〈한국언론정보학보〉, 66, pp.5~27.

김유리 (2014). 〈1990년대 영상물 검열과 성 정치: 영화잡지 『키노』의 담론장을 중심으로〉. 중앙대학교 사회학과 석사 학위 논문.

김윤경 (1997. 3. 29). [세계는 지금] 통신예의법령 공방 치열. 〈전자신문〉.

김은경 (2000). 《성의 상업화가 성의식 및 성폭력에 미치는 영향》. 한국법무형사정책연구원.

김은주 (2019). 제 4물결로서 온라인-페미니즘: 동시대 페미니즘의 정치와 기술. 〈한국여성철학〉, 31, pp.1~32.

김잔디 (2018). "아동포르노그래피 소지죄 처벌에 관한 검토 — 일본법과의 비교를 중심으로," 〈치안정책연구〉, 32(1), pp.271~302.

김정남 (1994. 8. 4). 지구촌 展望台 「외설시비」와 올바른 性인식, 〈문화일보〉.

김정혜 (2020). 〈텔레그램 'n번방' 등 온라인 매개 성폭력 사건들을 통해 본 이 시대 성폭력의 특성〉. 한국여성정책연구원.

김정혜 (2022. 4. 30). 〈기술매개 성폭력의 특성에 따른 대응 강화 방안〉. 한국여성정책연구원 KWDI 이슈페이퍼.

김정혜 · 김애라 · 박보람 · 홍남희 · 정수연 (2021). 〈기술매개 성폭력 대응을 위한 법제 정비 방안〉. 한국여성정책연구원

김종원 (1995. 6. 21). 인터넷의 헌법 「해커강령」 "모든 정보를 개방하라". 〈세계일보〉.

김주언 (1996. 5. 7). 음란 · 폭력 차단프로 어떤게 있나. 〈한국일보〉.

김주현 (1997. 7. 17). 넘쳐나는 음란물 (추락, 10대의 성). 〈경향신문〉.

김주환 (2019). "음란성과 예술성," 〈홍익법학〉, 20(2), pp.209~233.

김주희 (2020. 5. 12). 언택트 시대, 여성들을 '새로운 얼굴'로 소비해온 문화 바뀌어야. 〈한국일보〉.

김주희 (2021). "코로나 시대, '마스크 시위'와 페미니즘의 얼굴성을 질문하다," 〈페미니즘 연구〉, 21(1), pp.7~45.

김준일 (2004. 6. 19). 60만명 가입 음란사이트 '소라넷' 전격단속, 협력사. 회원까지 처벌 '파장'. 〈경향신문〉.

김중식 (1999. 7. 28). 〈그대 이름은 여자〉(15) '최고의 상품' 여성. 〈경향신문〉.

김지수 · 윤석민 (2019). "인터넷 개인방송에서 혐오발언은 어떻게 비즈니스가 되는가?: 유튜브 및 아프리카 TV 토크/캠방 방송에서의 여성혐오발언을 중심으로," 〈한국방송학보〉, 33(3), pp.45~79.

김지현 · 전종설 (2021). "여성의 디지털 성폭력 피해 경험: 데이트 관계를 중심으로," 〈보건사회연구〉, 41(2), pp.101~122.

김진명 (2004. 12. 27). 성폭력 가해 어린이 늘고 있다. 〈내일신문〉.

김한균 (2017). "사이버성범죄 · 디지털성범죄 실태와 형사정책," 〈이화젠더법학〉, 9(3), pp.27~57.

김한균 (2020). "디지털성범죄 차단과 처단: 기술매개 젠더기반 폭력의 형사정책," 〈저스티스〉, 178, pp.369~392.

김해원 · 박동숙 · 이재원 · 정사강 · 강혜원 · 백지연 (2018). "5월 19일, 여성들은 혜화역에 어떻게 모였나?" 〈언론과 사회〉, 26(4), pp.85~139.

김현경 (2014). "기획사 중심 연예산업의 젠더/섹슈얼리티 정치학," 〈한국여성학〉, 30(2), pp.53~88.
김현경 (2016). "아이돌을 둘러싼 젠더화된 샤덴프로이데(Schadenfreude)의 문화정치학," 〈한국언론정보학보〉, 80, pp.115~142.
김현아 (2017). "카메라등이용촬영죄 처벌의 문제점과 개선방안," 〈이화젠더법학〉, 9(2), pp.1~32.
김현지 (2016. 10. 1). 처벌기준 제각각…성적 욕망 · 수치심 유발에 달려. 〈일요서울〉.
김혜영 (2017. 8. 5). [관음의 나라] "호기심에 찍어" 변명하지만… 치료 필요한 성중독 '증상'. 〈한국일보〉.
김희경 (1999. 7. 26). 명백한 검열 자진삭제 않겠다. 〈동아일보〉.
도종수 (1994. 8. 20). [기독논단] 선정적 문화 이제 그만. 〈국민일보〉.
〈동아일보〉 (1994. 11. 19). 펜트하우스 진열 30만원 부과.
〈매일경제〉 (1996. 5. 16). [사이버타임] 외국서도 인터넷 음란물 차단 골치.
〈매일경제〉, (2010. 4. 22). 음란사이트와 연동 트위터, 뒤늦게 '차단'.
문성도 (2012). "카메라 등 이용 촬영죄의 기수시기," 〈법학논총〉, 27, pp.103~121.
문학산 (2004). "에로비디오의 섹슈얼리티: 시선을 호객하는 몸, 남근이 된 시선," 유지나 · 조흡 외 지음. 《한국영화 섹슈얼리티를 만나다》. 생각의 나무.
〈문화일보〉 (1994. 6. 5). 바람개비 출판계 외설논쟁 후끈.
〈문화일보〉 (1994. 8. 23). 집중한매→출판사 취소→이름바꿔 자신청'악순환' 농랑하는 淫亂物단속.
〈문화일보〉 (1997. 4. 10). FBI 인터넷 '소아성애범죄' 경고.
〈문화일보〉 (1997. 7. 15). [사설] 10대의 성모럴.
〈문화일보〉 (1997. 7. 21). [사설] 청소년 정서 해치는 매체들.
민동기 (2004. 6. 18). 카이스트 출신 병역특례자 포르노사이트 제작. 〈중앙일보〉.
박경신 (2013). "가상아동포르노그래피 규제의 위헌성," 〈법학연구〉, 21(2), pp.181~210.
박돈규 (2020. 11. 10). "악플을 잡아라" 클린봇은 쉬지 않는다. 〈조선일보〉.
박성국 (2013. 7. 24). 디지털 장의사 등 新직업 500개 키운다. 〈서울신문〉.
박소영 (2008. 5. 3). 일본, "아동 포르노 범람 부끄럽다" 사이트 접속 봉쇄 추진. 〈중앙일보〉.
박수현 (2017. 9. 15). '자살했다'… 삶이 송두리째 흔들리는 리벤지 포르노. 〈헤럴드경제〉.
박영흠 (2018). "한국 디지털 저널리즘의 사회적 형성," 〈언론과 사회〉, 26(1), pp.135~181.
박인옥 (2009. 10. 25). 김본좌 초월 '음란물의 황제' 덜미. 〈한국경제〉.
박진우 (2022). "디지털 테크놀로지와 행위 규칙의 재구성 : 팬데믹 시대의 인간－기술－미디어 연합환경과 거버넌스 시스템에 대한 고찰," 〈커뮤니케이션 이론〉, 18(2), pp.85~127.
박찬근 (2017. 8. 9). 나도 못본 '몰카'를 변호사들이… 끝없는 고통에 눈물. 〈SBS 뉴스〉.
박창신 (2000. 3. 23). "사이버 성폭력 신고센터" 생긴다. 〈디지털타임스〉.
박태훈 (2000. 7). 〈국내인터넷이용자수 급증 요인 분석〉. 한국인터넷정보센터.
박현익 (2020. 11. 27). "성범죄에 관대한 한국"… 외신도 '조주빈 징역 40년' 보도. 〈조선일보〉.
박형민 (2016. 1. 6). 20대 남녀 이별범죄 '충격과 공포' 속으로…. 〈일요신문〉.
박혜진 (2011). "사이버 공간에서의 '음란성' 패러다임 전환을 위한 시론," 〈가천법학〉, 4(1), pp.223~258.
박효순 (2006. 8. 28). 교수가 '아내 알몸' 인터넷 유포 — 나체 사진 올려 수억 챙긴 운영자 적발. 〈경향신문〉.

방석호 (1998). "사이버 스페이스에서의 검열과 내용 규제," 〈사이버커뮤니케이션학보〉, 3권, pp.232~261.
방송통신심의위원회 (2013. 10. 29). 방통심의위, 성행위 영상 등 사생활 침해정보에 대해 시정요구.
방송통신심의위원회 (2023). 2023년 제13차 통신심의소위회의록.http://www.kocsc.or.kr/cop/bbs/selectBoardArticle.do
배은경 (2004). "사회 분석 범주로서의 '젠더'개념과 페미니스트 문화 연구," 〈페미니즘연구〉, 4(1), pp.55~100.
배재한 (2000. 5. 18). 채팅사이트 악용한 성폭력 급증. 〈국제신문〉.
배태웅 (2018. 8. 1). 가짜뉴스 · 막장방송… 유튜브선 돈이 된다. 〈한국경제〉.
백가을 (2021). "디지털 성폭력 대응 활동가의 전문성 구성: DSO의 사례를 중심으로." 한국과학기술학회 학술대회, pp.55~64.
백지수 (2021. 1. 25). 10.5만명 딥페이크 피해자, 70%는 일반인… "SNS 사진 훔쳐가". 〈머니투데이〉.
변신원 (2020). "정보통신기술(ICT)매개 친밀한 파트너에 대한 폭력," 〈페미니즘연구〉, 20(1), pp.169~186.
〈부산일보〉 (1995. 2. 5). 연극「미란다」 음란물 규정 의미.
서승희 (2017). "사이버성폭력 피해의 특성과 근절을 위한 대응방안: 비동의유포 성적촬영물을 중심으로," 〈이화젠더법학〉, 9(3), pp.59~95.
〈서울신문〉 (1994. 7. 26). 「펜트하우스」 상륙… 음란성 논란.
〈서울신문〉 (1997. 7. 15). 음란비디오 주인공은 중고생/"일 포르노 모방 재미로 찍었다".
〈서울신문〉 (2000. 8. 22). 음란물 규제.
〈서울신문〉 (2007. 4. 24). 日, 아동 에로물 탐닉 '로리콘화' 현상에 골머리.
서정욱 (1995. 9. 24). 인터넷과 사회악. 〈경향신문〉.
서지연 (2017. 8. 22). 여성 살해 스트리밍 | ② 디지털 여성혐오 범죄들. 〈ize〉.
성동규 · 김왕석 (1997). "인터넷 포르노그라피, 그 표현의 자유와 한계," 〈한국언론학보〉, 42(2), pp.227~260.
성연광 (2005. 4. 8). [기자수첩] 어디에도 있는 포르노. 〈머니투데이〉.
〈세계일보〉 (1995. 3. 2). 해외토픽. 누드사진 온라인 서비스.
〈세계일보〉 (1996. 5. 12). 어느 고교생의 "컴퓨터 타락".
〈세계일보〉 (1996. 5. 4). 초등교 주변 유해오락물 범람/성인용 컴퓨터게임 – 만화 등 "버젓이".
〈세계일보〉 (1997. 4. 1). 무분별한 신세대 성 풍속(파멸의 병 AIDS:8).
〈세계일보〉 (1997. 7. 18). 인터넷 웹사이트 등급제 추진.
〈세계일보〉 (2010. 1. 27). [WT논평] Sexploitation of children/커지는 국제 포르노 산업. https://www.segye.com/newsView/20100126004179
〈세계일보〉 (2010. 7. 17). 구멍 뚫린 인터넷 음란물 규제/음란물 중독 10대, 한 달에 4번 피 팔아 PC방 요금 마련.
손수호 (2010. 1. 29). [사설] 웹하드 통한 음란물 유통 뿌리 뽑아야. 〈국민일보〉.
손정인 (1999. 7. 30). '거짓말' 통해 본 등급심의. 〈국제신문〉.
손희정 (2017). 《페미니즘 리부트: 혐오의 시대를 뚫고 나온 목소리들》. 나무연필.
송길원 (1996. 8. 13). 「컴퓨터 중독」 중3아들 음란물접촉 걱정/송길원 목사(신앙상담). 〈국민일보〉.
송해엽 · 양재훈 (2017). "포털 뉴스 서비스와 뉴스 유통 변화," 〈한국언론학보〉, 61(4), pp.74~109

송혜민 (2010. 8. 2). 아이폰 4, 전용 음란동영상 확대로 '웃다가 울다가'. 〈서울신문〉.
신각철 (1995). "정보통신윤리위원회의 기능과 역할 – 건전한 정보통신윤리의 확립을 위하여," 〈정보와사회〉, 91, pp.46~49.
심영희 (2009). "어린이 성폭력의 변화와 요인: 지구화의 맥락에서," 〈형사정책연구〉, pp.117~156.
심윤지 · 김희진 · 이아름 · 김유진 (2020). N번방 리와인드: 디지털성범죄를 되감다. 〈경향신문〉. https://news.khan.co.kr/kh_storytelling/2020/tracknroom/index.html?_ga=2.90194844.746461400.1640519287-1587155448.1638237215
안치용 (1997. 5. 10). '이승희 열풍'… PC통신 등 치열한 논쟁. 〈경향신문〉.
양혜승 (2022). "여성, 이주민, 노인 혐오성 댓글에 대한 텍스트 마이닝 분석: 네이버 범죄뉴스를 맥락으로," 〈한국방송학보〉, 36(3), pp.5~45.
엠빅뉴스 (2019. 5. 21). 대림동 여경 동영상 후폭풍? 공정성 문제 제기된 '경찰 체력검정'. https://www.youtube.com/watch?v=6utbA-tvcRc
연지영 · 이훈 (2020). "혐오가 유머를 만날 때 : 타인 혐오를 증폭시키는 유머와 한국 사회의 젠더 갈등에 대한 함의," 〈한국정치학회보〉, 54(4), pp.219~250.
오로라 (2020. 7. 23). 백블] 시행령까지 공개됐지만… 'n번방' 못막는 'n번방 방지법.' 〈조선일보〉.
오병상 (1997. 2. 15). 인터넷 홈페이지 누드모델 게재 경찰서 잡혀갔던 강모씨 항변. 〈중앙일보〉.
오세진 (2018. 6. 13). 여자 8명 '몰카' 찍었는데 "짧은 치마로 안 보인다"며 무죄 선고한 판사. 〈서울신문〉.
오찬호 (2016). "한국에서 혐오발언을 제재할 수 있을까?," 〈시민과 세계〉, pp.249~257.
우에노 지즈코 (2010). 女きらい. [나일등 옮김. 《여성혐오를 혐오한다》. 은행나무. 2012].
우지숙 (1999). "포르노그라피 규제에 대한 담론을 통해 본 사이버스페이스와 여성문제," 〈한국언론학보〉, 44(1), pp.244~286.
위근우 (2020. 8. 26). 클린봇' 뒤에 숨은 포털, 빈틈에서 자라나는 차별주의자들[플랫]. 〈경향신문〉.
유선영 (1999). "객관주의의 사악한 시선: 남근중심주의," 〈언론과 사회〉, 25, pp.7~49.
유영규 (2001. 11. 21). 몸매 찍은 '몰카' 인터넷 거래 성행. 〈서울신문〉.
유인경 (2001. 10. 8). 55창간특집 10대보고서/10대와 성의식 "성이 뭔지 우리도 다알아요". 〈경향신문〉.
유정화 (2019. 10. 15). "저를 지워주세요"… '디지털 장의사'를 아시나요?. 〈매일경제〉.
유하룡 (1997. 10. 22). 인터넷 포르노사이트 개설 20대 구속. 〈매일경제〉.
윤보라 (2013). "일베와 여성 혐오," 〈뉴 래디컬 리뷰〉, 57, pp.33~56.
윤보라 (2020). "디지털 거주지(digital dwelling)와 성폭력: '카카오톡 단체 채팅방 성희롱 사건'을 다시 보기," 〈페미니즘 연구〉, 20(1), pp.23~165.
윤승민 · 심윤지 (2017. 8. 11). 유튜버 '갓건배' 논란에 동조한 남자 초등 · 중학생들. 〈경향신문〉.
윤영석 · 이현우 (2016). "개인 방송 플랫폼 기술: 아프리카 TV 와 유튜브를 중심으로," 〈Information and Communications Magazine〉, 33(4), pp.56~63.
윤지혜 (2021. 12. 10). "수위 높은 몰카 올려봐라"…카톡 영상 검열 첫날 '테스트방' 수두룩. 〈머니투데이〉.
윤태진 (2000). "인터넷 포르노그라피 연구: 그 내용과 사회적 담론," 〈언론, 사회, 문화〉, 8권, pp.27~66.
윤희일 (2014. 10. 10). '옛 애인과의 야한 동영상' 올리면 징역3년… 일본, 법안 마련. 〈경향신문〉.

이건호 (2001). 《성표현물의 음란성 판단기준에 관한 연구(II)》. 형사정책연구원.
이기수 (1997. 7. 16). '빨간 마후라' 여중생 충격고백(추락, 10대의 성: 1). 〈경향신문〉.
이나영 (2018). "'미투 운동'을 대하는 언론의 자세," 〈방송기자〉, 41, pp.13~15.
이나영 · 정지혜 (2019). "성매매 알선 · 후기 사이트: 변화하는 성착취 유비쿼터스," 〈젠더와 문화〉, 12(2), pp.193~230.
이동후 (2020). "디지털 미디어 시대의 '유년기 소멸' 개념의 재고," 〈인간 · 환경 · 미래〉, 24호, pp.133~164.
이동후 (2021). 《미디어는 어떻게 인간의 조건이 되었는가》. 컬처룩.
이동후 · 홍남희 · 이설희 (2021), "게임 스트리밍 공간의 여성 스트리머 경험 연구: 심층인터뷰를 중심으로," 〈한국언론학보〉, 65(5), pp.46~88.
이무헌 (2020. 1. 22). 나체사진에 지인 얼굴 합성 유포 20대 붙잡아. 〈강원일보〉.
이미경 (1999). "사이버 공간에서의 성폭력추방운동," 〈아시아여성연구〉, 38, pp.73~86.
이민석 (2020. 7. 23). 음란물 포털 '소라넷' 창립자는 서울대 출신. 〈조선일보〉.
이범구 · 이태무 (2008. 3. 18). 안양 초등생 살해 용의자는 아동성애 성향자. 〈한국일보〉.
이병만 (1999. 12. 17). 인터넷 포르노/'등급제'가 막을수 있을까. 〈한겨레〉
이상현 (2000. 10. 13). '원조교제' 왜곡된 性문화가 범죄원천. 〈세계일보〉.
이설희 · 김수아 · 홍남희 (2020), "온라인 성차별적 혐오표현의 특징과 내용 규제 쟁점," 〈미디어, 젠더 & 문화〉, 35(3), pp.61~103.
이수범 · 송민호 (2020). "디지털 성범죄 사건 보도에 대한 비판적 담론 분석: n번방 사건을 중심으로," 〈언론정보연구〉, 57(4), pp.150~195.
이수연 (2010). 〈여성연예인 인권상황 실태조사: 연기자를 중심으로〉. [NHRC] 국가인권위원회 발간자료.
이신행 (2021). "편향적 인공지능: 네이버의 악플 탐지용 인공지능 '클린봇'이 판별한 혐오표현의 유형 분석," 〈사이버커뮤니케이션학보〉, 38(4), pp.33~75.
이신행 · 이주연 · 조민정 · 박태강 (2022). "기계학습 기반 유튜브 악플 분석: "사이버렉카"에 달린 댓글의 어휘적 특성," 〈한국디지털콘텐츠학회 논문지〉, 23(6), pp.1115~1122.
이우영 (1998). "포르노그라피의 사회적 의미," 〈현상과 인식〉, 22(1 · 2), pp.25~41.
이웅혁 (2010. 12. 10). 왜냐면/내 자녀와 이웃을 위한 음란물 규제. 〈한겨레〉.
이윤종 (2016). "장선우와 에로비디오: 1990년대 한국의 전환기적 포르노 영화," 〈대중서사연구〉, 22(4), pp.143~186.
이인우 (1994. 8. 19). 밤과 낮 다른 이중의 성의식/'외설' 규제 속 향락산업 번창. 〈한겨레〉.
이장규 (1995. 3. 22). 〈플레이보이〉 인터네트 통해 독자 불리기. 〈중앙일보〉.
이재진 · 이희영 (2008). "한국 대법원의 음란성 판단기준에 대한 연구," 〈미디어 경제와 문화〉, 6(3), pp.79~124.
이재훈 (2006. 10. 25). [여성&남성] 男 96.9% "본 적 있고 빠져 있다". 〈서울신문〉
이정념 (2019). "온라인 허위정보의 규제를 위한 접근법 — 허위정보의 의미와 본질, 규제 방향을 중심으로," 〈과학기술법연구〉, 25(2), pp.69~103.
이정하 (2023. 3. 8). "구독자 많은 유튜브 계정 줄게" 아동 성착취물 제작한 범인 송환. 〈한겨레〉.
이주빈 (2019. 5. 19). '대림동 경찰관 폭행' 사건 '여성 경찰관 혐오'로 비화. 〈한겨레〉.
이지은 (2020). ""한국여성의 인권에 대해 알고 싶으면, 구글에서 '길거리'를 검색해 보라": 알고리즘을 통해 '대중들' 사이의 적대를 가시화하기," 〈미디어, 젠더 & 문화〉, 35(1), pp.5~44.
이진경 · 김정필 · 유태영 (2008. 7. 18). [국경없는 사이버 범죄 — 美.英.佛.日 현지 기획취재] 집단 괴롭힘 · 아동포르노와 전쟁. 〈세계일보〉.
이진혁 (2019. 2. 9). 혐오를 판다?… 가면 뒤에 숨어 돈 버는 극단적 유튜버. 〈파이낸셜뉴스〉.
이태희 (2000. 1. 10). 여성지지 네티즌 '수난'/군필 가산점 사이버 논란. 〈한겨레〉
이하나 (2020. 11. 10). '아동 성착취' 손정우 미국 송환 불허하더니 또 풀어준 재판부. 〈여성신문〉.
이현도 (1999. 7. 19). '외설' 척도 창작에 걸림돌. 〈경남도민일보〉.
이현재 (2013). "섹스와 젠더," 〈여/성이론〉, 29, pp.206~218.
이현주 (2017. 8. 14). 여성가족부, '리벤지 포르노' 용어 퇴출. 〈아시아경제〉.
이희권 (2018. 11. 26). 모호한 '性的 수치심' 기준에 그때그때 다른 몰카범 처벌. 〈문화일보〉.
이희은 (20118). "페미니즘과 미디어 윤리," 〈언론정보연구〉, 55(3), pp.120~157.
이희은 (2020), "감시사회에서 비가시화된 고통으로서의 프라이버시: 젠더 관점에서의 탐색," 〈아시아여성연구〉, 59(1), pp.167~206.
임명빈 · 김수정 (2018). "인터넷 개인방송 BJ의 셀프 브랜딩 실천과 친밀성의 구성," 〈사회과학연구〉, 29(3), pp.105~130.
임영서 (2014. 3. 2). 애인과 헤어진 후 '앙심,' 동영상 공개… 日 사회문제 대두. 〈MBC 뉴스〉.
임영호 · 김은진 · 홍찬이 (2018). 《한국 에로 비디오의 사회사: 애마부인에서 소라넷까지》. 컬처룩.
임우진 (2020. 1. 7). "전여친 몰카, 2만명이 돌려본다" 텔레그램 음란방 운영자의 고백. 〈머니투데이〉.
임재우 (2021. 12. 14). [팩트체크] "n번방 방지법은 검열" 윤석열이 틀린 3가지 이유. 〈한겨레〉.
장은미 · 최이숙 · 김세은 (2021). ""우리는 더디지만 나아가고 있다": '미투 운동(#MeToo)' 이후 성평등 보도를 위한 한국 언론의 실천과 과제," 〈미디어, 젠더 & 문화〉, 36(3), pp.187~236.
〈전북일보〉 (1999. 6. 24). 에로영화 사회문제화.
전성철 (1996. 4. 2). 네티즌들 '야한 정보'에 더 관심. 〈경향신문〉.
〈전자신문〉 (1995. 4. 26). 컴퓨터 온라인서비스 검열 논란.
〈전자신문〉 (2006. 1. 21). 美 법무부, 구글에 고객 검색정보 제출하라.
〈전자신문〉 (2007. 4. 18). 英 "아동 포르노, 4년새 4배 늘어".
〈전자신문〉 (2008. 8. 13). "인터넷 채팅서 옷 벗겨도 성추행.
전창영 · 나은희 · 최철호 · 김민정 (2018). "방송통신심의위원회의 혐오표현 통신심의에 대한 탐색적 고찰," 〈방송통신연구〉, 104, pp.70~102.
정금희 (2021). "정치 유튜브 개인 방송에서 '정파성'은 어떻게 발현되는가?: 청년 정치 유튜버의 심층 인터뷰를 중심으로," 〈언론정보연구〉, 58(3), pp.46~109.
정명진 (1994. 7. 24). 펜트하우스 편법 출간 말썽. 〈중앙일보〉.
정사강 · 홍지아 (2019). "국가 페미니즘, 여성가족부, 여성혐오," 〈미디어, 젠더 & 문화〉, 34(1), pp.209~253.
정사강 · 이재원 · 박동숙 (2021). "나에게 혜화역 시위는 무엇이었나?: 2030 여성들의 경험과 목소리를 중심으로," 〈한국언론정보학보〉, 107, pp.116~148.
정소영 (2004). "포르노, 전시되는 몸과 창조하는 몸," 〈여성과 사회〉, 15, pp.46~69.
정유림 (2020. 6. 14). 네이버 댓글 클린봇, 비속어 없어도 문장 맥락으로 악플 가려낸다. 〈디지털투데이〉.
정재영 (2008. 9. 16). 작년 야동 유포 497명 기소… 2만편 올린 김본좌 집유. 〈세계일보〉.

정진욱 (2014. 9. 22). 카톡도 감시? '텔레그램' 갑자기 인기 폭발. 〈전자신문〉.
정현목 (1999. 1. 20). 어린이 성학대 인터넷 범람… 유네스코 퇴치전쟁 선언. 〈중앙일보〉.
조원익 (1996. 6. 23). CD롬롬팩CDI등 새로운 영상물/비디오냐? 컴퓨터프로그램이냐? 〈세계일보〉.
조은 · 조주현 · 김은실 (2002). 《성 해방과 성 정치》. 서울대학교출판문화원.
조현철 (2000. 5. 24). 청소년 짓밟는 '사이버 性폭력,' 인터넷 열면 음란물… 〈경향신문〉.
조혜정 (1997. 7. 18). 더 염려스러운 '어른'들/조혜정 연세대 교수(아침을 열며). 〈한국일보〉.
주은우 (2010). "자유와 소비의 시대, 그리고 냉소주의의 시작: 대한민국, 1990년대 일상생활의 조건," 〈사회와역사〉(구 한국사회사학회논문집), 88, pp.307~344.
〈중앙일보〉 (1990. 2. 7). 청소년 노린 핑크빛 "독버섯"/ 음란물 공급 · 판매 실태.
〈중앙일보〉 (1994. 7. 27). [분수대] 나체상술.
〈중앙일보〉 (1997. 7. 14). [사설] 위태로운 10대의 성의식.
〈중앙일보〉 (2006. 7. 20). 아동포르노 제작 혐의 30대 남성에 150년형.
진혜민 (2022. 1. 13). 성범죄 기사 댓글창 폐쇄 외치며 선플 다는 '여혐방역대'. 〈여성신문〉.
채혜선 (2018. 6. 30). 여성 8명 몰카 찍은 20대 남성 '무죄' 판결 나온 이유. 〈중앙일보〉.
채희창 (1994. 7. 28). 검찰, 수사착수/간행물 윤리위 고발로. 〈세계일보〉.
최득룡 (1995. 3. 15). 매체 특성과 관련한 담론 CD롬롬팩 CDI 등 새로운 영상/비디오? 컴퓨터 프로그램? 〈세계일보〉.
최득룡 (1995. 6. 7). 「사이버 스페이스」 숨막히는 추격전. 〈세계일보〉.
최명찬 (1991. 1. 11). 에로물 제작 또 뜨거운 바람. 〈부산일보〉.
최문선 (2009. 11. 17). "아동 성범죄자 화학적 거세 도입을" 국회 입법조사처 제안. 〈한국일보〉.
최병준 (1995. 10. 26). 「급진 페미니즘」 영화 남성 기죽이기 극성. 〈경향신문〉
최영주 (2020. 3. 25). 조주빈 '신상털기 · 악마화'에 가려지는 '박사방' 본질. 〈노컷뉴스〉.
최우영 (2012. 9. 7). '나주성폭행' 고종석 PC뒤졌더니, '토렌트'가…. 〈머니투데이〉.
최윤필 (1997. 7. 13). 10대들 성의식 '위태위태'/실태와 문제점. 〈한국일보〉.
최윤필 (2023. 2. 24). "'성인 잡지'를 편든 미 연방대법원, 〈한국일보〉.
최이숙 · 김은진 (2019). "누구의 목소리를 어떻게 전하였는가?: 인터뷰 기사를 통해 본 미투 운동 초기 TV 보도의 양상," 〈미디어, 젠더 & 문화〉, 34(2), pp.147~189.
최이숙 · 장은미 · 김세은 (2020). "'미투 운동(#MeToo)' 이후 젠더 이슈 보도의 성과와 한계," 〈한국언론정보학보〉, 104, pp.122~163.
최진석 (2016). "가장 뜨거운 현대," 〈뉴 래디컬 리뷰〉, 67, pp.173~233.
최치봉 (2012. 9. 3). [아동 성범죄 무방비 도시] ① 어쩌다 이 지경까지…. 〈서울신문〉.
최효정 · 박소정 (2019. 2. 16). "야동 안 보는 자 내게 돌을 던져라"… 불법 성인사이트 규제 반대 촛불집회. 〈조선일보〉.
최훈 (1994. 6. 4). 美 성인용 잡지 펜트하우스 한국어版 발행 논란. 〈중앙일보〉.
추적단 불꽃 (2020). 《우리가 우리를 우리라고 부를 때》. 이봄.
하대청 (2022). "주의 통치하기: 유튜브 추천시스템과 심리 – 알고리즘적 주체," 〈과학기술학연구〉, 22(1), pp.145~172.
하수영 (2015. 7. 29). 비키니女 몰카 찍었다면… "찍은 잘못" vs "입은 잘못". 〈뉴스1〉.
하수영 · 최모란 (2021. 12. 7). 女 혼자사는집 비번 알아내려 몰카 설치한 남성, 4명이 당했다. 〈중앙일보〉.

〈한겨레〉 (1997. 11. 28). "문화부 독립 바람직" 한목소리/주요 질의 · 답변 요약.
〈한겨레〉 (2000. 4. 24). 대학생과 명문대 출신 운영 음란사이트 무더기 적발.
〈한국경제〉 (1996. 4. 29). 「사이버경찰」 SW 내놔/음란정보 웹사이트 자동으로 검색 차단.
〈한국경제〉 (2004. 6. 19). '회원 60만명' 음란사이트 '소라넷' 국내운영자 검거.
〈한국경제〉 (2016. 12. 24). 급증하는 카메라등이용촬영죄 지워도 소용없어….
〈한국일보〉 (1995. 6. 9). 펜트하우스플레이보이 등 미 음란물 여과없이 국내 유입.
〈한국일보〉 (1997. 7. 16). [사설] 「10대 포르노」와 그 책임.
한수연 (2017. 9. 29). 왜 '리벤지 포르노'라 부르면 안 되냐고요? 〈블로터〉. https://www.bloter.net/news/articleView.html?idxno=25706
함영훈 (1994. 8. 17). 펜트하우스 등록 취소/ 강남구청/ "도덕 수위 넘어선 음란물". 〈세계일보〉.
함태경 (1994. 7. 26). 「펜트하우스」 "물의"/기독시민단체 범국민차원 대응 촉구. 〈국민일보〉.
허영은 (2021. 1. 27). 싸이더스 스튜디오 X가 선보인 국내 첫 버추얼 인플루언서 로지. 〈디자인프레스〉. https://blog.naver.com/designpress2016/222222045949
〈헤럴드경제〉 (1995. 3. 11). 인터넷 성인 누드誌 검색차단여부 "논란".
〈헤럴드경제〉 (1995. 4. 26). PC통신 성인전용DB "인기".
홍남희 (2017). "'불온 통신'의 계보와 '트위터,'" 〈한국언론정보학보〉, 81, pp.329~362.
홍남희 (2018a). "디지털 성폭력의 '불법화' 과정에 대한 연구," 〈미디어, 젠더 & 문화〉, 33(2), pp.203~246.
홍남희 (2018b). "디지털 플랫폼에 의한 '사적 검열(private censorship)'," 〈미디어와 인격권〉, 4(2), pp.135~172.
홍남희 (2018c). "스마트 미디어 시대 '침투성(pervasiveness)' 개념의 확장 가능성에 대한 검토," 〈한국방송학보〉, 32(5), pp.99~131.
홍남희 (2020). "여성혐오적 제도로서 포르노그라피 소비 문화," 〈미디어, 젠더 & 문화〉, 35(2), pp.103~137.
홍남희 (2021). "미디어 리터러시 담론과 아동, 청소년: 미디어 이용 취약층에서 일탈의 프로슈머까지," 〈한국언론정보학보〉, 107, pp.149~180.
홍남희 (2022a). "데이터 시대 부정의(injustice)와 데이터 액티비즘," 〈아시아여성연구〉, 61(1), pp.247~280.
홍남희 (2022b). "소셜 미디어 시대 여론 극화와 상품으로서의 젠더 뉴스 : 디지털 저널리즘 생태계의 '독성화' 논의를 중심으로," 〈한국언론정보학보〉, 113, pp.249~278.
홍남희 (2023). "디지털 플랫폼 시대 자동화 거버넌스와 '나쁜 말'의 규제," 〈사이버커뮤니케이션학보〉, 40(1), pp.277~317.
홍대선 (2001. 4. 25). 사이버 성폭력 청소에 나선 '오빠네 세탁소' 일꾼들. 〈한겨레〉
홍성수 외 (2016). 〈혐오표현 실태조사 및 규제방안 연구〉. [NHRC] 국가인권위원회 발간자료.
홍주현 (2018). "뉴스생산 환경에 따른 방송 보도의 선정성 네트워크 분석프레임 분석: 유명인에 대한 미투운동 사례를 중심으로," 〈한국콘텐츠학회논문지〉, 18(7), pp.103~119.
홍주현 · 나은경 (2016). "온라인 혐오표현의 확산 네트워크 분석," 〈한국언론학보〉, 60(5), pp.145~175.
홍지아 (2017). "젠더화된 폭력에 대한 뉴스 보도: 4개 언론사(조선일보, 동아일보, 한겨레, 경향신문)의 강남역 여성살인사건 보도를 중심으로," 〈한국언론정보학보〉, 83, pp.186~218.

홍희곤 (1995. 3. 19). 미, 인터넷 규제 가시화. 〈한국일보〉.
황승흠 (1999). "인터넷과 기본권: 이른바 '불온통신'의 규제를 중심으로," 〈헌법학연구〉, 5, pp.23~53.

Abidin, C. (2016). "Visibility labour: Engaging with Influencers' fashion brands and# OOTD advertorial campaigns on Instagram," *Media International Australia*, 161(1), pp.86~100.

Adler, A. (1996). "What's Left: Hate Speech, Pornography, and the Problem for Artistic Expression," *California Law Review*, 84, pp.1499~1572.

Andrejevic, M. (2020). *Automated Media. Taylor & Francis*. [이희은 옮김. 《미디어 알고리즘의 욕망: 자동화된 미디어는 우리의 일상을 어떻게 바꾸는가》. 컬처룩. 2021].

Ariès, P. (1973). *L'enfant et la vie familiale sous l'ancien régime*. [문지영 옮김. 《아동의 탄생》. 새물결. 2003].

Ariès, P., Duby, G., Prost, A., & Vincent, G. (Eds.) (1987). *Histoire de la vie privée, tome 5: De la première guerre mondiale à nos jours*. [김기림 옮김. 《사생활의 역사 5: 제1차 세계대전부터 현재까지》. 새물결. 2006].

Banet-Weiser, S. (2021). Misogyny and the politics of misinformation. Routledge.

Barbrook, R. & Cameron, A. (1996). "The Californian ideology," *Science as culture*, 6(1), pp.44~72.

Bate, S. (2017). "Revenge Porn and Mental Health: A Qualitative Analysis of the Mental Health Effects of Revenge Porn on Female Survivors," *Feminist Criminology 2017*, 12(1), pp.22~42.

Berger, J. (1972). *Ways of Seeing*. [최민 옮김. 《다른 방식으로 보기》. 열화당. 2019.]

boyd, d. m., & Ellison, N. B. (2007). "Social network sites: Definition, history, and scholarship," *Journal of computer–mediated Communication*, 13(1), pp.210~230.

Britannica (2023. 3. 31). https://www.britannica.com/topic/pornography

Bronstein, C. (2011). *Battling Pornography: The American Feminist Anti-Pornography Movement, 1976~1986*. Cambridge University Press.

Bronstein, C. & Strub, W. (Eds.) (2016). *Porno Chic and the Sex Wars: American Sexual Representation in the 1970s*. University of Massachusetts Press.

Brown, W. (1995). *States of injury: power and freedom in late modernity*. Princeton University Press.

Brownmiller, S. (1975). *Against Our Will: Men, Women and Rape*. Penguin.

Burgess, J. & Hurcombe, E. (2019). "Digital journalism as symptom, response, and agent of change in the platformed media environment," *Digital Journalism*, 7(3), pp.359~367.

Butler, J. (1990). *Gender Trouble: Feminism and the Subversion of Identity*. Routledge.

Casals, A. (2015). "When the Relationship Went down, the Photos Went up: Revenge porn and Florida's New Sexual Cyberharassment Status," *Fla. Coastal L. Rev*. 355.

Chen, J. (2005). "Conduit-based regulation of Speech," *Duke Law Journal*, 54(6), pp.1359~1456.

Chen, M. G., Muddiman, A., Wilner, T., Pariser, E., & Stroud, N. J. (2019). "We should not get rid of incivility online," *Social Media+Society*, 5(3), https://doi.org/10.1177/2056305119862641

Crawford, K. & Gillespie, T. (2016). "What is a flag for? Social media reporting tools and the vocabulary of complaint," *New Media & Society*, 18(3), pp.410~428.

Crawford, K., Gray, M. L., & Miltner, K. (2014). "Big Data| critiquing Big Data: Politics, ethics, epistemology| special section introduction," *International Journal of Communication*, 8, pp.1663~1672.

Council of Europe (2016). Background Note on Sexist Hate Speech. Gender Equality Unit. https://rm.coe.int/CoERMPublicCommonSearchServices/DisplayDCTMContent?documentId=0900000168059ad42

Culliford, G. (2023. 1. 18). 'Terrified' teen Playboy Bunny aborted Hugh Hefner's 'devil child' at 19. *Mirror*.

D'Ignazio, C. & Klein, L. F. (2020). "Seven intersectional feminist principles for equitable and actionable COVID-19 data," *Big data & Society*, 7(2), 2053951720942544.

Dines, G. (1998). "Dirty Business: Playboy Magazine and the Mainstreaming of Pornography." In Dines, G., Jensen, R., & Russo, A. (Eds). *Pornography: The Production and Consumption of Inequality*. Routledge. pp.37~64.

Dines, G. (2010). *Pornland: How porn has hijacked our sexuality*. Beacon Press.

Drushel, B. E. (2013). "Digital Red Light Zone: Alternative Approach to Regulating Adult Online Social Media". (eds) in Drucker, S. J. & Gumpert, G., *Regulating Social Media*. PeterLang. pp.172~189.

eSafety Commissionerhttps://www.esafety.gov.au/key-issues/domestic-family-violence/how-to-identify-tech-abuse

Foucault, M. (1976). *Histoire de la sexualité, tome 1: La volonté de savoir*. Gallimard. [이규현 옮김. 《성의 역사 1: 앎의 의지》. 나남. 2004].

Friedan, B. (1963). *The Feminine Mystique*. New York: Dell.

Geiger, S. R. (2016). "Bot-based collective blocklists in twitter: The counterpublic moderation of harassment in a networked public space," *Information, Communication & Society*, 19(6), pp.787~803.

Gergen, K. J. (2002). "The challenge of absent presence." In J. E. Katz & M. Aakhus (Eds), *Perpetual contact: Mobile communication, private talk, public performance*. Cambridge, UL: Cambridge University Press. pp.227~241.

Gill, R., & Orgad, S. (2018). "The shifting terrain of sex and power: From the 'sexualization of culture' to# MeToo," *Sexualities*, 21(8), pp.1313~1324.

Gillespie, T. (2010). "The politics of 'platforms'," *New media & society*, 12(3), pp.347~364.

Gillespie, T. (2018). *Custodians of the Internet: Platforms, content moderation, and the hidden decisions that shape social media*. Yale University Press.

Gillespie, T. (2020). "Content moderation, AI, and the question of scale," *Big Data & Society*, 7(2). https://doi.org/10.1177/2053951720943234

Goldhaber, M. (2006). "The value of openness in an attention economy," *First Monday*, 11(6). https://doi.org/10.5210/fm.v11i6.1334

Gorwa, R., Binns, R., & Katzenbach, C. (2020). "Algorithmic content moderation: Technical and political challenges in the automation of platform governance," *Big Data & Society*, 7(1), 2053951719897945.

Helmond, A. (2015). "The platformization of the web: Making web data platform ready," *Social media+society*, 1(2), 2056305115603080.

Henry, N. & Powell, A. (2015). "Embodied Harms: Gender, Shame, and Technology-Facilitated Sexual Violence," *Violence Against Women*, 21(6).

Henry, N. & Powell, A. (2014). "The Dark Side of the Virtual World: Towards a Digital Sexual Ethics," Henry, N. & Powell, A. eds, *Preventing Sexual Violence: Interdisciplinary Approaches to Overcoming a Rape Culture*. Springer.

Henry, N., & Powell, A. (2018). "Technology-facilitated sexual violence: A literature review of empirical research," *Trauma, violence, & abuse*, 19(2), pp.195~208.

Huges, D. M. (2002). "The Use of New Communications and Information Technologies for Sexual Exploitation of Women and Children," *Hastings Women's Law Journal*, 13, pp.127~146.

Jackson, S. & Scott, S. (1999). "Risk anxiety and the social construction of childhood." In D. Lupton (Ed.), *Risk and sociocultural theory: New directions and perspectives. Cambridge*, UL: Cambridge University Press. pp.86~107.

Jankowicz, N., Hunchak, J., Pavliuc, A., Davies, C. & Kaufmann, Z. (2021). *Malign Creativity: How Gender, Sex, and Lies are Weaponized Against Women Online*. Wilson Center.

Kannengießer, S. (2020). "Reflecting and acting on datafication: CryptoParties as an example of re-active data activism," *Convergence*, 26(5~6), pp.1060~1073.

Kitchen, A. N. (2015). "The need to criminalize revenge porn: How a law protecting victims can avoid running afoul of the first amendment," *Chi.-Kent L. Rev.*, 90, 247.

Krijnen, T. & Van Bauwel, S. (2021). *Gender and media: Representing, producing*. consuming. Routledge.

Langton, R. (2009). *Sexual solipsism: Philosophical essays on pornography and objectification*. Oxford University Press.

Leo, J. (1986. 7. 21). Pornography: the Feminist Dilemma. *Time*. https://content.time.com/time/subscriber/article/0,33009,961806,00.html

Levine, E. (2007). *Wallowing in Sex: The New Sexual Culture of 1970s American Television*. Durham, NC: Duke University Press.

Livingstone, S. (2009). *Children and the Internet*. Cambridge, UK: Polity.

Lyon, D. (2003). "Surveillance technology and surveillance society," *Modernity and technology*, pp.161~184.

Lyon, D. (Ed.). (2003). *Surveillance as social sorting: Privacy, risk, and digital discrimination*. Psychology Press.

Lyon, D. (2017). "Digital citizenship and surveillance| Surveillance culture: engagement, exposure, and ethics in digital modernity," *International Journal of Communication*, 11, pp.824~842.

MacKinnon, C. A. (1987). "Francis Biddle's sister: Pornography, civil rights, and speech," *Feminism unmodified: Discourses on life and law*. Harvard University Press.

MacKinnon, C. A. (1989a). "Sexuality, pornography, and method: Pleasure under Patriarchy," *Ethics*, 99(2), pp.314~346.

MacKinnon, C. A. (1989b). *Toward a Feminist Theory of the State*. Harvard University Press.

MacKinnon, C. A. (2005). "Pornography as Trafficking," *Michigan Journal of International Law*,

26(4), pp.993~1012.
Malgieri, G. & González Fuster, G. (2021). "The vulnerable data subject: A gendered data subject?" Available at SSRN.
Manne, K. (2018). *Down Girl: The Logic of Misogyny*. Oxford University Press.
Marcus, S. (2017). *The other Victorians: A study of sexuality and pornography in mid-nineteenth-century England*. Routledge.
Massanari, A. (2017). "#Gamergate and The Fappening: How Reddit's algorithm, governance, and culture support toxic technocultures," *New media & society*, 19(3), pp.329~346.
Mayer-Schönberger, V. & Cukier, K. (2013). *Big Data: die Revolution, die unser Leben verändern wird*. Redline Wirtschaft.
McGlynn, C., Rackley, E., & Houghton, R. (2017). "Beyond 'Revenge Porn': The Continuum of Image-Based Sexual Abuse," *Feminist Legal Studies*, 25(1), pp.25~46.
McNair, B. (1996). *Mediated sex: Pornography and postmodern culture*. Arnold.
Meyrowitz, J. (1985). *No sense of place: The impact of electronic media on social behavior*. New York, NY: Oxford University Press.
Milioni, D. L., & Papa, V. (2022). "The Oppositional affordances of data activism," *Media International Australia*, 183(1), pp.44~59.
Miller, V. (2008). "New media, networking and phatic culture," *Convergence*, 14(4), pp.387~400.
Nash, J. C. (2008). "Strange bedfellows: Black feminism and antipornography feminism," *Social Text*, 26(4), pp.51~76.
Noble, U. S. (2018). *Algorighm of Oppression*. [노윤기 옮김. 《구글은 어떻게 여성을 차별하는가》. 한스미디어. 2019].
Nussbaum, M. (2010). "Objectification and Internet Misogyny." Levmore, S. & Nussbaum, M. (eds). *The Offensive Internet: Speech, Privacy, and Reputation*. [김상현 옮김 (2010). "대상화와 인터넷상의 여성혐오," 《불편한 인터넷: 표현의 자유인가? 프라이버시 침해인가?》. 에이콘. 2012. pp.117~146].
O'Neil, C. (2022). *The shame machine: Who profits in the new age of humiliation*. Penguin UK.
Paul, C. A. (2018). *The Toxic Meritocracy of Video Games: Why Gaming Culture Is the Worst*. University of Minnesota Press.
Postigo, H. (2016). "The socio-technical architecture of digital labor: Converting play into YouTube money," *New media & society*, 18(2), pp.332~349.
Price, M. E. (2013). *The V-chip debate: Content filtering from television to the Internet*. Routledge.
Rodgers, S. & Thorson, E. (2003). "A socialization perspective on male and female reporting," *Journal of Communication*, 53(4), pp.658~675.
Salter, M. (2016). "Privates in the online public: Sex(ting) and reputation on social media," *New Media & Society*, 18(11), pp.2723~2739.
Scott, D. V. (1995). "The V-chip debate: Blocking television sex, violence, and the First Amendment. Loy," *LA Ent. LJ*, 16, 741.
Semenzin, S. & Bainotti, L. (2020). "The Use of Telegram for NonConsensual Dissemination of Intimate Images: Gendered Affordances and the Construction of Masculinities," *Social*

Media+Society, pp.1~12.

Sides, J. (2011). *Erotic City: Sexual Revolution and the Making of Modern San Francisco*. Oxford University Press.

Sirnick, N. (2016). *Platform Capitalism*. [심성보 옮김. 《플랫폼 자본주의》. 킹콩북. 2020].

Solon, O. (2017. 11. 7). "Facebook asks users for nude photos in project to combat 'revenge porn'." *The Guardian*.

Sommerville, C. J. (1982). *The rise and fall of childhood*. Beverly Hills, CA: SAGE.

Stengel, R. (1986. 7. 21). "Sex Busters: A Meese commission and the Supreme Court echo a new moral militancy." *Time*. https://content.time.com/time/subscriber/article/0,33009,961781,00.html

Strub, W. (2010). *Perversion for Profit: The Politics of Pornography and the Rise of the New Right*. Columbia University Press.

Tai, C. (2020. 8. 30). "Exploding the myths behind K-pop." *The Guardian*. https://www.theguardian.com/global/2020/mar/29/behind-k-pops-perfect-smiles-and-dance-routines-are-tales-of-sexism-and-abuse

Terranova, T. (2012). "Attention, economy and the brain," Culture Machine, 13.

The First Amendment Encyclopedia "Larry Flynt" https://www.mtsu.edu/first-amendment/article/1436/larry-flynt

The New York Times (2020. 12. 4). "The Children of Pornhub: Why does Canada allow this company to profit off videos of exploitation and assault?." https://www.nytimes.com/2020/12/04/opinion/sunday/pornhub-rape-trafficking.html?searchResultPosition=2

van Dijck, J. (2013). *The Culture of Connectivity: A Critical History of Social Media*. Oxford University Press.

van Dijck, J. (2014). "Datafication, dataism and dataveillance: Big Data between scientific paradigm and ideology," *Surveillance & society*, 12(2), pp.197~208.

van Dijck, J., de Winkel, T., & Schäfer, M. T. (2021). "Deplatformization and the governance of the platform ecosystem," *New media & society*, 14614448211045662.

van Dijck, J., Poell, T., & De Waal, M. (2018). *The platform society: Public values in a connective world*. Oxford University Press.

Vance, C. S. (1997). "Commission on Pornography," in Lancaster, R. N. & di Leonardo, M. (eds), *The gender/sexuality reader: Culture, history, political economy*. Routledge, pp.440~452.

Wajcman, J. (2004). *Technofeminism*. Polity.

Weeks, J. (1986). *Sexuality: Politics of Sex*. [서동진 · 채규형 옮김. 《섹슈얼리티: 성의 정치》. 현실문화연구. 1999].

West, M. S. (2018). "Censored, suspended, shadowbanned: User interpretations of content moderation on social media platforms," *New Media & Society*, 20(11), pp.4366~4383.

York, J. C. (2021). *Silicon values: The future of free speech under surveillance capitalism*. [방진이 옮김. 《보호 받고 있다는 착각》. 책세상. 2022]

Zuboff, S. (2015). "Big other: surveillance capitalism and the prospects of an information civilization," *Journal of information technology*, 30(1), pp.75~89.

Zuboff, S. (2019). *The age of Surveillance Capitalism*. [김보영 옮김. 《감시자본주의 시대》. 문학사상. 2021].

찾아보기